Hollywood im journalistischen Alltag

Christian Friedl

Hollywood im journalistischen Alltag

Storytelling für erfolgreiche Geschichten. Ein Praxisbuch

2., vollständig überarbeitete Auflage

Springer VS

Christian Friedl
Erding, Deutschland

ISBN 978-3-658-16673-1 ISBN 978-3-658-16674-8 (eBook)
DOI 10.1007/978-3-658-16674-8

Die Deutsche Nationalbibliothek verzeichnet diese Publikation in der Deutschen Nationalbibliografie; detaillierte bibliografische Daten sind im Internet über http://dnb.d-nb.de abrufbar.

Springer VS

Lektorat: Barbara Emig-Roller

Gedruckt auf säurefreiem und chlorfrei gebleichtem Papier

Springer VS ist Teil von Springer Nature
Die eingetragene Gesellschaft ist Springer Fachmedien Wiesbaden GmbH
Die Anschrift der Gesellschaft ist: Abraham-Lincoln-Str. 46, 65189 Wiesbaden, Germany

Inhalt

Der erste Akt 1

1.1 Backstory

Das unbekannte Wichtigste

Was ist eine Geschichte? Muss man das wissen?

Ich finde schon. Schließlich ist das unser Produkt, das wir täglich herstellen, ob Zeitung oder Online, Radio oder Fernsehen.

Seien Sie ehrlich: Wissen Sie es? Können Sie aus dem Stegreif sofort eine Definition einer Geschichte aufsagen? Am besten in einem Satz? Wenn ich ehrlich sein darf: Ich habe es über 20 Jahre nicht definieren können. Mich hat auch keiner gefragt, wirklich niemand, seit ich Geschichten veröffentliche. Also scheint es ja auch nicht wichtig zu sein. Schließlich habe ich mich selbst nicht gefragt, ich hatte es ja immer im Gefühl, so sagte mir das zumindest mein journalistisches Selbstbewusstsein. Vielleicht ist es aber manchmal nicht ausreichend, sich auf sein Gefühl zu verlassen. Wie bei Loriot die Hausfrau das Ei nach Gefühl aus dem Kochtopf nimmt, haben wir es im Gefühl, wenn eine „Story" gut ist. Aber wenn mit unserem Gefühl was nicht stimmt? Er wollte von Berta nur ein weiches Ei und kein zufällig weiches Ei. Der Redakteur will eine gute Geschichte und keine zufällig gute Geschichte. Er hat von Berta ein hartes Ei bekommen. Der Redakteur bekommt eine schwache Geschichte. Und der Autor kann ja wohl kaum sagen: „Ich mach' das nach Gefühl, mein Gott!"

Natürlich kann man sich über Definitionen lustig machen: Haben Sie schon mal einen Bäcker gefragt, was ein Brot ist? Oder einen Schreiner, wie er den Begriff Tisch definiert? Da haben Sie mich jetzt erwischt, den Beckmesser, den Störenfried! Aber so kommen wir aus der Nummer nicht raus:

„Brot ist ein traditionelles Nahrungsmittel, das aus einem Teig aus gemahlenem Getreide (Mehl), Wasser, einem Triebmittel und meist weiteren Zutaten gebacken wird.“ [1]

„Ein Tisch (v. griech.: „δίσκος“ (diskos) = Platte, Scheibe) ist ein Möbelstück, welches sich durch eine zugängliche, meist ebene Fläche charakterisieren lässt. Die am häufigsten auftretenden Kategorisierungen sind wahrscheinlich Ablage, Esstisch und Arbeitsfläche.“[2]

Das kann man verstehen. Vielleicht etwas sperrig, ja fast komisch, aber verständlich. Nun geben Sie mal bei derselben Quelle, also wikipedia, den Begriff Geschichte ein, da kommt was ganz anderes: „Geschichte im allgemeinen Sinn bezeichnet alles, was geschehen ist.“[3] Ja klar, eben die erlebte Geschichte, nicht Hänsel und Gretel, sondern Barbarossa und Bismarck. Das scheint eben wichtiger zu sein als das, was wir herstellen.

Aber ein Trick bringt uns weiter. Nicht Geschichte eingeben, sondern Denglish tippen: Storytelling! Und dann kommt es! „Geschichten erzählen ist eine Erzählmethode, mit der explizites, aber vor allem implizites Wissen in Form einer Metapher weitergegeben und durch Zuhören aufgenommen wird.“[4] Ehrlich, da waren mir das traditionelle Nahrungsmittel und die meist ebene Fläche lieber. Ich meine: Wer versteht das? Andere Definitionen reichen auch nicht an die vergleichsweise griffigen Definitionen von Brot und Tisch heran. Sie sind einfach zu dünn („Die Schilderung eines tatsächlichen oder erdachten Geschehens“[5]).

Dumm nur: Wir gehen mit dem Begriff täglich um, ohne ihn zu hinterfragen, wir benutzen ihn dauernd („Eine Super-Geschichte ist das!“, „Gratulation, tolle story!“) Und wenn man wirklich definieren möchte…

Kümmelspalterei? Meines Erachtens nicht, denn andere wissen sehr wohl, was sie herstellen, und auch sie sagen es nicht dauernd im Alltag auf. Wenn Sie eine Metzgerei betreten und eine Wurst kaufen wollen, wird der

1 http://de.wikipedia.org/wiki/Brot, Stand 18.9.2012

2 http://de.wikipedia.org/wiki/Tisch, Stand 18.9.2012

3 http://de.wikipedia.org/wiki/Geschichte, Stand 18.9.2012

4 http://de.wikipedia.org/wiki/Storytelling_(Methode), Stand 18.9.2012

5 Ebd.

Metzger kaum zu Ihnen sagen: „Ah, Sie wollen ein Nahrungsmittel, das aus zerkleinertem Fleisch, Speck, Salz und Gewürzen, bei bestimmten Sorten auch unter Verwendung von Blut und Innereien zubereitet wird…".[6] Das werden Sie vom Metzger nicht hören. Dennoch: Er wird es wissen oder zumindest nachschlagen können, weil er es in der Ausbildung gelernt hat. Ganz bestimmt. Und er wird seinen Kindern die Frage beantworten können, die garantiert irgendwann kommt: „Papi, Du verkaufst doch Wurst. Was ist eigentlich eine Wurst?"

Aber wir können das nicht! Was mich umtreibt: Ich habe Jahre lang Geschichten erzählt, ohne mein Produkt meinen Kindern in ein, zwei Sätzen je hätte definieren zu können. Gott sei Dank kam die Frage der Fragen bislang nicht so direkt, man kann sich ja retten: „Papi macht Fernsehen!". In der Retrospektive und bei Durchsicht meiner Filme wäre die Kenntnis der Definition manchmal hilfreich gewesen. Nach der Recherche für dieses Buch möchte ich Ihnen eine griffige Definition anbieten, die sicherlich auch streitbar ist. Geschichten erzählen ist wohl einfach anders als Brot backen oder Tische herstellen. Ich bin aber der Meinung, dass ein Buch über Storytelling schon auch definieren sollte, was eigentlich eine Geschichte ist. Und das kann man am besten, wenn man klärt, wie man sie erzählt.

Hollywood schreibt ab – warum wir nicht auch?

Denn noch viel schlimmer als die Definition einer Geschichte nicht zu kennen, ist, sie nicht erzählen zu können. (Dieser feine Unterschied zwischen definieren und herstellen können gilt übrigens auch für Bäcker, Metzger und Schreiner). Wenn man vom Geschichten Erzählen keine Ahnung hat? So erging es einem jungen Regisseur in Hollywood. Anfang der Siebziger Jahre hatte er eine geniale Idee: Er wollte die immer besser werdende Computertechnik auf die Leinwand bringen. Das Apollo-Projekt, vor allem aber die Physiker am Teilchenbeschleuniger CERN hatten für eine Revolution auf diesem Sektor gesorgt. Die Datenmengen, die per Computer verschickt werden konnten, hatten sich vervielfacht.

Der Jungfilmer wollte also noch nie gesehene Animationen ins Kino bringen, und was eignet sich da besser als Science-Fiction? Da gab es nur

---

6 http://de.wikipedia.org./wiki/Wurst, Stand 18.10.2012

einen Pferdefuß: Der Mann konnte einfach keine Drehbücher schreiben. Die ersten Entwürfe waren nicht mehr als eine Reihung von Action-Momenten, ein Multiplot ohne durchgängigen Helden.

Und dann hat er ein Buch gelesen.

Leider habe ich nicht herausgefunden, ob er auch den Autor kennen gelernt hat. Tatsache ist, dass dieser Autor und sein Buch ohne Hollywood wohl nie über die Expertenkreise hinaus bekannt geworden wäre. Der Autor heißt Joseph Campbell, und der weiß, was eine Geschichte ist, er hat eine sehr einfache Definition. Und er weiß, wie man sie am besten erzählt. Auch dieses Buch richtet sich in vielen Teilen danach.

Sein Werk aus dem Jahr 1949 trägt den Titel „The man with the thousand faces", auf Deutsch herausgekommen als „Der Heros in tausend Gestalten". Definition hin oder her, Campbell hat nicht nur eine Definition, er erzählt auch, wie man eine Geschichte baut – in 12 Schritten. Und genau das hat unser Jungregisseur dann auch getan.

Alle 12 Punkte hat er dramaturgisch umgesetzt, seine Science-Fiction genau nach Campbells Regeln befolgt. Der Name des Jungregisseurs: George Lucas. 1977 kam sein Film in die amerikanischen Kinos (erst nur in 32!), dann schlug er kommerziell den „Weißen Hai" und wurde der erfolgreichste Film seiner Zeit: „Starwars".

Auch wen ständig blökende Fellpuppen und zuckelnde Roboter furchtbar nerven, muss zugeben: Die Geschichte selbst ist schon ziemlich gut!

Campbell kommt aus Griechenland und ist 2400 Jahre alt

Was hat Campbell getan? Er hat – mit Anspruch auf Vollständigkeit, was das Buch ziemlich anstrengend macht – sämtliche Märchen und Mythen dieser Welt verglichen und eine Art „KGV" gebildet, ein kleinstes gemeinsames Vielfaches. Was haben die Märchen dieser Welt gemeinsam? Was zieht bei den Inuit genauso wie bei den Aborigines? Heraus kam eine Art Kanon mit 12 Punkten, wenn möglich in dieser Reihenfolge. Tabelle 1.1 zeigt die Punkte in etwas abgewandelter und daher besser benutzbarer Form (Vogler 1997, S. 54):

Tab. 1.1 Die Heldenreise

- Gewohnte Welt
- Ruf des Abenteuers
- Weigerung
- Begegnung mit dem Mentor
- Überschreiten der ersten Schwelle
- Bewährungsproben und Verbündete
- Vordringen in die tiefste Höhle
- Entscheidende Prüfung
- Belohnung
- Rückweg
- Auferstehung
- Rückkehr mit dem Elixier

Was interessant ist: Hinter diesem Kanon steckt die 3-Akt-Struktur nach Aristoteles! Die 12 Punkte geben dieser Struktur nur noch mehr Substanz. Wenn man so will, ist Campbells Erzählstruktur nicht anderes als ein angereicherter Aristoteles. Er wandelt also auf den Spuren eines Griechen (384 – 322 a.C), der unser Geschichtenerzählen bis heute maßgeblich geprägt hat. Campbell nennt die Struktur, die er gefunden hat „Heldenreise" oder „Monomythos" – eben die „Eine Geschichte". Um die 12 Punkte am Film kurz festzumachen, ein Gefühl dafür zu bekommen, eine kurze Beschreibung der jeweiligen Schlüsselszenen von „Starwars" (Star Wars, USA, 1977, George Lucas, Walt Disney). So hat George Lucas die 12 Punkte umgesetzt:

1. Gewohnte Welt: Die gewohnte Welt ist meistens eine Welt des Mangels. Luke Skywalker wohnt auf seines Onkels Farm und muss hart arbeiten, obwohl erviel lieber studieren möchte. Das ist seine eher unglückliche Ausgangslage. Tja, wenn man Waisenknabe ist, gibt es immer den bösen Onkel:

Bild	Text
Total: Onkel und Luke stehen vor den beiden Robotern R2D2 und C3PO.	*Onkel: Bring die beiden zur Werkstatt, ich möchte sie bis zum Abendessen geputzt haben.* *Luke: Aber ich wollte rüber zur Toshi Station, ein paar Energiewandler abholen.* *Onkel: Du kannst Dir die Zeit mit Deinen Freunden vertreiben, wenn Du alles fertig hast. Na los, an die Arbeit.*
Luke, groß, wendet sich an die Roboter	*Luke: Na gut, dann kommt.*

2. Ruf des Abenteuers: Einer der beiden gekauften Roboter, R2-D2, präsentiert ihm eine geheimnisvolle Botschaft in Form eines Hologramms: Eine Prinzessin Leia ist auf den Todesstern entführt worden und ruft einen gewissen Obi Wan um Hilfe. Luke, der im Alltagstrott dahin dämmert, wittert Morgenluft, ein Abenteuer wartet auf ihn. Dies ist der eigentliche Beginn der Geschichte:

Bild	Text
In der Werkstatt strahlt R2D2 plötzlich ein Hologramm aus: Eine Prinzessin wird sichtbar und bittet	Die Prinzessin als Hologramm: Obi Wan Kenobi, Ihr seid meine letzte Hoffnung.
Luke ist völlig verdutzt	Luke: Was ist das?
C3PO zu R2D2	C3PO: Was ist was? Er hat Dich was gefragt. Was ist das?
Die Prinzessin wiederholt Ihre Bitte	Hologramm: Helft mir, Obi Wan Kenobi, Ihr seid meine letzte Hoffnung.

4. Ruf des Abenteuers: Begegnung mit dem Mentor: Aha, da ist was im Busch! Dieser gewisse Obi Wan trifft also Luke und will ihn überreden, den Kampf gegen den Todesstern aufzunehmen – als Jedi Ritter.

Bild	Text
Obi Wan und Luke unterhalten sich. *Der Mentor klärt Luke auf:* *Groß: staunender Luke*	Obi Wan: Die Macht ist es, die dem Jedi seine Stärke gibt. Es ist ein Energiefeld, das alle lebenden Dinge erzeugen. Es umgibt uns, es durchdringt uns, es hält die Galaxis zusammen.

3. Weigerung (Hier ist also der erste Dreher: Weigerung kommt nach Campbell vor dem Mentor): Im selben Gespräch, eine gute Minute später, bittet Obi Wan um Lukes Unterstützung. Luke weigert sich später.

Bild	Text
Obi Wan sitzt und redet auf den unruhig hin- und her laufenden Luke ein	Obi Wan: Ich brauche Deine Hilfe, Luke. Sie braucht Deine Hilfe. Ich werd' allmählich zu alt für solche Sachen.
Groß: Obi Wan sieht Luke bittend an, der zögert und weigert sich	Luke: Ich kann mich da nicht einfach einmischen.

5. Überschreiten der ersten Schwelle: Tja, der kommende Held hat die Hosen voll. Es braucht ein zusätzliches Ereignis, um ihn zu überzeugen. Das ist das auslösende Moment: Bei „Starwars" das Verbrennen der Farm, des Onkels und der Tante. Der erste große Höhepunkt im Film. Luke überschreitet nun die Schwelle zur so genannten „Nachtseite".

Bild	Text
Luke hetzt zurück zur Farm, alles ist verbrannt, verkohlt. *Zwei Leichen sind zu erkennen.* *Groß: Die letzten Rauchschwaden im Hintergrund, Luke wendet sich an Obi Wan*	Luke: Ich möchte mitkommen nach Alderaan. Jetzt hält mich nichts mehr hier. Ich möchte mich mit der Macht vertraut machen und ein Jedi werden wie mein Vater.
Groß: Obi Wan wirkt erleichtert	

6. Bewährungsproben und Verbündete: Früher, als der Mensch ein Jäger und Sammler war, waren es oft Wasserstellen (Vogler 1997, S. 248), im Wilden Westen Salons, hier eine Kneipe. Obi Wan hilft Luke bei einem Streit und verfährt nach dem Motto „Besser Arm ab als selbst arm dran". Mit dem Jedi-Schwert erleichtert er einen Bösewicht um eine Extremität. Auch lernen sie einen Verbündeten kennen.

Bild	Text
In der Kneipe setzt sich Han Solo und deutet auf sich selbst, um sich vorzustellen	Han Solo: Han Solo. Ich bin Captain des rasenden Falken. Chewie hat mir berichtet, Sie wollen zum Alderaan-System.

Gegenschuss: Obi Wan und Luke sitzen ihm gegenüber *Han Solo tut überrascht*	Obi Wan: Ja, das stimmt, wenn Sie ein schnelles Schiff haben. Han Solo: Ein schnelles Schiff? Haben Sie noch nie vom rasenden Falken gehört?

7. Tiefste Höhle: Sie landen zunächst auf dem Todesstern und dann in einer Müllpresse. Sie haben praktisch keinen Ausweg – außer zerquetscht zu werden. Aber warum gibt es Droiden, die im letzten Moment noch einen Hebel umlegen können?

Bild	Text
Luke in der Müllpresse ruft über Funk die Roboter um Hilfe. *Parallelschnitt zwischen Müllpresse und den unentschlossenen Droiden, R2D2 dreht dann einen Knopf herum, die Presse kommt zum Stehen, alle in der Presse schreien vor Glück*	C3PO: Hör Dir das an, R2D2, die sterben. Verwünscht sei meine Blechhülle, ich war nicht schnell genug.
Luke über Funk aus der Presse an C3PO	Luke: Uns ist nichts passiert, Du bist Spitze!

8. Entscheidende Prüfung: Obi Wan und Darth Vader stehen sich mit gekreuzten Laserschwertern gegenüber. Plötzlich hält Obi Wan inne, und das Schwert senkrecht vor seinem Gesicht in die Höhe und schließt wie zur Andacht die Augen. Darth Vader holt aus und versetzt Obi Wan den Todesstoß. Die Kleidung Obi Wans fällt leer zu Boden. Obi Wan opfert sich selbst, damit Luke et alii entkommen können. Der zweite Höhepunkt im Film. Und er wird filmisch gelöst: Wir haben keinen Text!

9. Belohnung: Die entscheidende Prüfung sollte schließlich Sinn machen, der Held eben eine Belohnung haben. In Hollywood hat der Held hier oft das Wissen erhalten, wie er den Oberschurken zur Strecke bringen kann.

Bild	Text
Leia im rasenden Falken	Leia: Wenigstens ist die Information in R2 noch intakt.
Von hinten, total: *Neben Leia sitzt Han Solo am Steuer, dreht sich zur ihr hinüber*	Han Solo: Was ist daran so wichtig, was hat er zu Schlucken gekriegt? Leia: Die technischen Unterlagen vom Todesstern. Ich hoffe nur, dass uns die Analyse dieser Daten eine Schwäche aufzeigt. Es ist noch nicht überstanden!

10. Rückkehr: Nichts wie weg! Han Solo setzt sich hastig hinter das Steuer des rasenden Falken. Er ruft: „Jetzt hoffe ich mal, dieser alte Mann hat den Fangstrahl angelegt, sonst wird es ein kurzer Flug. O.K., los!" Das Raumschiff entkommt durch eine Luke, dreht sich, zündet den Hauptantrieb und fliegt davon.

11. Auferstehung: Das klingt etwas religiös und in der Jesus-Geschichte ist genau das gemeint. Hier ist es der dritte Höhepunkt im Film, der Showdown. Luke ist mit Gefolge zum Todesstern aufgebrochen, sein Raumschiff wird von Darth Vaders verfolgt, da taucht doch tatsächlich Han Solo auf, der eigentlich gar nicht mit wollte. Mit seiner Hilfe entkommt Luke dem Bösewicht und landet den entscheidenden Treffer. Der Todesstern explodiert.

12 Rückkehr mit dem Elixier: Das Elixier ist der Frieden, den sie wieder gewonnen haben. Dafür gibt es oft symbolische Handlungen, in diesem Fall eine Ordensverleihung.

Luke geht es mittelprächtig, dann erfährt er Leid, nimmt den Kampf auf, siegt, und am Ende ist alles prima. Das ist doch eine nette Definition einer Geschichte in einem Satz:

- ***Eine Geschichte ist die Suche des Helden nach dem verloren gegangenen Gleichgewicht.***

So also die Definition einer Geschichte nach Campbell – in einem Satz! Das sind unser Brot, unser Tisch, unsere Wurst.

Einfach? Einfach kitschig? Vielleicht, aber gut. Viele, praktisch alle Regisseure in Hollywood nutzen diese Erzählstruktur. Und schämen sich dabei auch nicht. Sogar der Shakespeare-Experte Kenneth Branagh (u. a. Gilderoy Lockhart in „Harry Potter und die Kammer des Schreckens") sagt über Blockbuster:

> *Ihre Einfachheit ist trügerisch. Sie erzählen mythische Geschichten, die sich die Menschen früher am Lagerfeuer erzählt haben. Aus dem gleichen Stoff sind Shakespeares Stücke. (Branagh 2011)*

Whow, Shakespeare! Aber Branagh ist eben ein Meister der Runterbrechens und genau das sollten wir auch tun, das ist das Ansinnen dieses Buches: Was Lucas kann, können wir auch. Die Erzählregeln im journalistischen Film sind nicht viel anders als im Spielfilm – wir sollten einfach gute Geschichten schreiben. Ob fiktiv oder real, da sehe ich keinen Unterschied. Denn der Übergang ist sowieso fließend. Ab wann ist etwas schon fiktiv? Wann noch real? Gleich noch ein Zitat, wobei mich der letzte Satz regelrecht gerissen hat. Nomen est Omen, Alexander Kluge sieht das so:

> *Ich glaube ja nicht, dass es den Unterschied zwischen Realität und Fiktion gibt. Denn Wünsche und das Mögliche gehören zur Realität. Und der Antirealismus des Gefühls: Dass ich mich weigere, eine Realität, die nicht auf mich eingeht, zu akzeptieren, sondern sag, ich setze meine eigene Wirklichkeit dagegen, dieser Eigensinn ist etwas, was für Menschen zum Realismus gehört. Realismus ist nicht die Abbildung von Tatsachen. (Kluge 2012)*

Ha! Und Journalismus eben auch nicht. Ob Hollywood, Fernsehen, Radio, Internet oder Zeitung: Wir alle erzählen Geschichten. „Sie sind nicht das Abbild des Lebens, sondern seine Essenz. Wir müssen verdichten." (Lajos Egri 1946, S. 206) Was Campbell nur sagen wollte: Rund um den Globus haben wir ein bestimmtes Muster entwickelt, Geschichten zu erzählen. Und das ist gleich, ob in Neuseeland, in Südamerika oder eben bei uns. Natürlich gibt es lokale Eigenheiten des Geschichten Erzählens. Bestimmte japanische Geschichten etwa, in denen Gut und Böse nicht getrennt werden, kämen bei uns in Mitteleuropa nicht gut an. Aber es gibt eben dieses globale Muster. Es ist in uns drin, in den Genen verankert, wir rufen es nur nicht immer ab!

Ein Grund dafür könnte sein: Wenn wir als Hollywoodregisseure oder als Journalisten Geschichten erzählen müssen, haben wir nicht die Situation wie früher am Lagerfeuer. In der Steinzeit haben sich die Leute alles erzählt, niemand hat geschrieben oder vorgelesen. Und das ist ja Zehntausende Jahre her! Den Buchdruck gibt es seit Mitte des 15. Jahrhunderts, also seit etwa 570 Jahren. Vorher war Lesen und Schreiben nur wenigen gegönnt, erst durch Gutenberg kam das Lesen und Schreiben breiter Schichten auf. Insofern schreiben wir noch nicht so lange Geschichten auf. Daher ist es aus dieser Sicht auch immer wenig hilfreich, von den „neuen Medien" zu sprechen. Alle Medien sind neu, auch das Schreiben, verglichen mit dem steinzeitlichen Plausch am Lagerfeuer. Man muss nur vergleichen: Das Geschichten-Erzählen ist hunderttausend Jahre älter als der Buchdruck. Der Buchdruck ist gut 450 Jahre älter als Rundfunk und Fernsehen (wo man da den Anfang macht, ist schwierig, jedenfalls war der erste Volksempfänger kein Göbbels-Radio, sondern ein Fernseher!), dann, 1990, kam das kommerzielle Internet.

Klar jedenfalls ist: Wir schreiben nicht gern. Schrift und Gehirn sind sich eigentlich nicht wirklich grün. Daher glaube ich, dass wir uns beim Schreiben die Regeln viel öfter bewusst machen müssen als beim Erzählen. Ich habe den großen Unterschied zwischen Schreiben und Erzählen oft genug in den Redaktionen erlebt: Kommt eine Autorin in mein Büro rein oder ein Autor, ich sage, dass ich das Treatment nicht verstehe. Die Antwort: Aber das ist doch so und so gemeint, blabla…

Und ich: Ja, jetzt habe ich es verstanden, wo Du es mir erzählst – aber da steht das nicht!

▸ ***Es ist schade, dass der Computer erst 10.000 Jahre nach dem Geschichten-Erzählen erfunden wurde.***

Daher ist das Sitzen vor diesem Gerät eigentlich unnatürlich. Oft sehr unnatürlich und auch unkomfortabel. Sie kennen die Betrachtungsräume des Bayerischen Fernsehens nicht! Das sind Räume, in denen bis zu drei Autoren ihre Bilder „sichten" können. Jeder sitzt vor einem Monitor, glotzt und schreibt, also tippt. Alle haben einen Kopfhörer auf und hacken auf ihre Plastik-Tastaturen. Klack-Klack-Klack. Immerhin ist für Konzentration gesorgt, denn man wird weder von klingelnden Handys gestört (kein Empfang), noch von Außenlärm durch offene Fenster (es gibt keine). Und so ist es eben: Als Journalist, der nun mal nicht am Lagerfeuer dicht an dicht mit Freunden kauert, sondern auf dem telefonisch unerreichbaren und vor allem unbelüftbaren „Sichtungsplatz 3b" sitzt, ist es nicht von Übel, sich hin und wieder an die Theorie der alten Erzählstrukturen zu erinnern – quasi um wieder rein zu kommen, wenn man gerade nicht weiter kommt. Um mehr geht es nicht. Allerdings warne ich gleich mal vor: Dieses Buch werden Sie nur zu Ende lesen, wenn Sie Spaß daran haben, Zeitungsartikel, Hörfunktexte und Drehbücher zu lesen. Ohne Beispiele geht es nun mal nicht. Und die Beispiele, das sind die Hollywoodfilmausschnitte und jede Menge Beispiele aus dem journalistischen Alltag. Natürlich sieht man sich die Filme lieber an, als das Skript zu lesen. Und ich gebe zu, es ist anstrengend. Aber: Man kann die Geschichte noch genauer studieren, weil nun mal der Text das Bild steuert. Mir ist es zumindest so ergangen beim Schreiben: Ich habe in vielen Geschichten Details erkannt, die mir während der Seminare an der Medienakademie nie aufgefallen waren. Insofern war das Schreiben dieses Buches auch für mich ein großer Lernerfolg. Und dann gibt es noch einen Vorteil: Bei einem Buch kann man zurückblättern und nochmals nachschauen.

Wenn wir Journalisten diese Erzählstruktur nutzen wollen, müssen wir die einzelnen Punkte natürlich kennen lernen. Aber haben Sie keine Sorge. Ich werde keine vollständige psychologische Analyse von Mythen- und Märchenstrukturen vorlegen. Ich könnte es gar nicht. Dafür gibt es Trainer, die Hollywood und die Fiktion viel besser kennen als ich. Meinen Job sehe ich eher darin herauszufinden, welche Regeln und Muster der 3-Akt-Struktur und der darin eingewobenen Heldenreise wir für den journalistischen Alltag brauchen können. Alles andere ist Ballast und hat in diesem Buch nichts zu suchen. Mit Verlaub, ich bin nur Journalist.

Aber bei vielen Dokumentationen, Reportagen und Portraits – egal in welchem Medium – täte das Wissen über die Erzählstruktur des Monomythos gut. Ich möchte in diesem Buch belegen, dass es sich lohnt.

Schon wieder Eier: Struktur – Skelett – Korsett?

Oft höre ich drei Argumente gegen den „Monomythos" oder die „Heldenreise".

Das erste Argument: Damit sperrt man doch die Geschichten in ein Korsett, das killt die Kreativität. Dazu meine Meinung: Niemand erwartet, dass alle Geschichten nach dieser Struktur aufgebaut sein müssen. Campbell behauptet lediglich:

- ***Geschichten, die so strukturiert sind, funktionieren. Campbell behauptet nicht: Geschichten, die funktionieren, sind so strukturiert.***

Außerdem: Es handelt sich nicht um ein Korsett, sondern um eine Struktur. Dahinter steckt wie schon erwähnt ja nichts anderes als der gute, alte Aristoteles mit seiner 3-Akt-Struktur! Und die ist fast zweieinhalbtausend Jahre alt und hat sich gut bewährt.

Es geht um dramaturgische Strukturen, die wir letzthin dauernd selbst anwenden – oft, ohne es zu merken. An der ARD.ZDFmedienakademie höre ich bei Seminaren Sätze wie „Aber so mache ich das ja auch!" Ja, klar! Gott sei Dank sind Journalisten Freigeister, die sich wenig vorschreiben lassen. Der Nachteil daran ist, dass viele von ihnen Strukturen als Teufelswerk ansehen – in der Sorge, es könnte sie einengen. Ein Blick in andere Lebensbereiche zeigt, dass Strukturen oftmals als hilfreich anerkannt werden, ja, sogar als Regelwerk akzeptiert werden. Etwa in der Musik:. „Schon wieder Dur!" hört man da nicht. Keiner regt sich über kleine und große Terzen der Dreiklänge auf. Oder in der Gastronomie. Kaum ein Koch würde ausrufen: „Schon wieder Mehl!" oder „Schon wieder Eier!" Eine normale Omelette bleibt eine Omelett – mit Mehl und Eiern. Natürlich kreieren manche Sterneköche immer neue Rezepte. Es gibt auch Hollywood-Regisseure, die die Regeln sehr eigenwillig interpretieren – oder sogar genau das Gegenteil machen, Hitchcock zum Beispiel. Allerdings hält er sich strikt an die 3-Akt-Struktur. Beziehungsweise an die Wendepunkte. Aber das ist eben Hitchcock!

Ich selbst bin kein Hitchcock, mir hat diese „Theorie" viel gebracht: als Leitfaden. Als eine Hilfe in der Not. Wenn eine Geschichte läuft, dann denke ich kein Deut an die Theorie der Struktur, es läuft ja. Aber wenn es nicht läuft, und das passiert leider öfters, dann werfe ich ein Auge darauf und finde oftmals eine Diagnose, warum es nicht läuft. Es ist also ein Kratzbaum, ein Reibeisen! Dann hilft mir das Wissen um diese dramaturgischen Strukturen, die ich im optimalen Fall aus dem Bauch heraus richtig anwende – dann ist Wissen Macht und ich komme wieder auf die richtige Spur.

Der zweite Einwand: Dann sehen ja alle Stücke gleich aus! Und zwar egal, ob das ein Artikel in einer Zeitung oder online ist, oder ob es sich um einen Radio- oder Fernsehbeitrag handelt. Auch wenn ich den Focus auf das Fernsehen lege, ist dies ein Buch für alle Journalisten und Interessierte.

Beispiel Musik: Hören sich alle Stücke in C-Moll gleich an? Vor allem dann, wenn es auch noch der gleiche Künstler ist? Dann müssten die „Pathétique“ und „Die Fünfte“ von Beethoven sich ziemlich gleich anhören. Beethoven hat beides geschrieben und mit Verlaub, ein Vergleich verbietet sich. Woran liegt das aber, wenn die Struktur (C-Moll) die gleiche ist? Klar, an der Instrumentierung, das gilt auch für den Film (andere Kameratechnik, anderer Schnitt, Text, andere Musik, andere O-Töne ect.). Aber es liegt noch an etwas anderem, etwas Banalem: Er hatte einfach andere Ideen.

So ist es in den Medien nicht anders: Hier hat eine Erzählstruktur keine höhere Bedeutung als eine Tonart in der Musik. Und hinter der Erzählstruktur nach Campbell oder Aristoteles steckt nicht eine einzige Idee, keine Erzählidee. Sie vermittelt keinerlei Kreativität! Und dennoch: Struktur ist wie Schwerkraft: Sie hält die Story an ihrem Platz (Field 1979, S. 38). Eine Struktur ist kein Korsett, eher ein Skelett. Und ein Skelett kann nicht laufen. Die dazu gebrauchten Muskeln, das ist die Kreativität, die Erzählidee, das sind die Einfälle, die man braucht, um eine spannende Geschichte zu erzählen. Und die Attribute der Figuren. Wenn Arbeitsgruppen an der ARD. ZDFmedienakademie Filme nach der Erzählstruktur umschneiden – also nur die gleichen Bilder zur Verfügung haben – dann ähneln sich selbst diese Filme oft nicht. Zu unterschiedlich sind die Ideen und die Sichtweisen.

Von Lukas Himmelswanderer und Heinrich Töpfer

Wie unterschiedlich Filme sein können, obwohl sie exakt die gleichen Erzählregeln einhalten, zeigt eben auch der Blick nach Hollywood. Der Anteil der Heldenreisen an den Blockbustern liegt bei 100 Prozent. Allein Steven Spielberg kommt ohne gar nicht aus, ob es der Weiße Hai ist, E.T. oder Jurassic Park. Es ist die Struktur der Märchen! Auch in der Steinzeit wurden „Märchen“ erzählt, weil Geschichten die beste Verpackung darstellen, um sich – womöglich lebenswichtige – Fakten merken zu können. Es ist daher kein Zufall, dass die Märchenstrukturen global gleich sind. Bestes Beispiel: Aschenputtel. Mit knapp 400 Versionen das berühmteste Märchen aller Zeiten, Ursprungsland wahrscheinlich China. Es ist übrigens über tausend Jahre älter als Joseph Campbell…

Aschenputtel, ein Begriff? Es erfüllt alle 12 Punkte Campbells. Zur Erinnerung: Aschenputtel lebt mehr schlecht als recht mit Vater, Stiefmutter und Stiefschwestern (Gewohnte Welt). Da gibt es am Hof einen Ball (Ruf des Abenteuers). Die Familie will nicht, dass Aschenputtel teilnimmt und fordert von ihm nicht erfüllbare Arbeiten (Weigerung). Mit Hilfe von Tauben und eines Baumes am Grab der Mutter, der sie kleidungstechnisch ausstattet (Mentor, ausstattender Mentor sowie bei James Bond! Nur dass Aschenputtel keine Walter PPK bekommt und keinen Aston Martin, aber eben eine Eintrittskarte, ein Kleid), schafft sie es dennoch zum Ball (Überschreiten der Schwelle). Der Prinz verliebt sich natürlich in sie, aber sie entwischt ihm jedes Mal (Prüfungen). Beim dritten Ball streicht er Pech auf die Stufen, damit sie hängen bleiben möge (entscheidende Prüfung). Sie selbst bleibt nicht hängen, Pech gehabt, aber immerhin Beweisstück B, ein Schuh (Belohnung). Aschenputtel selbst kehrt zurück in ihre gewohnte Welt – wie übrigens an dieser Stelle alle Meg Ryans und Julia Roberts' in Liebesfilmen (Rückkehr). In vielen Liebeskomödien ist da die Braut weg. Der Prinz sucht sie im ganzen Land, im Hause Aschenputtel gibt es blutige Füße, aber dort wird er dann doch fündig (Auferstehung). Sie kehren aufs Schloss zurück, aus Aschenputtel wird eine Prinzessin, und wenn sie nicht gestorben sind… (Rückkehr mit dem Elixier).

Es gibt viele Verfilmungen von Aschenputtel, apropos Julia Roberts, eine der bekanntesten ist sicherlich „Pretty Woman"; meine liebste stammt aus dem Jahr 2001. Es ist der erste Teil der Harry-Potter-Filmreihe. Daher wird uns dieser Film auch durch das Buch begleiten.

Eben eine Aschenputtelgeschichte! Lukas Himmelswanderer und Heinrich Töpfer ähneln sich strukturell übrigens sehr. Und dennoch: Würde jemand nicht „Harry Potter" anschauen, weil er letzthin erst „Krieg der Sternchen" gesehen hat? Wohl kaum. Zu unterschiedlich sind die Ideen in der Handlung und vor allem die Attribute der Figuren.

Das dritte Argument gegen diese Erzählstruktur ist leicht zu entkräften. Das ginge vielleicht in Hollywood, bei einem 120-Minuten-Film. Aber wohl kaum im journalistischen Alltag, zum Beispiel beim Fernsehen in wenigen Minuten. Wieso leicht zu entkräften? Ganz einfach: Es gibt genug Beispiele, dass es geht. Hier ist eines vom ZDF, aus der Sendung „pur+". Das Magazinstück zeigt, wie man mit Hilfe guter Technik und strengem Training ein Meister im Armdrücken wird. Und wie bei allen guten Geschichten ist derselbe noch nicht vom Himmel gefallen. Er muss erst zum Helden werden. Niederlagen sind da die beste Medizin.

Und das ist **die gewohnte Welt des Mangels:**

Bild	Text
Kamera umkreist einen Jungen in einem Klassenzimmer, der einen Fußball unterm Arm hat	Nils ist unser Kandidat Nummer 1. Sein Hobby ist Fußball. Er ist 1,60 m groß und wiegt 51 Kilo.
Nils Gesicht, groß	
Nils, total, Einblendung von Alter, Größe und Gewicht.	
Lukas mit Feuerlöscher	Kandidat Nummer 2.
Lukas Gesicht, groß	Lukas, auch 12 Jahre alt und bei der freiwilligen Feuerwehr. Er ist 1,66 groß und wiegt 59 Kilo. Er ist also größer und auch schwerer als Nils. Ob ihm das beim Armdrücken hilft?

Die Ausgangsattribute lassen schon ahnen, was nun passiert. Klar, der schwerere und größere Lukas macht Nils platt. Das ist die gewohnte Welt des Mangels: Goliath schlägt David, wie – fast – immer im Leben. Nun aber sinnt Nils auf Rache. Das ist der **Ruf des Abenteuers:**

Bild	Text
Am Tisch sitzen beide nach dem Kampf, im Hintergrund die Klasse	Nils: Ich bin schon enttäuscht, hab schon gedacht, dass ich den Feuerwehrmann schlage, aber der hat schon viel Kraft in seinen Armen. Ja, aber ich würde mich schon über eine Revange freuen, wo ich ihn dann richtig fertig mache.

Aha, der will was unternehmen! Aber was und wie? Es geht zurück ins pur+- Studio, wo der Moderator Eric als **Mentor** auftritt (eine **Weigerung** gibt es nicht). Mit folgendem Text: „Und diese Chance kriegt Nils auch, er hat zwar gerade verloren, aber auch gleichzeitig was gewonnen, denn wir starten mitihm unser „pur+"- Experiment. Kann man jemanden besiegen der viel stärker ist? Und das mit nur wenig Training in ganz kurzer Zeit. Das finden wir raus, in dem wir Nils für den Rückkampf in drei Wochen fit machen. Und zwar mit einem genau auf ihn zugeschnittenen Kraft- und auch Techniktraining. Kann Nils beim Rückkampf gewinnen?“

Hier stellt Eric also die zentrale Frage: Kann er gewinnen? Kann also doch David Goliath schlagen? Nun beginnt der 2. Akt, Nils gewinnt **Verbündete** und muss **Prüfungen** über sich ergehen lassen. Der Aktwechsel ist auch ein Bildebenenwechsel. Raus aus der Klasse, rein in die Sporthochschule Köln. Das ist das **Überschreiten der ersten Schwelle.** Bei einem Sportwissenschaftler muss er die erste Prüfung bestehen. Diagnostik: In allen großen Muskelgruppen wird gemessen, wie viel Kraft Nils hat. Es kommt raus, dass die Bauchmuskulatur seine Schwachstelle ist. Dann folgen weitere Prüfungen: Er muss ein auf ihn zugeschnittenes Training absolvieren. Genau in der Mitte der Geschichte, im Midpoint, erscheint wieder Erik im Studio. Es ist „Halbzeit“, ziemlich genau die Hälfte des Beitrages ist vorbei. Moderator Erik ist ein Doppelstecker. Nachdem Nils nun Krafttraining absolviert hat, wird er in der zweiten Hälfte des zweiten Aktes Technik trainieren. Das macht er bei der 11-maligen deutschen Meisterin im Armdrücken. Bei diesem Training gibt es sogar eine kleine tiefste Höhle, als Nils seine Trainerin auffordert, gegen ihn anzutreten. Die macht nicht viel Federlesen und drückt ihn den Arm beinahe in den Tisch. Na, kann er da wirklich gegen den Rivalen Lukas bestehen?

Vor dem Wettkampf kommt es am Ende des zweiten Aktes daher zur entscheidenden Prüfung. Er muss wieder zum Sportwissenschaftler an die Kölner Sporthochschule. Es steht die **entscheidende Prüfung** an. Nils trifft im Kraftraum der Sporthochschule wieder auf den Sportwissenschaftler, sie begrüßen sich, dann geht es los:

Bild	Text
Sportwissenschaftler fordert Nils auf:	Wissenschaftler: Gut, dann komm' mit.
Nils an Sportgeräten, strengt sich an	Erik als Sprecher: Nils muss wieder an die Messgeräte. Gleich wird sich zeigen, ob er mehr Kraft hat. Und ob er die Kraft auch schnell einsetzen kann. Denn darauf kommt es beim Armdrücken ja auch an.

Was für Luke die Befreiung von Leia, für Harry die gefährliche Begegnung mit Voldmort ist für Nils der gelungene Abschlusstest in der Sporthochschule. Es folgt die **Belohnung,** also der Benefit der entscheidenden Prüfung:

Bild	Text
Wissenschaftler und Nils vor Monitor mit blauen und roten Säulen. *Wissenschaftler groß*	Wissenschaftler: Du siehst den ersten Test jeweils in Blau abgebildet. Und dann die zweite Messung, also den Abschlusstest in rot. Und Du erkennst sehr schön, dass Du Dich für alle Muskelgruppen zum Teil sehr gut verbessert hast.
Nils groß	Nils: Jahh! Genau das wollte ich erreichen.
Wissenschaftler nah	Wissenschaftler: Jetzt gucken wir uns die Schnellkraft an, bei der Schnellkraft sieht's so aus, wenn Du hier schaust, noch deutlichere Steigerungen, guck mal: Hie auch sehr, sehr gut, so dass man sagen kann, Du hast Dich in allen Muskelgruppen deutlich gesteigert, besonders in der Schnellkraft. Und wenn das nicht reicht, um den Lukas wegzuhauen, dann weiß ich's nicht.
Sie schlagen sich ab.	Lukas: Ja!

Jetzt ist der Grundstein zum endgültigen Sieg gelegt. Den erreicht Nils nach der Rückkehr (**Rückweg**) in die Schule. Es kommt zum ultimativen Showdown. Was Luke Darth Vader und der Todesstern und für Harry Voldemort ist für Nils der scheinbar unbezwingbare Lukas.

Bild	Text
Von oben: Lukas und Nils sitzen sich am Tisch gegenüber und fangen an.	Dann ist der große Tag der Revanche gekommen.
Totale: Beide gegenüber, Schulklasse sitzt außen rum.	Hat das kurze dreiwöchige Training was gebracht?

Nils und Lukas beim Kampf Nils drückt Lukas nieder	Nils hängt sich in den Kampf sofort voll rein. Klar, er zeigt viel Körpereinsatz, aber so macht das eben ein richtiger Armwrestler. Nils macht gleich viel Druck, so dass Lukas keine Chance hat hochzukommen.
Quelle: pur+, ZDF, 2012	

Das Elixier ist hier der Erfolg. Er bekommt zwar im Gegensatz zu Luke keinen Orden, tanzt aber enthemmt im Zimmer herum, jubelt und schmeißt einen Stuhl um. Auch wieder eine ganz andere Nummer als „Starwars" oder „Harry Potter", obwohl er die gleichen dramaturgischen Muster bedient. Sieh'mal an! Und hier sage ich: Hollywood und unser journalistischer Alltag haben praktisch die gleichen Regeln – wenn sie dieser Struktur folgen, die quasi im Hintergrund die Fäden zieht. Ganz unsichtbar, bis auf den, der sie webt. Und damit rein in die Struktur!

1.2 Die 3-Akt-Struktur

Sehen wir uns, bevor es ab in den 1. Akt geht, das Ganze bitte etwas genauer an. Mit der 3-Akt-Struktur arbeiten die meisten Regisseure Hollywoods, wie etwa einer der erfolgreichsten Produzenten dort, Jerry Bruckheimer („Fluch der Karibik"), in einem Interview unumwunden zugibt:

> *SZ: Don Simpson formulierte den Logarithmus für Ihre Filme, die Formel: ein nervenaufreibender Akt, ein düsterer Akt und schließlich der Akt des Triumphs.*
> *Bruckheimer: Nannte er es so? Das kann sein, aber wie Sie wissen, hat auch er nicht die Drei-Akt-Dramaturgie erfunden…*
> *SZ:…denn das Prinzip gab es schon in der antiken Tragödie.*
> *Bruckheimer: Und die meisten Leute in Hollywood arbeiten immer noch danach!*
> *(Bruckheimer 2009)*

3 Akte sind eigentlich banal. Schon in den Schulbüchern steht: Eine Geschichte hat einen Anfang, einen Mittelteil und einen Schluss. In Fachbüchern wird es oft als Exposition, Entwicklung und Auflösung beschrieben.

Wie in Abbildung 1.1 kann man sich die „3-Akt-Struktur“ vereinfacht vorstellen. Wie einen Kreis, ja eine Uhr, die oben bei 12 nach rechts losläuft.

Der obere Halbkreis heißt Tagseite, der untere Nachtseite. Beginnen wir oben, also quasi um 12 Uhr. Zuerst legt man ein Viertel auf der Tagseite zurück, das ist der erste Akt. Ein Viertel der Geschichte ist geschafft. Dann kommt die Nachtseite. Warum Nacht? Weil jetzt der zweite Akt beginnt, der Düstere, um mit Don Simpson zu sprechen. Hier ist der Held nicht zu Hause, es ist ein Auswärtsspiel: Asterix hat sein Dorf verlassen, kämpft in Britannien gegen die Römer oder in Ägypten gegen die Römer oder in Griechenland gegen die Römer. Rotkäppchen muss in den Wald, Aschenputtel geht zum Ball, die Hobbits verlassen das Auenland, Orpheus muss in die Unterwelt.

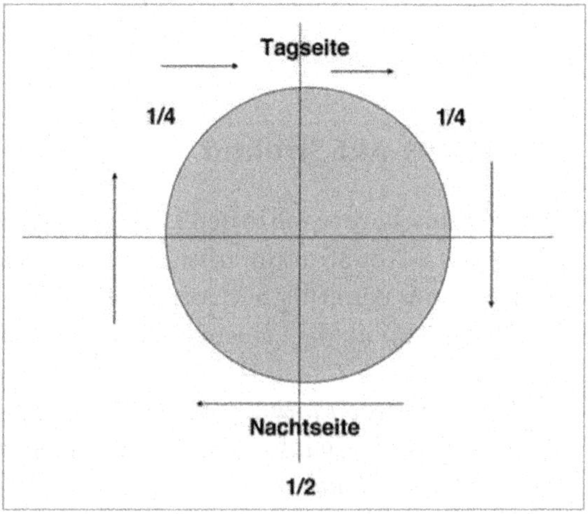

Abb. 1.1

Der zweite Akt dauert die Hälfte der ganzen Geschichte. Dann kommt man zurück („Rückweg“ bei Campbell) auf die Tagseite.

Dann beginnt der dritte Akt, er ist etwa so lange wie der erste. Wie gesagt, das ist nur eine Graphik, die einem eine Ahnung verleiht, mehr nicht. Aber die meisten Hollywood-Filme halten sich sehr genau an diese zeitlichen Vorgaben. Sie sind typischerweise etwa 2 Stunden lang und da dauert der erste Akt eine halbe Stunde, der zweite eine volle Stunde und der dritte wieder eine halbe Stunde.

Campbells Erzählstruktur ist also wie in Tabelle 1.2 eine Heldenreise als „3-Akt-Struktur“:

Tab. 1.2

1. Akt	*1. Gewohnte Welt* *2. Ruf des Abenteuers* *3. Weigerung* *4. Begegnung mit dem Mentor* *5. Überschreiten der Schwelle*
2. Akt	*6. Prüfungen, Verbündete* *7. Tiefste Höhle* *8. Entscheidende Prüfung* *9. Belohnung*
3. Akt	*10. Rückweg* *11. Auferstehung* *12. Rückkehr mit dem Elixier*

Das riecht förmlich nach Aristoteles, und tatsächlich, wenn man die 3-Akt-Struktur wie in Tabelle 1.2 mit Aristoteles vergleicht (Hiltunen 1999, S. 60) …

1. Akt
- Identifikation mit dem Helden durch Mitleid (Eleos) wegen unverdientem Leid (Pathos)
- Oft Irrtum (Hamartia)
- 1. Wendepunkt (Peripeteia)

2. Akt • Spannung durch Furcht um den Helden (Phobos)
• Erkenntnis (Anagnorisis)
• 2. Wendepunkt (Peripeteia)

3. Akt • Befreiung von Spannung = Reinigung (Katharsis)

... so fallen viele Gemeinsamkeiten auf. Der Held wird im 1. Akt eingeführt, hat ein Problem, leidet durch den – wie Don Simpson sagt – düsteren 2. Akt und hat seinen Showdown im 3. Akt. Auch der Punkt „Anagnorisis" ist meines Erachtens bei Campbell enthalten: Es ist die Erkenntnis, die durch die entscheidende Prüfung gewonnen wird, also die Belohnung. Und jetzt wird es etwas theoretisch und ziemlich anstrengend:

Das Wichtigste ist nämlich: Es gibt zwei Wendepunkte, manchmal selbst in Deutschland „Plot Points" (Field 1979, S. 46) genannt. Die Erzählforschung hat herausgefunden, dass es mindestens zweier Wendepunkte bedarf, damit eine Erzählung als Geschichte wahrgenommen wird. Erzählungen mit einem Wendepunkt eben nicht. „Es war gut und wurde schlecht" oder „Es war schlecht und wurde gut" oder „Es war schlecht und wurde noch schlechter" sind eben keine Geschichten. Nur bei Extremfällen wurden sie in Tests an Versuchspersonen als Geschichte wahrgenommen, etwa „Scheidung, dann Mord". Aber das ist im journalistischen Alltag nicht sehr häufig anzutreffen...

„Es war mittel, wurde schlecht und dann super" ist dagegen eine Geschichte genauso wie die Umkehrung „Es war mittel, wurde gut und dann katastrophal". Letzteres ist das Drama. Das Drama wird zwar in 5 Akten erzählt, aber es gibt einen ersten und einen letzten Wendepunkt. Im Drama mit den 5 Akten (Einleitung, Steigerung, Höhepunkt, Fall oder Umkehr, Katastrophe) ist das so genannte erregende Moment der Wendepunkt zum 2. Akt. (Freytag 1863, S. 100), also quasi „Der Ruf zum Abenteuer" (Romeo sieht Julia). Der 2. Akt der 3-Akt-Struktur ist gespalten, gedrittelt in aufsteigenden Ast, Höhepunkt und absteigenden Ast. Und dann gibt es eben einen letzen Wendepunkt.

Oh Gott! Ich glaube, es ist in der Tat alles richtig, was ich da sage, aber ich bin mir nicht mehr sicher, ob das einer versteht. Wichtig ist mir, dass es zwischen der Heldenreise und dem Drama keinen großen Unterschied gibt, was die wichtigen Wendepunkte angeht: Zwei von drei wichtigen Wendepunkten sind nach dem ersten Akt und vor dem letzten Akt. Dazu kommt der in der Mitte des Dramas, der Höhepunkt und unmittelbar danach die

Wendung des Schicksals hin zum Üblen. Aber wir werden sehen, dass es den in der 3-Akt-Struktur auch geben kann. Man nennt ihn dann Midpoint. Naja, andere Nomenklatur, selbes Resultat. Dazu später mehr.

Wenn man so will, gibt es eben drei Akte, weil es zwei wichtige Wendepunkte gibt, nicht umgekehrt. Nur hört sich 3-Akt-Struktur schöner an als 2-Wende-Punkt-Struktur…

Campbells Kanon ist nichts weiter als eine mit dramaturgischen Elementen angereicherte aristotelische 3-Akt-Struktur. Und mit der lässt sich hervorragend im Journalismus arbeiten – und damit rein in die Geschichte.

1.3 Die Gewohnte Welt – und ihr Held

Gewohnte Welt klingt langweilig. Es heißt aber gewohnte, nicht gewöhnliche Welt. Sie ist dazu da, die Ausgangssituation der Geschichte zu erzählen.

Aller Anfang ist… vor dem Anfang (Frey 1987, S. 93)

Sehen wir uns doch einfach mal die gewohnte Welt von „Harry Potter und der Stein der Weisen" an:

Harry Potter wohnt bei den Dursleys, seiner Tante, ihrem Mann und dem unverhungerbaren Sohn. Harry ist Waisenkind – wie Luke Skywalker. Niemand liebt ihn, achtet ihn.

Bild	Text
Harry Potter wacht auf und vernimmt die Stimme seiner Tante	Tante (brüllt): Aufstehen! Steh auf! Steh auf!
Dudley geht die Treppe runter, wieder rauf und springt darauf herum	Sohn: Aufwachen, Cousin, wir fahren in den Zoo!
Harry in seiner Behausung unter der Treppe, Holzspäne fallen herunter	

Dudley rennt hinunter und tritt gegen die aufgehende Tür, lacht *Harry Potter betritt das Wohnzimmer* *Radio*	Tante (zu ihrem Sohn): Da kommt ja unser Geburtstagskind. Onkel: Herzlichen Glückwunsch mein Sohn. Tante (zu Harry): Du machst jetzt mal Frühstück, aber dass du mir nichts anbrennen lässt. Ich will doch, dass alles perfekt ist, wenn mein kleines Bärchen seinen besonderen Tag hat. Onkel: Bring mir meinen Kaffee, Junge! Potter: Ja, Onkel Vernon.

Quelle: Harry Potter und der Stein der Weisen, 2001, USA, Großbritannien, Chris Columbus, Warner Bros.

Da hört man keinen Zauberspruch, kein dunkler Lord wütet. Es ist eben die gewohnte Welt des Harry Potter, bevor er erfährt, dass er ein Zauberer ist. Gewohnte Welt heißt: Er wohnt bei Tante und Onkel, wird gepiesackt von seinem Cousin und muss die Hausarbeit verrichten, während eben dieser an seinem Geburtstag vergöttert wird. Es ist die Ausgangssituation. Geht so ein Anfang nur in Hollywood?

Ich höre, dass man im Journalismus mit einem Paukenschlag anfangen soll – vor allem der Quote (Auflage) wegen. Und was bietet sich da Besseres an als der Konflikt? So passiert es immer öfter, dass Stücke mit dem zentralen Konflikt beginnen, was ich für falsch halte. Bitte beurteilen Sie diese beiden Fernsehbeispiele. Es sind Magazinbeiträge zum Thema Waldsterben.

Hier das erste Stück:

Bild	**Text**
Säge groß *Fichte fällt auf Kamera*	Eine Fichte muss weg. Sie ist abgestorben. Der Schwarzwald nahe Freiburg. Hier stehen nur Fichten.
Bäume von unten und Himmel *Ausgetrocknete Stämme*	Die 40 Meter hohen und über 40 Jahre alten Bäume waren einst stattlich und kräftig. Jetzt ist fast die Hälfte von ihnen tot.

Wald mit dürren Bäumen Forscher kommt auf Kamera zu	Forscher: „Was man hier sieht sind abgestorbene Fichten, die einfach dürr geworden sind und diese Art von Schäden kann man in Mitteleuropa sehr weit verbreitet finden. Die Schäden haben ein Ausmaß, wie wir es in den letzten 20, 30 Jahren nicht gesehen haben."
Abgesägter Baumstamm wird vermessen	Die Wissenschaftler der Uni Freiburg vermessen die geschlagene Fichte. Und sie nehmen Holzproben, um festzustellen, was den Bäumen fehlt.
Forscher klettert über Baumstamm	An Querschnitten des Baumstammes können sie viel erkennen.
Metermaß an Stamm, groß	An den Holzscheiten lesen die Forscher die Jahresringe ab und damit das Wachstum.
Arbeiter macht Motorsäge an, legt an	Der Stamm besteht aus mehreren Schichten…
Animation: Baum im Querschnitt	

Quelle: Bayerischer Rundfunk, Faszination Wissen 2006

Da sind wir schon längst im 2. Akt, denn hier wird erklärt, man geht ins Detail, also in die einzelnen Prüfungen.

Gleich hinterher der Anfang eines anderen Beitrages zum Thema Waldsterben:

Bild	**Text**
Totale: Schwenk über Bergwald Halbtotal: Wald, mit Nebelschwaden Wald, Blick ins Tal	Unser grünes Dach in Bayern. Wie ein Freund nimmt uns der Bergwald in seine Obhut. Er schützt uns gegen die pralle Sonne, gegen heftige Niederschläge und Bodenerosion. Und als Schutzwald bremst er tödliche Geröll- und Schneelawinen.

Borkenkäfer läuft im Holz Borkenkäfer, groß Larve Viele Borkenkäfer	Doch wer schützt diesen treuen Freund? Ein Nimmersatt namens Borkenkäfer hat die Fichtenwälder zum Fressen gern und bohrt seine Brutgänge in die Stämme. In den letzten Jahren wurde der gefräßige Schädling zur Übermacht. Viele Bäume kapitulieren.
Schwenk von unten: tote Kronen, toter Wald Mann stapft über Totholz und ausgerissene Bäume Ausgerissene Bäume, groß	Seit Jahren kämpft Forstbetriebsleiter Daniel Müller im Berchtesgadener Bergland verzweifelt um seine Fichten. Doch auch die Trockenperioden setzen den Bäumen zu, ihr natürlicher Schutzmantel funktioniert nicht mehr, weil sie kaum noch Harz produzieren.

Quelle: Bayerischer Rundfunk, Unkraut 2007

Seminarteilnehmer sind eigentlich immer einer Meinung: Sie finden den zweiten Beitrag besser. Warum? Weil er den Helden, der leidet, also den Bergwald, mit Attributen versieht. Das ist die gewohnte Welt: Der Held wird vorgestellt. Und er ist wichtig, schützt den Menschen. Also haben wir etwas zu verlieren, wenn es ihm nicht gut geht. Das schafft Fallhöhe.

Ohne Vorgeschichte kann man den Verlust nicht bewerten.

Erst im zweiten Schritt wird der Antagonist eingeführt, der Borkenkäfer. Der Film platzt also nicht ins Haus, sondern kommt auf leisen Pfoten. Langweilig ist das dennoch nicht. Die Totalen vom Wald beeindrucken optisch. Auch wenn sich hartnäckig die Meinung hält, Nahaufnahmen zu Beginn wären viel spannender. Komisch, dass die meisten Hollywoodfilme mit Totalen anfangen, „Harry Potter“ zum Beispiel. Teil 2 und 3 fangen an mit Schwenks vom Himmel hinunter auf das Häusermeer Londons. Auch „Starwars“ fängt mit einer Totalen an (Planetenoberfläche, Planeten im Hintergrund, dann rauscht ein Raumschiff vorbei). „No country for old men“ sogar mit mehreren Totalen. Man weitet den Blick für das große Ganze, oftmals für das Paradies.

David Bordwell: „The narration may begin with a long shot that establishes the total space; this is by far the most common method.“ (Krützen 2004, S. 130)

Die Attribute des Waldes sind: Er ist wichtig für uns und er ist gefährdet. Zwei reichen. Ganz anders der erste Beitrag. Nach der Säge kommt ein tolles Bild, keine Frage, eine Fichte fällt. Aber was will uns das sagen? Im Text heißt es: „Eine Fichte muss weg. Sie ist abgestorben. Der Schwarzwald nahe Freiburg. Hier stehen nur Fichten." Wir kennen den Konflikt gar nicht, der Film könnte auch ein Beitrag für die aufsteigende Holzwirtschaft im Schwarzwald sein. Der Wald hat keine Attribute, daher lässt der Beitrag die meisten Seminarteilnehmer kalt. Es gibt auch keine emotionale Nähe zum möglichen Helden. Es fehlt an Fallhöhe, es gibt nichts zu verlieren. In einem solchen Fall gibt es zwei Möglichkeiten, die beide nicht optimal sind: Ein Beitrag, der mit dem Konflikt beginnt – auch wenn er diffus bleibt – muss die Ausgangsituation und damit die Attribute des Protagonisten nachliefern, in diesem Fall des Waldes. Schließlich kann der Text nicht gleichzeitig Konflikt und Ausgangslage zeigen, das geht nicht. Solche Beiträge fangen also bildlich spannend an, man weiß aber erst nicht, was man davon halten soll; und dann wird der Hintergrund erzählt. Man erfährt also nicht vor dem Konflikt, warum dieser Beitrag sehenswert ist, sondern danach. Das ist gefährlich, weil es erstens zu spät ist zur Einordnung der ersten Bilder und zweitens bremst. Daran ändert auch eine Moderation nichts (aber zu dem Thema später). Ich will nicht sagen, dass das nicht geht, sondern nur, dass das nicht leicht ist. Aber warum schwierig, wenn es einfach auch geht? Es gibt noch eine zweite Möglichkeit, die immer wieder zu sehen ist: Nach dem Konflikt hat der Autor das ja nicht falsche Gefühl, dass es nun zu spät ist, die Attribute zu liefern – und lässt sie einfach unter den Tisch fallen. Genau das ist bei diesem ersten Beitrag der Fall. Die Folge: Die Geschichte wird flach. Das Problem ist, dass man das, was man vorne nicht sät, hinten nicht ernten kann.

Interessanterweise haben Zeitungen oft weniger Probleme, mit einer gewohnten Welt zu beginnen. Ich finde das überraschend, denn was dem einen seine Quote ist dem anderen seine Auflage. So müsste das Argument, mit dem Konflikt zu beginnen, ja auch für Zeitungen gelten. Ein Beispiel aus der „Welt". Da liest man folgende Überschrift:

Zumindest kann man als Tourist beim US Präsidenten einmal vorbeischauen: In Barack Obamas Heimatstadt Chicago bieten Stadtführer Touren zu Obamas Heim, zu Obamas Friseur und zu Obamas Buchladen

Dann beginnt der Text:

> *Murder City, Windy City, Second City, Meatpacking City – Es sind nicht wenig schmeichelhafte Beinamen, mit denen sich Chicago lange Zeit schmückte. Einst war die Stadt die mit den meisten Morden in den USA, mit den korruptesten Politikern und mit den meisten Schlachthöfen der Welt.*
> *Doch mit Barack Obama hat sich das Image geändert: Chicago ist President's City – Heimatstadt des ersten afroamerikanischen US-Präsidenten, auch wenn er in Honolulu geboren wurde. Seit seinem Amtsantritt gibt es in der Millionenmetropole am Lake Michigan Obama-Touren. Gerade jetzt, wo sich seine Amtszeit dem Ende zu neigt, pilgern verstärkt Touristen auf seinen Spuren durch Chicago.*
> *(Quelle: Die Welt, 26.07.2016)*

Der Anfang beginnt also nicht in der Gegenwart, sondern in der Vergangenheit der Stadt. Die Tatsache, dass Chicago so ein schlechtes Image hatte, bringt erst die Fallhöhe für den neuen guten Ruf. Ich sprach ja schon von den beiden wichtigen Wendepunkten in einer Geschichte. Die Heldenreise hat als Drei-Akt-Struktur auch zwei wichtigste Wendepunkte, aber insgesamt hat sie mit ihren zwölf Strukturelementen elf Wendepunkte. Zwei davon ganz wichtig, eben die Aktwechsel, die anderen neun aber nicht unwichtig. Hier haben wir nun den allerersten Wendepunkt der Heldenreise gelesen, den kleinen Wendepunkt zwischen gewohnter Welt (Chicago ist trostlos) und dem Ruf des Abenteuers (Chicago ist die Stadt des Präsidenten!).

Ein anderes Beispiel aus der GALA. Es geht um den Hollywood-Star Jodie Foster, der Text beginnt so:

> *Es gibt Stars, die aus einem Interview einen regelrechten Staatsakt machen. Das Licht muss perfekt platziert werden, damit ja keine Fältchen zur Geltung kommen. Die Designerrobe soll die Kurven richtig in Szene setzen, weshalb Stylisten ständig an der Kleidung herumnesteln. Und dann gibt es noch die Schar von Assistentinnen und Managern, die nur zu gerne den Journalisten oder auch Prominenten selbst ins Wort fallen, wenn ihnen gewisse Fragen zu privat erscheinen.*

Anders ist das mit Jodie Foster. Sie braucht kein Brimborium und erst recht niemanden, der ihr das Händchen hält. Als GALA sie in Berlin im „Hotel Adlon" trifft, erscheint sie ganz allein, ohne Entourage. Sie trägt einen dezenten beigefarbenen Hosenanzug, zwei kleine Goldkettchen um den Hals sowie winzige Ohrringe. Ihr Gesicht ist nur ein bisschen gepudert, Mascara an den Wimpern, auf den kurzen Fingernägeln Klarlack. Einzig ihre rot lackierten Fußnägel in goldenen Fesselriemchen-Sandalen stechen heraus. Eine Frau, die weiß, was sie will. In diesem Fall über ihren neuen Film „Money Monster" sprechen, der am 26. Mai in den deutschen Kinos anläuft.
(Quelle: Gala, 21.05.2016)

Der Wendepunkt zwischen gewohnter Welt und dem Ruf des Abenteuers wird kreiert, indem der Text eben nicht mit Jodie Foster anfängt, sondern mit den eitlen Stars, mit denen GALA wohl sonst zu tun hat. Das ist die Ausgangssituation für die Journalisten, die die Interviews führen müssen: nervige Stars.

Man könnte ja denken, dass gerade der Boulevard immer die Bombe gleich platzen lassen möchte. Aber das stimmt nicht. Ich habe gerade mit Volontären des Axel-Springer-Verlags zu diesem Thema die Bild-Zeitung ausgewertet. Nun könnte man ja denken, dass die Zeitung mit den großen Bildern und den kleinen Texten für eine gewohnte Welt gar nicht zu haben ist. Weit gefehlt! Zugegeben, bei den beiden Beispielen die ich hier anführen möchte, ist die gewohnte Welt gerade mal ein Satz. Aber der ist nun einmal da.

In der balkendicken Überschrift liest man:

Für diese Schlange muss sich Berlin schämen!

Dann beginnt der Text:

Sie flohen vor Krieg und Verfolgung, sind am Ende ihrer Kräfte. Doch statt schneller, unbürokratischer Hilfe erwartet sie bei uns ein heilloses Durcheinander.
Für diese Schlange muss sich Berlin schämen!
Moabit, Domstraße: Vor der Erstaufnahme des Landesamtes für Gesundheit und Soziales (LAGeSo) drängeln sich seit Monaten jeden Tag Hunderte Flüchtlinge vor Absperrgittern. Stundenlanges Warten, wo-

chenlang. Im Schnitt dauert es eineinhalb Monate, bis die Registrierung endlich geschafft ist. Die Männer, Frauen und Kinder müssen sich erneut anstellen, wenn sie am Vortag nicht abgefertigt wurden.
(Quelle: Bild, 24.09.2015)

Und noch einmal die Bild mit folgender Überschrift:

Feuerwehrmann (35) wollte glimmende Papiertüte austreten, da detonierte die Bombe

Und so beginnt der Artikel:

Treptow – Er kam zufällig vorbei, wollte nur glimmenden Müll am Straßenrand austreten. Doch als der Feuerwehrmann die Papiertüte berührt, explodiert plötzlich ein selbst gebauter Sprengsatz.
(Quelle: Bild, 24.09.2015)

Beide Male beginnt Bild also mit einer gewohnten Welt. Und dann noch im Imperfekt! Aber die wissen eben, was sie machen. Und ist es nur dieser eine Satz, er schafft Fallhöhe.

Wenn Sie es eilig haben, dann überspringen Sie das nächste, längere Beispiel. Wenn Sie interessiert sind an extremen Beispielen, dann bitte nicht. DER SPIEGEL bereitet hier die gewohnte Welt auf einer ganzen Spalte aus. Für mich ein gelungenes Beispiel, das zeigt, dass die gewohnte Welt hier für den Leser keine gewöhnliche Welt sein darf. Ich zitiere den Artikel bis zum Abschluss des ersten Aktes. Die Überschrift heißt:

Der finale Tusch

Darunter steht:

Ski alpin – damit die Abfahrt in Kitzbühel ihren Ruf als ultimative Mutprobe behält, wollen die Veranstalter den Schwierigkeitsgrad erhöhen. Geht das gut?

Dann beginnt der Text:

> *Stephan Eberharter hat ein kantiges Gesicht und ein Kreuz wie ein Bär, doch wenn er von seinen Rennen in Kitzbühel erzählt, werden seine Hände feucht. Auch jetzt noch, Jahre danach. „Als ich die Strecke zum ersten Mal besichtigt habe, dachte ich: Es ist unmöglich, zu fahren“, sagt er, „mir hat es die Nackenhaare aufgestellt.“*
> *Eberharter, 45, war vor gut zehn Jahren einer der besten Skifahrer der Welt, 2002 wurde er Olympiasieger. In seinem Haus in Stumm, einem Dörfchen im Zillertal, hat er an seinem Wohnzimmertisch Platz genommen. An die Abfahrt in Kitzbühel, sagt er, erinnere er sich, als wäre er erst gestern dort gefahren.*
> *„Vor meinem ersten Start war ich fix und fertig. Ich sah, wie sich die anderen Fahrer mit einem Urschrei aus dem Starthäuschen hauen, und dachte: Es geht fast senkrecht bergab, und die Jungs schieben auch noch an? Ich sah ihnen mit offenem Mund hinterher, bis zum ersten Sprung, der Mausefalle. Die Fahrer flogen weg, ruderten in der Luft wie wild mit den Armen und verschwanden dann im Nichts. Ich dachte: Okay, die landen bestimmt alle unten auf einem Haufen.“*
> *Eberharter startete 14-mal in Kitzbühel, auf der berühmten Streif 2004 gewann er das Rennen mit über einer Sekunde Vorsprung. Der Lauf gilt heute als Sternstunde der Skigeschichte, als perfekte Streif-Fahrt. Kein anderer hatte die Piste jemals so im Griff wie Eberharter.*
> *Die Angst, sagt er, habe ihn trotzdem nie losgelassen. „Die Streif war immer meine Hassliebe. Auch in meinen besten Jahren musste ich in der Stunde vor dem Start fünfmal auf die Toilette. Bei keinem anderen Rennen ist die nervliche Anspannung so, weil du weißt, was da alles passieren kann.“*
> *45.000 Menschen verfolgen jedes Jahr Ende Januar die Abfahrt auf der Streif, 45 Fernsehstationen übertragen das Rennen für hunderte Millionen Zuschauern weltweit.*
> *Für die Profis ist die Piste so ehrwürdig wie für Tennisspieler der Rasen in Wimbledon. Die Steilhänge, die gewaltigen Sprünge haben vielen den Weg zum größten Triumph bereitet. Für andere endete das Rennen mit Stürzen und schweren Verletzungen. Kitzbühel kostete manchen Rennfahrer die Karriere.*

Das alles ist gewohnte Welt! Eine Welt, die, geschildert aus der Sicht eines Skiprofis, für den Leser alles andere als gewöhnlich ist. Und nun kommt der Ruf zum Abenteuer:

> *Am kommenden Samstag wird die 75. Hahnenkamm-Abfahrt ausgetragen. Das Jubiläum wird eine Zäsur, denn die Veranstalter wollen das Rennen neu erfinden und den Schwierigkeitsgrad der Strecke erhöhen. Der Versuch wirft Fragen auf, die sich in einer modernen Sportwelt inzwischen viele Organisatoren stellen: Wie groß darf das Spektakel sein? Und ab wann wird es für die Sportler lebensgefährlich?*
> *(Quelle: Der SPIEGEL, 23.01.2015)*

Aha! Das also ist der Wendepunkt: Das Gefährliche wird noch gefährlicher. Wie gesagt, eine ganze Spalte lang breitet die Zeitung die gewohnte Welt der Hahnenkamm-Abfahrt aus. Langweilig ist das nicht, denn „Story is about life and death", wie es in Hollywood heißt, und auf der Streif fährt der Tod ja immer mit.

Wunderwaffe Symmetrie

Gönnen wir uns einen kleinen Ausflug in die Mathematik. Kann man eine Geschichte graphisch auch komplexer darstellen als einfach in einem Kreis? Ja, kann man. Mit Hilfe von Schwingungen. Auch nur als Annäherung, aber man kann vieles bildlich gut erklären. Die Abbildung 1.2 („Die Fallhöhe") zeigt einen Cosinus.

Der Cosinus hat – wie eine Geschichte – Wendepunkte, nämlich dort, wo sich die Krümmung ändert, von konvex in konkav und umgekehrt. Ich kann mir nie merken, was was ist, obwohl ich Brillenträger bin. Aber sicher ist: Dort ist die Krümmung null, wie bei einer Rechtskurve, die in eine Linkskurve übergeht; dazwischen muss es eine Stelle geben, die geradeaus führt. Auch wenn es sich nur um einen einzigen Punkt handelt – eben einen Wendepunkt. Für mathematisch Interessierte: Dort ist die zweite Ableitung null. Ich habe senkrechte Striche durch diese Punkte gezogen. Man kann nun gut die Akt-Struktur erkennen: zwei Wendepunkte, also 3 Akte. Der erste und der dritte Akt sind exakt so lang wie der zweite. Die zeitliche Einteilung ist also die gleiche wie bei dem in Abbildung 1.1 gezeigten Kreis.

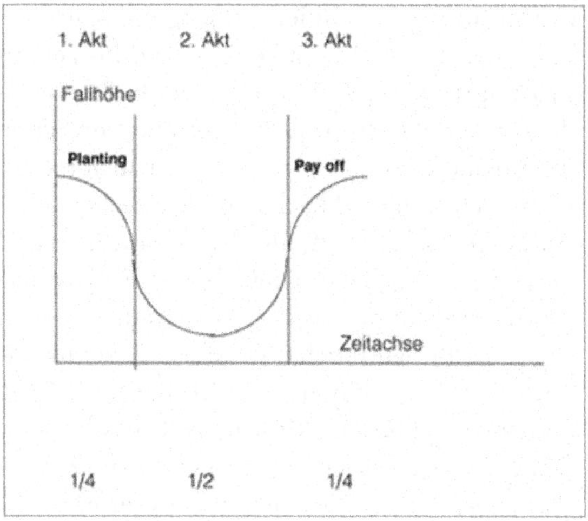

Abb. 1.1
„Die Fallhöhe“

Nach rechts ist eine Zeitachse eingezeichnet, nach oben eine Größe, die physikalisch so nicht zu messen ist, nämlich die Fallhöhe. Man kann sie im Bild aber durchaus mit der Höhe gleichsetzen. Denn das ist der Clou an dieser bildlichen Darstellung einer Geschichte: Sie gleicht einer reibungslosen Schlittenfahrt. Ganz links geht es los. Das Gefälle ist noch nicht sehr stark, der Schlitten kommt erst langsam in Fahrt. Wir befinden uns in der gewohnten Welt. Das Wort „Planting“, das dort steht, soll darauf hinweisen, dass hier die Attribute „gepflanzt“ werden sollen (Bronner 2004, S. 71). Wie der Vergleich der obigen zwei Geschichten zeigt, ist es wichtig, Attribute zu „pflanzen“, auf deutsch vielleicht besser: zu „säen“. Was der Kosinus nicht leistet, sind kleine Wendepunkte dazwischen, oder besser sogar Unregelmäßigkeiten, der Mathematiker würde von einer nicht stetigen Funktion reden. Ein solcher Ruckler wäre der Übergang zum Ruf des Abenteuers oder zur Weigerung oder zum Mentor. Eben diese kleinen Wendepunkte, für die die einzelnen Punkte der Heldenreise stehen. Das leistet diese Kurve leider nicht. Aber: Unser Kosinus zeigt – im wörtlichen Sinne – den großen Bogen. Und da nimmt der Schlitten nun Fahrt auf, wird immer schneller, setzt die (Fall)-Höhe in kinetische Energie um, also in Geschwindigkeit, in Tempo. Durchaus wörtlich zu nehmen: Die Geschichte nimmt an Fahrt auf und dann kommt der erste Wendepunkt, also der Aktwechsel. Ohne zu viel vorweg zu nehmen: Da gibt es das auslösende Moment, die zentrale Frage der Geschichte ist gestellt, und los geht es im zweiten Akt mit den Prüfungen. Was die Kurve gut zeigt: Der dritte Akt korrespondiert mit dem ersten. Wer vorne nicht ganz oben am Schlittenberg loslegt, dort nicht die Attribute sät, der kommt hinten auch nicht mehr hoch. Das Ergebnis: Die Geschichte wird flacher, im wörtlichen Sinne. Die Fallhöhe des ersten Aktes sind die Attribute, die die Geschichte erzählen, nicht umgekehrt. Wer die Attribute weglässt, fängt eben weiter unten an, kommt aber im dritten Akt dann nicht mehr ganz hoch. In der journalistischen Realität passiert das ganz oft. Ich möchte ein Beispiel nennen, das mir selbst passiert ist: Während des Volontariats beim Bayerischen Rundfunk sollte ich einen Radiobeitrag über den Münchener Christkindlmarkt machen. Ein Portrait. Ohne eine Ahnung von der 3-Akt-Struktur zu haben, legte ich den Beitrag aber als solche an. Die Abnahme war ernüchternd. „Der Anfang ist ja eine Moderation“ hieß es und schnipp, war der gesamte erste Akt in der Tonne. Ein Viertel war also schon mal weg. So lag er denn über eine Woche im Zwischenarchiv. Dann nahte der Tag der Sendung. Der Chef vom Dienst hörte sich den Beitrag an und entschied – völlig zu Recht: Das Ende muss weg! Schnipp, der 3. Akt landete also auch in der Tonne. Gesendet wurde ein 1-Akter, nämlich der 2. Akt.

Was war geschehen? Ganz einfach: Ohne den ersten Akt macht der dritte ja keinen Sinn. Wenn ein Chef vom Dienst den dritten Akt hört, ohne dass es einen ersten gibt, dann fragt er sich völlig zu Recht: Was soll das? Schließlich funktioniert das nicht, man kann keine Attribute ernten, wenn man sie vorher nicht gepflanzt oder gesät hat. Man hat das Gefühl, etwas völlig Neues, Fremdes zu hören, es ist ja nirgendwo eingeführt worden. Der Chef vom Dienst hatte also ganz richtig gehandelt. Fragt sich, ob die damalige Redaktionsleiterin richtig gehandelt hat. Meine Meinung: Sie hat nicht. Sie hat es sich als moderierende Leiterin einfach gemacht: Sie hat sich eine Moderation erschlichen. Dazu ein kurzer Einschub…

Die gewohnte Welt ist keine Moderation!

Die gewohnte Welt dient meist der Einführung des Helden und seiner Attribute. Sie schildert also die Ausgangssituation. Oft höre ich: „Ja, was soll da die Moderation noch sagen?" Und: „Das ist eben der Unterschied zu Hollywood, im Kino gibt es keine Moderation, daher müssen die Filme anders anfangen" – also mit Einführung, schön langsam, während man das Popcorn in sich hinein stopft. Fernsehen ist ganz anders, da hat man weder Popcorn noch Zeit, dafür die Umschalttaste, oh je Quote, also bitte schneller, peng! Manchmal liest man in diesem Zusammenhang den Begriff der „Subito-Satisfaction" (Lampert, Wespe 2011, S. 20). Sehe ich nicht so.

Natürlich haben Kinofilme eine Anmoderation

Oder waren Sie schon mal im Kino und sind vom Nachbar sanft auf die Schulter geklopft worden mit der leisen Anfrage: „Was zeigen die denn jetzt?" Wohl kaum.

Die Anmoderation des Kinos ist die Werbung. Millionen werden dafür bei Blockbustern ausgegeben. Jeder, der sich ins Kino setzt, weiß, was läuft. Das ist der Sinn der Anmoderation, also der Werbung. Und was ist die Anmoderation eines Beitrages im Fernsehen oder Hörfunk? Nichts anderes! Der Moderator verkauft Beiträge! „Lieber Zuschauer, schau' oder hör' Dir das an, es wird Dich interessieren!" Der einzige Unterschied ist der zeitliche, der Moderator hat nur die Möglichkeit unmittelbar vor dem Beitrag für ihn zu werben. Zu werben! Nichts anderes sollte die Moderation leisten. Sie wirbt für das Produkt. Soll heißen: Das Produkt steht für sich. Der Moderator hat die Finger davon zu lassen. Ich kann nur jedem Autor raten: Denke gar nicht mal an die Moderation, es ist sinnlos. Denke ganz egoistisch an Dein Produkt, alles andere macht die Redaktion. Bei „nano" konnte ich als „Chef vom Dienst" fünf Jahre erleben, was der Alltag ist: Typische Situation, der Beitrag ist seit Tagen da, der Autor hat – wie üblich – einen Moderationsvorschlag abgeliefert, der genau zu seinem Beitrag passt, dann läuft der Moderator ein, eben am Tag der Sendung, „Du ich habe eine Super-Idee!". Oft ist sie auch super, passt allerdings nicht zum Beitrag, den der Moderator zu diesem Zeitpunkt gar nicht gesehen hat. Das ist Alltag: Oft sieht oder hört der Moderator die Beiträge gar nicht. Eigentlich unglaublich:

Der Moderator von heute war früher Marktschreier

Stellen Sie sich vor, der Marktschreier weiß nicht, wofür er schreit?

Noch einmal der Vergleich mit dem Kino: Wenn Sie Werbung für einen Film sehen, dann bekommen Sie vielleicht Lust, ihn anzuschauen, ohne die Handlung zu kennen. Das ist die beste Werbung: Lust machen, ohne den Film vorweg zu erzählen. Die Werbung erzählt nicht den Plot, die zentrale Frage, gar den ganzen ersten Akt, wie das die Redakteurin und Moderatorin meines Christkindlmarkt-Beitrages gemacht hat. Das ist nicht Aufgabe der Moderation! Sie merken schon, hier habe ich eine echte Bugwelle, weil das so oft passiert. Dieses ewige „Was soll ich da noch sagen!" des Moderators! Wir hatten im Volontariat eine tolle Aufgabe, um das zu vermeiden: Eine Moderation schreiben, ohne die Schlüsselwörter des Beitrages. Also etwa den Christkindlmarkt anmoderieren ohne die Worte Christkindlmarkt, Weihnachten, Schnee, stille Nacht, Glühwein ect. Das ist schwierig. Aber es geht. Und es ist gut, weil es den Beitrag schützt. Christoph Süß vom Bayerischen Fernsehen ist ein Meister dieses Fachs. Oftmals gehen seine auf Empathie angelegten Moderationen so: „Geht es Ihnen eigentlich auch so(…) blablabla(…) und genauso ist das passiert in einem Dorf in Niederbayern". Zack, Beitrag, gewohnte Welt. Nur so kann die gewohnte Welt funktionieren. Wird der Beitrag in der Moderation vorweg genommen, wirkt die gewohnte Welt danach wie ein Rückschritt („Habe ich doch gerade schon gehört".) Und wem wird es angelastet? Tatatata! Ja, klar, der Autor ist schuld. Warum erzählt der schon wieder „ab ovo"?

Ich will nicht verhehlen, dass die Situation im Kino eine andere ist als zuhause vor der Glotze. Ich stelle mir nur die Frage, was das für die Struktur von Geschichten bedeutet.

Übrigens ist es schon möglich, dass die Moderation Teile des Beitrages übernehmen kann; es muss nur gut abgesprochen sein. Man kann etwa die gewohnte Welt in die Moderation verlegen. Dann fängt der Beitrag mit dem Ruf des Abenteuers an. Theoretisch kann man auch den gesamten 1. Akt in die Moderation verlegen, vielleicht sogar den 3. Akt in die Abmoderation und man sendet 1-Akter (also den zweiten Akt). Geht schon. Gerade im Fernsehen ist das aber schwach, eben nicht gerade die filmische Lösung. Attribute, die im Fernsehstudio erzählt werden, haben nicht die gleiche Aussagekraft wie im Film. Es ist ein Unterschied, ob man sie vor einer wie auch immer aussehenden Studiokulisse serviert bekommt, oder im Film, unterstützt durch Bild, Geräusch, Musik, O-Ton und Text. Meine Meinung: Der Moderator sollte das machen, was eine gute Kinowerbung macht, also für den Beitrag werben und sonst nichts. Sehen Sie sich doch mal die Kinowerbung unter diesem Aspekt an. Sie bekommen vielleicht Lust auf den Film. Sie erfahren ein bisschen etwas über Attribute, aber nichts über die zentrale Frage oder gar den Plot.

Wenn sich der Moderator daran hält, dann ist er ein klassischer Held! Nicht für sich stehen, nicht sich in sich selbst sonnen.

Noch zwei Argumente, warum die „Subito-Satisfaction" vielleicht doch nicht so greift, wie immer gedacht. Oft höre ich von älteren Leuten, dass das Fernsehen ihnen nicht zu langsam, sondern zu schnell sei. Zu viel Musik, zu viel Schnitte, viele Sendungen seien ja gar nicht mehr von der Werbung zu unterscheiden! Wie gesagt, das meinen Ältere. Aber gerade die Öffentlich-Rechtlichen haben nun mal ein älteres Publikum, und wenn man der Demographie glauben mag, dann wird es in den nächsten Jahren und Jahrzehnten auch nicht jünger. Dieses Publikum, so schätze ich es ein, investiert schon in einen Beitrag, wenn es dann auch belohnt wird – eben mit Qualität, und die ist ohne eine gute Einführung ins Thema nicht zu schaffen. Das zweite Argument: Befürworter der „Blitz-Blatz-Methode" reden immer davon, Kino und Fernsehen, das könne man ja nicht vergleichen. Schon. Aber sie vergessen die gesamte heutige Verwertungskette eines Kinofilms über die Kauf-DVDs, Videotheken bis hin zum Fernsehprogramm. Würde das Argument, Kinofilme hätten es wegen der ganz anderen Situation im Kinosaal einfacher mit längeren Einführungen, dann dürften diese Filme im Fernsehen ja nicht funktionieren. Die Quoten sprechen eine andere Sprache. Ob „Titanic" oder „Harry Potter", gute Spielfilme laufen auch im „Nebenbeimedium" Fernsehen richtig gut. Sogar mit Werbeunterbrechungen.

Auch das Pauschalargument, dass der User bei langsameren Anfängen sofort weg sei, ist eben pauschal – und daher falsch. Es gibt ja Untersuchungen, wie lange die Geduld ist. Und da kommt man eben auf ganz unterschiedliche Werte. Bei längeren Fernsehdokumentationen sind es schon mal 5 Minuten; natürlich auch abhängig von vielen Komponenten wie etwa der Uhrzeit, des Wochentages, sogar der Jahreszeit. Beim „Viral Spot" im Internet sind es dagegen 11 Sekunden!

Anfänge vor dem Anfang vor dem Anfang

Die gewohnte Welt ist also der Anfang vor dem Anfang. Ich kann Kritiker schon verstehen, die als Autoren argumentieren, dass solch ein Beitrag nicht abgenommen würde; oder von Redakteuren, die sich vom Chef anhören müssen, warum sie so einen Anfang abgenommen haben. „In dubio pro Peng!" Wie oben gesehen kann eine gewohnte Welt ja durchaus attraktiv sein. Es gibt aber auch die Möglichkeit, der gewohnten Welt noch etwas vorschalten, um den Beginn attraktiver zu machen. Es darf nicht der Eindruck entstehen, die 3-Akt-Struktur und die darin eingewobene Heldenreise hätten etwas gegen ein „Peng!", einen Paukenschlag am Anfang. Ganz im Gegenteil! Wir wollen den Leser, Hörer, Zuschauer sofort begeistern. Aber eben nicht auf Kosten der Fallhöhe. Gewohnte Welt, Ausgangsattribute und rassiger Beginn mit tollen Bildern: Das geht. Zum Beispiel, in dem man mit einer „Miniatur" beginnt.

Was ist das? Die schönste Definition habe ich bei Goethe gefunden:

► ***Willst Du Dich am Ganzen erquicken,***
so musst Du das Ganze im Kleinsten erblicken.

Es geht darum, die Geschichte „anzuteasen". Ein schönes Hollywood-Beispiel ist der Film „Mississippi Burning" aus dem Jahr 1988. Erste Einstellung: Man sieht (total) zwei Drinking Wells, einen modernen für Weiße links, einen alten, schäbigen für Schwarze rechts. Von links kommt ein Weißer und trinkt aus dem Brunnen für Weiße, geht nach links ab. Dann dauert es ein paar Sekunden, ein schwarzes Kind kommt von rechts, trinkt aus dem Brunnen für Schwarze und geht ebenfalls nach links ab. Alles das in einer einzigen Einstellung! Nach 45 Sekunden Schwarzblende, der Titel erscheint, dann sieht man einen Schwenk von Grabkreuzen auf ein in Flammen stehendes Haus. Die Miniatur verrät nicht die zentrale Frage des Films, nichts über den Plot. Dabei geht es um den Mord an drei Bürgerrechtlern, die sich für das Wahlrecht für Schwarze einsetzen. Nichts davon erfährt man. Aber die eine Einstellung lässt das Thema fühlen: Rassismus.

Das geht auch im Journalismus wunderbar. Ein paar Beispiele. Erst mal Fernsehen, ein Beitragsanfang von „Monitor" aus der ARD:

Bild	**Text**
Junge Frau auf Flur, geht an Kamera vorbei in eine winzige Toilette.	Zu Gast bei Frau Kepenick in Hamburg. Off-Stimme des Reporters: „Ja, das ist das Problem hier in der Toilette?"
Junge Frau, steht da *Bückt sich, lässt aus einem Wasseranschluss mit einem Schlauch Wasser in einen Eimer fließen und schüttet das Wasser dann in die Toilette*	Junge Frau erwidert: „Ja, ich habe keinen Wasserkasten. Kein Waschbecken. Bei der Renovierung hatten wir das abgebaut, weil das erneuert werden sollte. Ich zeige Ihnen das einmal." Reporter: „Das ist jetzt Ihr Spülkasten?" Junge Frau: „Genau. Wie in den alten Zeiten, vermutlich denn, so."
Musikeinsatz, Schwenk über Mietshäuser *Baunetz, heruntergekommene Fassade* *Klingeln, Dreck an der Hauswand*	Frau Kepenick wohnt zur Miete bei der Gagfah. Dieses ist ihre Geschichte und die tausend anderer Mieter, die die Nase voll aben. Eine Geschichte von heruntergewirtschafteten Wohnvierteln und einem Unternehmen, das einst grundsolide war. Und davon wie es an einen Hedgefonds in den USA verkauft wurde. Dies ist die Geschichte einer Privatisierung mit dramatischen Folgen.

Quelle: Westdeutscher Rundfunk, Monitor 2011

Ein schönes Beispiel für pars pro toto: Zunächst sieht man ein Beispiel, eine kaputte Toilette. Ein viel spannenderer Beginn als der Anfang der gewohnten Welt (Schwenk über Mietshäuser, Musikeinsatz, Text: „Frau Kepenick wohnt zur Miete bei der Gagfah. Dieses ist ihre Geschichte und die tausend anderer Mieter, die die Nase voll haben.").

Unser Gehirn ist wie geschaffen dafür, aus einem Einzelbeispiel eine allgemeine Regel abzuleiten. Man sieht die junge Dame, hat Mitleid mit ihr und denkt, ohje, so wird es sicher vielen in diesen Häusern gehen. Das Gehirn induziert also: Gibt es eine mit kaputter Toilette, dann gibt es sicherlich auch zwei, oder drei oder vier. Das ist der so genannte Induktionsbeweis, mit dem man in der Mathematik die Konvergenz von Folgen und Reihen überprüfen kann. Hoffentlich habe ich Sie jetzt nicht erschreckt, das ist natürlich kein Mathe-Symposium. Vielleicht wollte ich nur angeben, aber jetzt kommt ja die Pointe, nach Karl Popper ist dieser Induktionsbeweis gar kein wirklicher Beweis, und wir wissen ja auch nicht, ob die Dame mit der kaputten Toilette nicht ein Einzelfall ist. Aber so ist unser Gehirn nun einmal! Das ist übrigens nicht nur die Gefahr bei den Miniaturen, sondern auch bei Reportagen: Beschriebene Einzelfälle werden vom User automatisch verallgemeinert, auch wenn die Geschichte selbst das gar nicht explizit behauptet.

Aber zurück zu den Miniaturen: Sehr schön, weil spannend, sind im Fernsehen Miniaturen, die ohne einen Text auskommen. Eine Doku des BR hat das so gemacht:

Eine ganz langsame Kamerafahrt durch eine Ecke eines Zimmers. Man sieht in Großaufnahme rollerblades, dahinter eine leere Bierflasche, ein Playmobilschiff, eine Gitarre, umher liegende Kleidungsstücke, Mathe- und Physikhefte, dann zur Steigerung des Ganzen Kondome neben einem Plüschteddy. Dazu Musik von „Tokio Hotel". Dann erfolgt die Moderation im Studio, die mit den Worten beginnt: „Zerrissen zwischen Kind- und Erwachsensein, die Pubertät..." (Quelle: Bayerischer Rundfunk, 2008)

Die Fahrt ist 30 Sekunden lang. So etwas geht natürlich schwerlich bei einem kurzen Magazinbeitrag, aber dafür bei einer halbstündigen Dokumentation. Ein kürzeres Beispiel, ebenfalls ohne Text: Thema Trinkwasser. Man sieht nur einen Wasserhahn, groß, eine Hand mit einem Wasserglas kommt ins Bild, die andere öffnet den Hahn, das Glas wird voll, aus dem Bild geschwenkt, und man sieht noch den Wasserhahn, also ein Standbild – und hört aus dem off Trinkgeräusche. 9 Sekunden. Das könnte man auch in einen 6-Minüter investieren.

Ein letztes Beispiel aus dem Fernsehen, der Anfang der Dokumentation „Man on Wire", Oskar 2009. Es ist die Geschichte des Franzosen Philippe Petit, der mit seinem Team im Jahre 1974 in die gerade erbauten Zwillingstürme des World Trade Center eindringt, zwischen ihnen ein Seil spannt und im Morgengrauen dort oben in über 400 m Höhe den völlig verdutzten Passanten einen Seiltanz bietet – ungesichert natürlich.

Bild	Text
Donner- und Regengeräusche *Kiste groß* *Groß: Hand greift nach Hammer* *Hand mit Hammer hämmert einen Nagel in die Kiste*	Philippe: „Mitten in der Nacht habe ich einen Albtraum. Ich habe vergessen, die Kiste zu zuzunageln. Ich gehe raus, es regnet. Bestimmt wecke ich die Nachbarn. Es ist keine Kiste. Ich nagle einen Sarg zu.
Philippe Petit im on	Warum dieser Gedanke? Vielleicht weil der Tod durch den goldenen des Traumes blickt, und die Realität mich zu ersticken droht.
Straßenbild	Es ist Dienstag, der 6. August.

Quelle: Man on Wire, Großbritannien, 2008, James Marsh

Dann beginnt die Geschichte chronologisch mit den Ereignissen des Tages. Das ist die Rahmenhandlung, in die immer wieder Elemente der Heldenreise eingewoben werden. Wir sehen: Auch Philippe Petit kennt den Ausspruch aus Hollywood „Story is about life and death." So sind wir nun einmal: Bei uns wedelt der emotionale Schwanz mit dem rationalen Hund! Und wenn Tod im Spiel ist, dann sollte man das auch ausnutzen.

Ein Beispiel aus dem Hörfunk, das zeigt, dass eine Miniatur auch die Form eines kleinen Rätsels haben darf:

Musik, dann zwei O-Töne:

„Das einzige, was ich damals wusste, war, dass die anderen anders waren als ich, dass sie zwar die gleiche Sprache sprechen, aber ich eigentlich nicht verstehe, was sie damit sagen wollen."

„Ich habe eine Diagnose eigentlich ziemlich früh bekommen, saß beim ersten Arzt und ich habe da mit irgendwelchen Stiften oder was herumgespielt, wie das Kinder halt so machen. Aber ich hab halt nicht damit herumgeklappert oder sie zu zerbrechen versucht, sondern ich habe versucht, den Stift aufzuschrauben oder so feinere Sachen damit zu machen und der Arzt hat das gemerkt und dann halt gesagt, dass ich dann wohl mal besser nach Marburg sollte, das war wohl damals die Klinik, die sich damit ein bisschen auskannten und dann gab es eben die Diagnose."

Soweit die Miniatur. Das kleine Rätsel wird nun in der gewohnten Welt gelöst:

Und die lautete Asperger-Syndrom. Martin Drucks und Martin Neumann sind Asperger-Autisten. Nach Schätzungen zufolge leben in Deutschland rund 250.000 Aspis, wie sie sich selbst nennen. Das Asperger-Syndrom gilt als milde Form des Autismus, der ein breites Spektrum an leichten bis schweren Entwicklungsstörungen umfasst. Männer sind sehr viel häufiger unter den Asperger-Autisten zu finden als Frauen. Betroffenen fällt vor allem die Kommunikation mit anderen Menschen schwer. Zwischentöne, Ironie, Gefühle sind für sie ein Geheimcode, den sie mit viel Mühe knacken müssen.
(Quelle: Deutschlandfunk, 5.10. 2013)

Mit diesen letzten Sätzen einer sachlichen, erklärenden gewohnten Welt würde man natürlich nie eine Radio-Dokumentation beginnen wollen. Mit den emotionalen O-Tönen, die auf eine Auflösung zielen, schon.

Und noch ein Zeitungs-Beispiel aus der „Welt“:

An ein erlegtes Stück Großwild erinnert der weiße Kühllaster – so liegt er da mit seinen 19 Tonnen, ein Koloss, durchsiebt von Kugeln. Fahrertür und Ladeklappen sind weit aufgerissen, in der Windschutzscheibe spiegeln sich die Palmen und der blaue, wolkenlose Himmel der Cote Ázur. Die Scheibe der Fahrerkabine ist zerschossen, die Kühlerhaube zerrissen.
Die Promenade in Nizza gilt als eine der schönsten Orte Europas. Tiefblaues Meer, luxuriöse Hotels, am Horizont die Ausläufer der Alpen. Südfrankreich wie aus einem Urlaubskatalog. Am Donnerstag, dem französischen Nationalfeiertag um 22:30 Uhr, verwandelte sich die Strandpromenade in einen Ort des Grauens. 84 Menschen, darunter zahlreiche Kinder, starben, als der 31-jährige Tunesier Mohamed Lahouaiej-Bouhlel mit dem Lastwagen durch die Menge raste, die sich über das Feuerwerk freute.
(Quelle: Die Welt, 17.07.2016)

Als Miniatur dient hier also die Beschreibung des Täter-Autos, dann die gewohnte Welt, dann der Ruf zum Abenteuer, in diesem Fall ein mörderischer.

Nun gibt es noch andere Arten des spannenden Einstiegs. Zum Beispiel die Backstory. Wer kennt nicht diese berühmten Sätze: „Wir schreiben das Jahr 49 vor Christus, ganz Gallien ist besetzt. Ganz Gallien? Nein, ein von unbeugsamen Galliern bevölkertes Dorf hört nicht auf, den Eindringlingen Widerstand zu leisten." Jeder Asterix-Band beginnt mit diesen Sätzen, das ist die Vorgeschichte, die Backstory. Dann übrigens eröffnen die besten Asterix-Bände mit der gewohnten Welt. Mit Sätzen wie „Und wieder einmal herrscht in unseren wohl bekannten gallischen Dorf tiefer Friede." Friede! Das ist nämlich das Gut, das regelmäßig abhanden kommt und wieder gewonnen werden muss.

Die Backstory: langweilig? Nun, nicht für Peter Jackson, der so in seine „Herr-der-Ringe"-Trilogie einsteigt. Minutenlang wird der Weg des Rings erzählt, von der Herstellung über die Ringträger und das Leid, das er gebracht hat. Dann erst führt Jackson in die gewohnte Welt: Man sieht einen alten Mann auf einer Pferdekutsche durchs Auenland fahren. Es ist Gandalf. Begleitet wird er von Kindern, dann begrüßt ihn Frodo. Es ist eine heile Welt. Übrigens ein gutes Beispiel dafür, dass die gewohnte Welt nicht immer schlecht sein muss. Aber dazu später mehr.

Und hier ein Beispiel zur Backstory aus dem Fernehalltag, ein „Monitor"-Beitrag zum Thema Gift im Kinderspielzeug:

Bild	**Text**
Groß: Sich drehende Plastikpuppen. Dazu Einblendungen von Sprechern und Moderatoren, die sich ebenfalls mitdrehen (Einblendung des Sendedatums: „Tagesthemen" vom 7.12.2009, dann „Aktuelle Stunde" vom 7.12.1996) dann „Aktuelle Stunde" vom 11.5.1999, dann „Morgenmagazin" vom 8.12.2009	Dies ist eine Geschichte, die doch eigentlich schon oft erzählt ist. „Das Bundesinstitut für Risikobewertung hat erneut vor Krebs erregenden Chemikalien in Kinderspielzeug gewarnt." „Der TÜV Rheinland warnt jetzt besonders vor Billigspielzeug aus Osteuropa und Fernost." „Zu dem Unfall ist es gekommen, obwohl das Spielzeug alle gängigen Sicherheitsnormen erfüllt." „Möchten Sie, dass Ihr Kind Krebs bekommt?"

Spielende Kinder im Kindergarten mit Spielzeug *Schwenk auf Stofftiere und Plastikpuppen*	Es ist keine schöne Geschichte vom Weihnachtsmann und den Krebs erregenden Gaben und den spielenden Kindern. Alle Jahre wieder testen unabhängige Institute Spielzeug, zuletzt das Magazin Öko-Test für seine Dezember-Ausgabe und wieder: Mehr als die Hälfte des untersuchten Spielzeugs war mit Schadstoffen belastet.

Quelle: Westdeutscher Rundfunk, Monitor 2010

Und so weiter. Die Backstory ist keinesfalls langweilig. Sie ist bildlich nett umgesetzt, was Sie mir jetzt einfach glauben müssen, vor allem aber transportiert sie die Wut (Mythos!), dass Gift im Spielzeug schon lange ein bekanntes Thema ist und es dennoch immer noch dazu kommt. Ein Skandal! Der Film bezieht die Fallhöhe also nicht nur aus der Tatsache, dass jetzt wieder Untersuchungen gemacht wurden, sondern aus dem ungeheuerlichen Umstand, dass es Gift im Spielzeug immer noch gibt.

Eine weitere Möglichkeit des Beginns ist die Ouvertüre. Also: Ein „best of" an den Anfang stellen. Bei Magazinbeiträgen geht das wohl nicht gut. BBC-Dokumentationen machen das gerne. Hat man dann aber nicht sein Pulver verschossen? Bestimmt nicht, es ist ja sehr komprimiert und soll Lust auf mehr machen. Es steht ja auch in Bayreuth niemand auf, wenn bei einer Wagner-Oper die Ouvertüre vorbei ist...

Tab. 1.3 Das Wichtigste in Kürze: „Der Anfang einer Geschichte"

- Vor dem Anfang anfangen
- Nicht mit dem zentralen Konflikt beginnen
- Ohne Vorgeschichte keine Wertung des Verlustes
- Einführung des Helden
- Mögliche Anfänge vor dem Anfang:
  - Gewohnte Welt
  - Miniatur
  - Backstory
  - Ouvertüre

Die gewohnte Welt der Heldenreise ist im Journalismus sicherlich der strittigste Punkt dieser Erzählstruktur. Und der am meisten unverstandene. Die gewohnte Welt ist eben keine gewöhnliche Welt, wird aber von vielen Redakteuren so missverstanden. Ich muss das in der eigenen Redaktion erleiden! Tatsache: Wir haben einen Redakteur, der zu einem vermeintlich langweiligen Anfang eines Treatments sagt, dass es „friedlt". In Anlehnung an meinen Nachnamen. „Und wir wollen doch nicht mehr friedln", heißt es dann, nachdem mein Redakteursdasein, also meine dramaturgischen Missetaten, ja seit längerer Zeit Vergangenheit sind

Dennoch bin ich nicht müde, diese Diskussion immer wieder zu führen. Niemand will einen langweiligen Anfang, aber wir brauchen Fallhöhe. Und genau die wird öfters weggelassen, Hauptsache die Geschichte kommt schnell in Gang, egal, was dann passiert. Und das ist der große Fehler. Es ist eben nicht egal. Kaum einer hat das so schön auf den Punkt gebracht wie Robert Towne. Den kennen Sie nicht, wie? Kann ich Ihnen nicht verdenken, Drehbuchschreiber sind einfach nicht so prominent wie Regisseure. Roman Polanski kennen Sie sicherlich und vielleicht auch sein Meisterwerk „Chinatown". Robert Towne hat das Drehbuch geschrieben und dafür einen Oscar gewonnen. Er sagt über den Anfang: „Wenn Du viel Aktion und Aufregung zu Beginn eines Films hast, muss es dafür eine Erklärung geben und da wird es einen Durchhänger von ungefähr 20 Minuten geben, nachdem Du in den Film mit einer sensationellen Eröffnung gehst. Daher bevorzuge ich sanfte Eröffnungen. Es ist meine Erfahrung, dass das Publikum Dir am Anfang fast alles vergibt und am Ende fast nichts." So ist es! Durchhänger können wir uns nicht leisten. Und deswegen ist jetzt der richtige Zeitpunkt über Spannungskurven zu diskutieren und zu beweisen, warum die Heldenreise eine hochmoderne Form des Erzählens ist – inklusive Anfang.

In der Literatur kann ich oftmals folgende Storyline wie in Abbildung 1.3. entdecken:

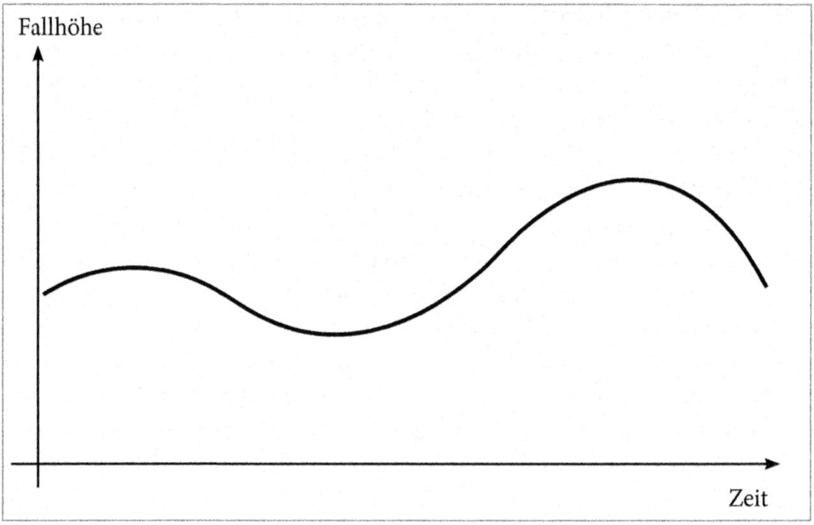

Abb. 1.3

Daran ist vieles richtig, aber eben auch vieles falsch. Richtig ist: Wir brauchen einen starken Anfang, der sich aber selbst erklärt, sonst, ja, siehe Robert Towne. Aber viel wichtiger, wir brauchen wir ein starkes Ende. Und wenn man genau hinguckt, sieht man ja auch, dass das Ende noch dramatischer ist als der Anfang, eben eine Steigerung zu erleben ist. Wir kommen im dritten Akt noch auf diesen ganz wichtigen Punkt zu sprechen. Man kann das nämlich beweisen: Das Ende wird viel stärker erinnert als der Anfang. Und insofern ist das Ende viel wichtiger, egal, ob es darum geht, wieder eine Fernsehsendung einzuschalten oder eine Zeitung zu kaufen. So gesehen liegen wir mit der Storyline ja nicht ganz falsch. Zugegeben: Schreibt man einen Einspalter für die Zeitung oder baut man einen Vier-Minüter für Hörfunk oder Fernsehen, dann hat man mit der oben gezeigten Kurve trotz meiner Kritik eigentlich schon gewonnen. Man hat einen starken Anfang und einen Höhepunkt, der zugleich das Ende ist. So gesehen lässt man ungefähr 90 % der journalistischen Arbeiten qualitativ hinter sich. Weil diese 90 % eben drei wichtige Eigenschaften nicht aufweisen. Ich muss in meinem Beruf so viele Geschichten lesen, hören, sehen. Die traurige Wahrheit: Neun von zehn Geschichten haben keinen guten Anfang, keinen Höhepunkt und keinen

Schluss. Ein Ende schon, aber eben keinen Schluss. Eine Geschichte mit dieser Spannungskurve schon.

Aber damit zu meiner Kritik. In der heutigen Zeit kommt man mit dieser Kurvenform trotzdem nicht sehr weit – zumindest nicht bei längeren Geschichten. Lassen Sie mich kurz ausholen, es geht um eben um Zeit. Stellen Sie sich eine Dreiviertel-Stunden-Dokumentation im Hörfunk oder Fernsehen mit dieser Spannungskurve vor. Da haben Sie zwar einen starken Anfang und einen tollen Schluss, aber dazwischen? Eine über halbstündige Hängematte! Das geht gar nicht! Was man dieser Spannungskurve ja ansieht: Sie hat nur zwei Höhepunkte. Ich weiß schon, ich habe die Drei-Akt-Struktur, also die Zwei-Wendepunkt-Struktur ja selbst eingeführt. Und zwei Wendepunkte sind essenziell, aber sie reichen nicht. Nicht heute. Wir leben in einer Zeit der extremen Beschleunigung. In einer Zeit, in der 50 Briefe am Tag normal sind. Nur, dass man sie heutzutage Mails nennt. Alleine im Jahr 2013 wurden mehr Fotos geschossen als in der Geschichte der Menschheit davor. Immer mehr Infos, Daten, immer mehr Termine. Die Fragmentierung des Alltags galoppiert, die zeitliche Taktung nimmt zu. Ich sage das vollkommen wertfrei. Es ist einfach so. Und wer möchte zurück ins 17. Jahrhundert, in ein Zeitalter vor der Erfindung der Dampfmaschine? Ein Mensch von heute würde sich damals grenzenlos langweilen, umgekehrt würde einer von damals, ins 21. Jahrhundert gebeamt, völlig durchdrehen. Es ist die technische Entwicklung und vor allem der Kapitalismus, der dazu führt, dass neben dem Wort „Mutter" das Wort „Zeit" das meist gebrauchte der deutschen Sprache ist. Ist ja logisch: Der Kapitalismus funktioniert nur, wenn die Produktivität zunimmt. Die nimmt vor allem zu, wenn wir immer effizienter produzieren. Eine Arbeitsstunde heute ist wesentlich effizienter als im Zeitalter der Pferdekutsche. Da hilft natürlich die Technik. Ein handgeschriebener Brief dauert viel länger als „mit der Maschine". Und noch viel schneller ist eine Mail. Was machen wir mit der gewonnenen Zeit? Wir verdichten sie! Wir schreiben dann eben viel mehr Briefe als früher. Alles beschleunigen wir. Das macht sich im Alltag bemerkbar. Ein paar eindrucksvolle Zahlen aus der Forschung: So erhöhte sich die Sprechgeschwindigkeit im norwegischen Parlament in 50 Jahren um die Hälfte. In den Städten wird immer schneller gelaufen. Innerhalb von 15 Jahren (gemessen wurde von 1994 bis 2009) beschleunigten sich die Schritte um 10 %! Beethoven brauchte für seine dritte Sinfonie genau eine Stunde, Bernstein in den 1950er Jahren gute 53 Minuten, Karajan eine Dekade später 50 Minuten, der Rekord ist inzwischen bei 42 Minuten. Die Folge: Wir haben einfach keine Zeit mehr! Kein Wunder, dass sich dieser dauernde Zeitmangel auch auf das Erzählen von Geschichten auswirkt. Schon Loriot hat das auf den Punkt gebracht, als er mit seiner Erfindung der „Überschallplatte" das Gesamtwerk Richard Wagners in weniger als einer Minute abhören wollte. Man muss sich das vorstellen: Das ist über drei Jahrzehnte her! Mein Heureka-Erlebnis stammt dagegen aus dem letzten Sommerurlaub. Ich wusste, dass mein Sohn Tizian wie immer zu wenig Lesestoff einpacken würde. Also hatte ich kurz vor der Abreise heimlich ein Buch gekauft, das in seinem Alter (zehn Jahre) zu meiner Lieblingslektüre gehörte. Den älteren wird der Name Enid Blyton vielleicht noch ein Begriff sein. „Hanni und Nanni", „Die fünf Freunde" und die Abenteuer-Serie waren Bestseller. Pünktlich zur Urlaubsmitte war mein Sohn durch mit seinen Büchern und ich zog triumphierend „Die See der Abenteuer" aus dem Ärmel. Es passte einfach zu gut: Wir hatten eine Villa gemietet, die auf einem Felsen direkt über dem Meer thronte, da konnte er nun am Pool sitzen, aufs Meer hinaus schauen und diesen Nerven zerreibenden Krimi lesen. Knapp zwei Tage später hat mein Sohn dieses Buch der Bücher durch und ich frage ihn, wie er es findet. Er antwortet wie Homer Simpson: „Langweilig!!!" Für mich bricht eine Welt zusammen. Enid Blyton langweilig?! Das kann nicht sein! Also lese ich es selbst. Und das Urteil über mein ehemaliges Lieblingsbuch: „Langweilig!!!" So haben sich die Zeiten geändert. Das ist die Spannungskurve des Buches in Abbildung 1.4.

Unglaublich für heutige Zeiten, es passiert erst einmal überhaupt nichts. Gut, die Kinder treffen sich, jeder erzählt etwas, blabla, der Papagei Kiki fliegt herum, erlaubt sich einen Scherz, haha, sie packen für die Reise ans Meer, aber mehr nicht. Um Seite 70 herum der Anflug eines Konfliktes. Die ganze Story ist auf den Schluss hin angelegt, in den letzten 20,25 Seiten geht es dann zur Sache, das war es. Die Diagnose aus heutiger Sicht muss einfach lauten: Langweilig! Und so ergeht es nicht nur Enid Blyton. So mancher Klassiker bleibt heute auf der Strecke. Ich bin Besitzer eines E-Books, mit dem man ältere Werke kostenlos herunterladen kann; was ich zu Anfang gemacht hatte. Karl May, Theodor Storm et.al. Ich verstehe nun, warum sich so mancher Schüler heute angesichts 150-jähriger Literatur im Deutschunterricht so langweilt. Bitte nicht falsch verstehen: Es gibt Klassiker, die zeitlos bleiben, ich denke hier nur an Goethes Faust (dazu mehr weiter

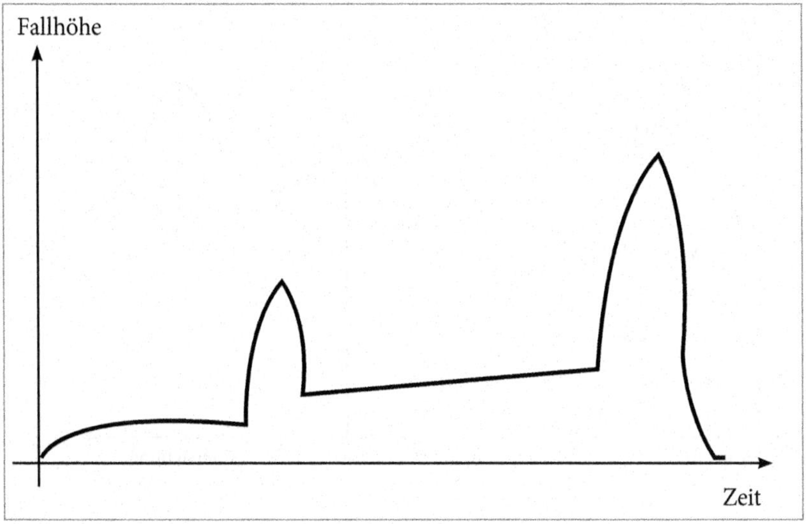

Abb. 1.4

hinten beim Thema „beherrschende Idee"). Aber viele ehemalige Meisterwerke sind einfach langatmig. Wie gesagt, aus heutiger Sicht. Die Erzählstruktur hat sich nicht verändert, nur die Erzähleinheiten werden immer kürzer (Erzähleinheiten: Näheres beim Thema Sequenz). Karl Mays Winnetou ist ein 3-Akter und Harry Potter ist es auch. Aber was für ein Unterschied! Rowling verzichtet eben auf 30-seitige Naturbeschreibungen, zündet auf jeder Seite mindestens 5 neue Ideen. Wir benötigen mehr Reizpunkte! Und deswegen zieht die Storyline von „Die See der Abenteuer" nicht mehr, und auch die weiter oben nicht (bei längeren Geschichten). Sehen wir uns daher die Kurve der Heldenreise in Abbildung 1.5. an:

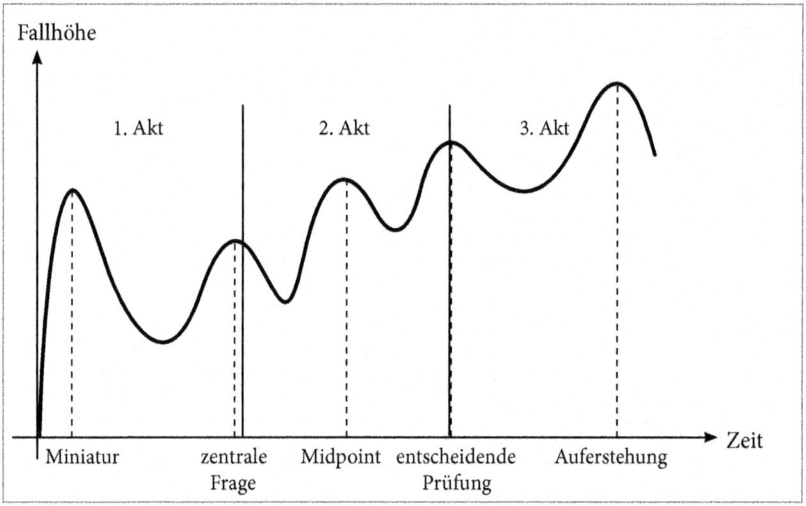

Abb. 1.5

Whow, das sind schon fünf Höhepunkte! Der Anfang, etwa eine Miniatur, haut gleich voll rein. Der zweite Höhepunkt ist der Konflikt, im zweiten Akt, in der Mitte der Geschichte, der dritte Höhepunkt, der so genannte Midpoint. Dann, am Ende des zweiten Aktes, der vierte Höhepunkt, die entscheidende Prüfung. Und damit noch nicht genug, am Ende des dritten Aktes der letzte und größte Höhepunkt, die Auferstehung. Fünf Höhepunkte statt zwei! Dazu die vielen kleinen Wendepunkte, elf an der Zahl, wie schon gesagt. Das macht die Heldenreise neben allen anderen Vorteilen wie der Figurenzeichnung zu einer hochmodernen Erzählstruktur. Und nun genug über Struktur. Jetzt etwas über Figur.

Immer wieder: Attribute, Attribute, Attribute!

Oft wird in der gewohnten Welt schon vom Helden gesprochen, aber das ist eigentlich nicht richtig. Die Hauptfigur wird durch die Geschichte erst zum Helden. Man denke etwa an „Vom Winde verweht." Scarlet ist ein selbstsüchtiges Biest. Erst später, als sie die Plantage wieder aufbaut, wird sie zur Heldin. Das ist ja der Witz: Die Wandlung der Hauptfigur. Ich werde der Einfachheit halber dennoch vom Helden sprechen. Normalerweise ist es so: Die Gewohnte Welt gehört dem Helden und seiner Einführung. Und das muss nicht immer das Spektakulärste des ganzen Films sein. Eine Geschichte muss nicht mit einer Explosion beginnen. Was wir viel mehr brauchen, sind die Ausgangsattribute des Helden. Sehr schön macht das Clint Eastwood in seinem Meisterwerk „Gran Torino“:

Bild	**Text**
Sitzreihen in der Kirche, Walt Kowalski bei Beerdigung seiner Frau, Pfarrer groß	Pfarrer: „Und mancher fragt sich: Was ist der Tod? Ist er das Ende oder ist er der Anfang? Und was ist das Leben? Was ist das, das wir Leben nennen?
Fahrt durch die Holzbänke, ein Mädchen spielt mit seinem Smartphone *Pfarrer* *Kowalski, finster blickend*	Alle diese Fragen können einen in Zeiten wie diesen hilflos machen. Und deshalb müssen wir uns an den Herrn wenden.“ Walt Kowalski (brummend): „Herrgott!“ Pfarrer: „Denn der Herr ist die süße Liebe.“
Total: Haus von außen (gut gepflegt im Gegensatz zum Nachbarhaus) *Innen: Viele Gäste beim Leichenschmaus*	
Groß: Eine Truhe wird aufgemacht, Kinderhände greifen nach einem Foto *Kamera macht auf: Kellergewölbe wird sichtbar*	Kind: „Ist das Dad? Anderes Kind: „Nein, das ist Großvater Walt.“ Noch ein anderes Kind: „Third platoon, E-Company, 2. März 1952. Korea.“
Wieder einen Stock weiter oben: Der erwachsene Sohn läuft mit einem Teller in der Hand Vater Kowalski hinterher	Kind: „Wo ist denn Korea?“ Sohn Kowalskis: „Ne Menge Leute, sind ja mehr als beim Gottesdienst.“ Kowalski: „Ja, die haben wahrscheinlich gehört, dass es hier eine Menge Schinken gibt. Ich gehe mal runter und hohle noch ein paar Stühle.“ Sohn: „Das kann ich doch machen, Dad.“

Vater dreht sich ab, Sohn groß, ärgert sich	Kowalski: „Nein, ich brauche Sie jetzt und nicht nächste Woche."
Wieder im Keller: Die Kinder untersuchen weiter die Truhe	Kind: „Cool, ich habe einen Orden gefunden, guckt mal."
Kowalski kommt die Treppe runter, die drei Jungs machen hastig die Truhe zu und hetzen zu einem Sofa, um sich artig hinzusetzen. Kowalski mustert sie argwöhnisch und holt sich die Stühle	
Beim Leichenschmaus: Mädchen sitzend, mit dem Smart Phone wirkt genervt, Kowalski kommt gerade mit den Stühlen vorbei, sein Sohn fordert das Mädchen auf	Mädchen: „Wie lange müssen wir noch hierbleiben? Ich habe kein Netz hier in diesem Getto und langweilig ist mir auch." Kowalskis Sohn: „Los, Schatz, hilft Großvater Walt mit den Stühlen." Mädchen (also die Enkelin): „Was ich?"
Mutter stehend hinter dem Sessel tippt sie auf die Schulter	Ihre Mutter: „Ja, Du, los geh, hilf ihm."
Mädchen steht auf, spricht Kowalski an	Mädchen: „Großvater Walt, brauchst du vielleicht Hilfe bei den, äh, bei deinen Stühlen?"
Kowalski sieht sie abschätzig an	Kowalski: „Nein, bestimmt hast Du Dir gerade die Nägel lackiert."
Mädchen setzt sich wieder, Kowalski geht mit seinen Stühlen an ihr vorbei, Mädchen zu seinen Eltern zischend (aber so, dass Kowalski es natürlich hören muss).	Mädchen: „Warum habt Ihr mich dazu gezwungen? Warum habt ihr mich dazu gezwungen"?
Kowalski geht zur Haustür, lässt seine Hundedame raus, geht vors Haus und beäugt finster das Nachbarhaus. Dort gehen gerade eine Gruppe Asiaten ins Haus. Er kaut Trockenfleisch, Schwenk um ihn herum, Kowalski von vorne, hinter ihm sein Haus mit der US-Flagge	Kowalski: „Na, mein Mädchen?" Kowalski: „Wie viele Sumpfratten passen denn da noch hinein?"

Quelle: Gran Torino, USA, 2008, Clint Eastwood, Warner Bros.

Tja, so tickt also unser Walt. Was wissen wir über ihn? Einfach das, was für den Fortlauf der Geschichte wichtig ist. Klar, er ist alt und gerade Witwer geworden. Er scheint nicht sehr religiös zu sein, sonst hätte er sich in der Kirche nicht so abfällig geäußert. Zugegeben, was der Pfarrer da so absondert…

Dann scheint er seine Familie nicht zu mögen, den Sohn nicht und die Tochter seines Sohnes, also seine Enkelin, auch nicht. Überhaupt scheint er eher ein rechter Misanthrop zu sein. Die Menschen mag er nicht so gern, nur zu seinem Hund ist er nett. Zum Schluss der gewohnten Welt kommt noch ein mieser Zug zum Vorschein: Er ist Rassist, zumindest gegenüber Sumpfratten, wie er seine süd-ostasiatischen neuen Nachbarn nennt. (Er weiß es zu diesem Zeitpunkt nicht, es sind Mhmong). Walt Kowalski ist also alles andere als sympathisch. Und das ist mir jetzt sehr wichtig: Ein Wort zu sympathischen Figuren. Wenn der Held auf den ersten Blick sympathisch wirkt, kauft man ihm alles ab! Ob in Hollywood oder im Journalismus: Als Autor muss man das nicht immer wieder einbringen, das macht der User selbst! Jeder kennt das Phänomen, das in der Forschung als „Halo-Effekt" bezeichnet wird. Wenn man jemanden sympathisch findet, dann mit jeder Pore. Ein George Clooney in seinen Rollen kann gar nichts Schlechtes an sich haben, man projiziert alle möglichen guten Seiten in die Figur, Eigenschaften, die man gar nicht wissen kann, etwa, dass der Held sicherlich auch großzügig ist, etwa spendet, Hunde und kleine Kinder mag. Andersrum funktioniert der Halo-Effekt genauso: Das kennt man etwa von einem Nachbarn, den man nicht leiden kann. Der hat total verloren, der kann nichts Gutes haben. Einem wird schon übel, wenn man ihn nur riecht, er qualmt ja dauernd im Garten nebenan – und die Haare! Sein Friseur muss echt Humor haben…

Der Schurke ist durch und durch schlecht. Es kann gar nicht anders sein! Apropos Hunde und kleine Kinder: Adolf Hitler liebte beides. Wegen des Halo-Effektes kann man das kaum glauben. Und deswegen jetzt der Wendepunkt: Sympathie ist nicht entscheidend.

Wir brauchen keinen sympathischen Helden!

Wenn jemand sagt „Verdammt, der ist ja wie ich!" (mit all den Schwächen, man ist eben fast erleichtert, dass es solche Idioten wie einen selbst gibt), dann ist das viel stärker, als wenn jemand sagt, „Den mag ich." Der Held muss nicht der Liebling der Schwiegermutter sein.

Empathie statt Sympathie

Manche Helden haben abstoßende Seiten, etwa Rick mit seinem Zynismus und seiner Trunksucht in „Casablanca". Ein Sherlock Holmes ist drogensüchtig. Es geht darum, dass man im Helden auch seine eigenen Schattenseiten sehen kann. Helden müssen vor allem Empathie erzeugen, nicht unbedingt Sympathie.

„Ah, kenne ich" statt „Ah, mag ich". Die Schattenseiten machen einen Helden nicht nur interessanter, sondern geben ihm die Chance zur Veränderung. Oftmals haben sie sogar Attribute, die sich nicht gerade dazu eignen, die Herausforderung der Geschichte zu meistern. Die Charaktere der Hauptfiguren – auch des Antagonisten – treiben die Handlung voran:

- ***Die Attribute bestimmen den Plot, nicht umgekehrt!***

Diese Attribute sind etwa listenreich (Odysseus), stoisch (Phileas Fogg), dickköpfig (Don Quichotte), klug (Columbo), einfallsreich (Wicky), oft verletzt worden (John Wayne in Hatari und in allen anderen Filmen), ist gezeichnet (Harry Potter), Idealist (Winnetou), sexuell potent (Bond).

Oft höre ich von Autoren, dass es in der Redaktion heißt: „Nimm' einen Durchschnittstypen, einen wie „Du und ich". Das halte ich für fatal. Durchschnittstypen sollen „für die breite Masse" annehmbar sein. Aber das sind sie nicht, sie sind nur langweilig, weil sie ohne Attribute sind. Solche flachen Typen wollen wir nicht sehen, weil sie die Wirklichkeit nicht abbilden. Den Durchschnittstypen gibt es nämlich gar nicht: Jeder Mensch ist ein Unikat und jeder hält sich zu Recht für etwas Besonderes. Der Held muss besonders sein – eben wie „Du und ich". Besonders heißt nicht, dass wir nur von Extrem-Bergsteigern und Apnoetauchern berichten sollen. Im Gegenteil: Scheinbar durchschnittliche Menschen mit überraschenden Attributen sind am besten. Die Frau an der Käsetheke, die noch nie einen Käse gegessen hat, weil sie eine Lactose-Allergie hat; die Hausfrau, die bewusst auf Waschmaschine, Trockner und Geschirrspül-Maschine verzichtet und ihren Haushalt führt wie im 16. Jahrhundert; die Anwältin, die nebenbei als Domina arbeitet. Dieses Attribut, das dem Helden das Leben schwer macht, nennt man „Fisch-auf-demTrockenen-Motiv". Der Held hat also Attribute, die ihm sehr im Wege stehen – ein Fisch auf dem Trockenen eben!

An amerikanischen Serien kann man gut erkennen, wie viel Wert die storyteller auf die Attribute der Hauptfiguren legen. Da sind einmal die

Quest-Serien: Columbo, Magnum und Rockford etwa haben vieles gemein. Sie fallen aus der Norm, wohnen anders, fahren andere Autos. Rockford wohnt in einem Trailer und ist chronisch pleite. Columbo wohnt in einem alten Trenchcoat und fährt einen verbeulten französischen Wagen. Magnum wohnt im Gästehaus und ist ein ewiger Schnorrer. Immer ist er anderen etwas schuldig. Der Ferrari gehört ihm nicht, den Schlüssel zum Weinkeller muss er sich regelmäßig von Higgins erbetteln. Warum?

▶ ***„Ausgerechnet der!" hat viel mehr Potential hat als „Natürlich der!".***

Da sind Konflikte angelegt: Higgins hat, Magnum ist (Bronner 2004, S. 125f.). Denn bei aller Schnorrerei, Magnum hat Charakter. Für ihn sind Werte ethisch wichtig, nicht monetär. Auch in den Daily-Trouble-Serien (Es gibt übrigens nur diese beiden Formen): Da gibt es eine spießige Vorstadt in L.A., typische Familie, geordnete Verhältnisse, zwei Kinder, eine Katze. Und ausgerechnet hierein platzt ein Außerirdischer! Ich glaube, das A in Alf steht nicht für „alien", sondern für „anarchical". Alf, der Anarchist, bringt die Familie um den Verstand, vor allem den Familienvater, der ausgerechnet Sozialarbeiter ist. Das muss er auch sein, sonst würde Alf die ersten Folgen nicht überleben. Spießertum contra Individualismus. Übrigens in vielen Schattierungen ein echtes 80er-Jahre-Thema. Der Firmenbesitzer, hin- und her gerissen zwischen Individualismus und Familie, das ist J.R. in Dallas. Oder Al Bundy, der Mann mit den vier Touchdowns in einem Spiel, der am liebsten aufs Klo oder in die Nacktbar geht, ausgerechnet der hat Familie, zwei Kinder, einen Hund.

Auch in den neuen amerikanischen Serien haben wir es – sogar vermehrt – mit den Schattenseiten der Helden zu tun. Oft höre ich, dass diese Attribute neu seien: Der gebrochene Held! Das ist falsch. Den gab es schon während der schwarzen Serie in Hollywood zuhauf, siehe Sam Spade. Ohne diesen Typ wäre Bogart wohl nie so berühmt geworden. Dennoch ist es toll, wie etwa Francis Underwood in „House of Cards" sich in den ersten Sekunden offenbart. Er erwürgt einen angefahrenen Hund. Soll heißen: Der ist eiskalt! Francis natürlich, aber der Hund auch bald. Noch besser: Er erklärt der Kamera (Ja, er sieht in die Kamera, übrigens etwas, dass ein gewisser Oliver Hardy erfunden hat), warum er es getan hat. Er ist also nicht nur eiskalt, sondern rechtfertigt sein Tun nach dem Motto: Man muss auch mal brutal sein, um Gutes zu erwirken. Naja. Übrigens ist das kein

Fisch-auf-dem-Trockenen-Motiv, weil genau dieses Attribut ihn ins weiße Haus bringt. Tolle Serie!

Aber zurück zu dem „Ausgerechnet-der-Held“. Damit haben wir im Journalismus keinerlei Probleme. Das hat noch einen anderen psychologischen Hintergrund. Ein Beispiel: Was haben Rick aus Casablanca und Jack aus Titanic gemeinsam? Der eine ist ein mittel alter zynischer Alkoholiker, der andere ein blutjunger Idealist – ziemlich weit auseinander. Aber: Sie sind beide Außenseiter. Der eine in seinem Cafe in Casablanca (Der Film basiert auf einem unaufgeführten Theaterstück namens „Everybody comes to Rick's“), der andere als Ire in der 3. Klasse der Titanic. Außenseiter sind deshalb so beliebt, weil wir alle fürchten, selbst einer zu sein. Wir sind soziale Wesen, ein Ausschluss aus der Gruppe hat in der Steinzeit den sicheren Tod bedeutet. Daher der unbedingte Wille dazuzugehören. Wenn Sie Kinder haben, werden Sie auch das kennen: Das Kind kommt vom Kindergarten oder der Schule heim, mit verheulten Augen, und der erste Satz geht so: „Alle durften(...)nur ich nicht.“

Es gibt noch einen Grund, warum Außenseiter als Helden eine gute Wahl sind: Die Gesellschaft erwartet von Ihnen Außergewöhnliches. Ein Mittelspurfahrer, ein Konformist wird keine Revolution anzetteln, nichts Außergewöhnliches. Nur Außenseiter sind fähig, den Blick von draußen auf das Ganze zu haben. Das vielleicht größte Genie des 20. Jahrhunderts, Albert Einstein, ist der Prototyp des Forschers. Weltbekannt ist das Foto, auf dem er der ganzen Welt die Zunge rausstreckt, da ist er ein alter Mann mit schlohweißem, langen Haar. Das passt! Aber da lagen seine besten Jahre schon weit hinter ihm. Weniger bekannt, weil es nicht ins Klischee passt, sind die Bilder aus dem Jahr 1905, als er die Physik revolutionierte.

Mutig, stoisch, einfallsreich ect., Außenseiter, Underdog, das alles sind gute Attribute. Feigheit dagegen ist nur in Komödien gut, in journalistischen Medien schwierig. Feigheit erzeugt weder Sympathie noch Empathie, sie nervt nur. In der Komödie kann das allerdings anders sein.

Modern ausgesprochen ist der Held ein Dienstleister

Was machen wir nun aber mit Helden, die sich nicht ändern? Wie oft gibt es das! Wie leiden die Fußballprofis, wenn sie nach dem Spiel die Frage gestellt bekommen: „Und wie fühlen sie sich?“. Auch Politiker sind keine anderen Menschen, wenn sie ein Gesetz beschlossen haben. Hier sehe ich zwei Möglichkeiten: Man muss sich fragen, ob der Antagonist sich vielleicht geändert hat – oder die Umwelt. Manche Helden verändern sich nicht selbst, aber ihre Umgebung, ihre Umwelt. Das kann man bei James Bond sehen oder bei Asterix. Das sind Comic-Helden. Angela Merkel rettet den Euro. Dann ist sie sicher eine große Heldin, aber den Zuschauer interessiert vielleicht nicht so sehr das Innenleben der Bundeskanzlerin, sondern eben der Euro. Ich finde das O.K. Es gibt aber noch einen Kniff. Man nimmt die Kanzlerin als Mentor und den Euro als Helden. Es ist eben immer gut, wenn der Held leidet.

Der Grundantagonismus

Wir werden weiter unten noch über die Gewohnte Welt sprechen müssen, wenn es um den Ruf des Abenteuers geht. Die beiden Punkte muss man gedanklich zusammen anlegen. Vom Ruf des Abenteuers und natürlich dem Ende des Films (wo will man denn eigentlich hin?) hängt letztlich ab, wie man die gewohnte Welt zeichnet: eher positiv oder eher negativ. Den Mangel der gewohnten Welt möchte ich gern Grundantagonismus nennen. Es ist der Mangel, der am Schluss der Geschichte behoben sein soll. Oft ist das nicht der Hauptantagonist, daher die begriffliche Unterscheidung. Was kann man darunter verstehen? Als Beispiel sei das Dschungelbuch genannt. Der zehnjährige Mogli lebt in einer Wolfsfamilie. Das mag für das Kind im Moment in Ordnung sein, es fühlt sich wohl und will auch gar nicht in die Menschensiedlung. Aber wenn man es recht bedenkt, ist das auf Dauer nicht haltbar. Mogli ist ein Mensch und gehört in die Menschensiedlung. Spätestens, wenn er erwachsen wird, hat er ein Problem. Er kann ja keine Wölfin als Partnerin nehmen. Das ist der Grundantagonismus des Dschungelbuchs. Der Hauptantagonist, der ihn fressen möchte, gegen den er dann dank der menschlichen Erfindung des Feuers und mit Hilfe Balus, des Bären, gewinnt, ist der Tiger Shir Khan. Am Ende des 2. Aktes schlägt er den Tiger in die Flucht, im 3. Akt sieht er ein Mädchen Wasser schöpfen und hört es singen. Er ist Feuer und Flamme und folgt dem Mädchen in die Menschensiedlung – Grundantagonismus behoben. Ein anderes Beispiel ist „Findet Nemo". Marlin kann einfach nicht loslassen. Sein Sohn Nemo leidet unter dem Kontroll- und Sicherheitswahn seines Vaters. Seine letzten Worte zu ihm sind: „Ich hasse Dich!“. Dann wird er von einem Taucher eingefangen. Die Herausforderung für Marlin ist nun, ins weite Meer hinauszuschwimmen und seinen Sohn zu finden. Das schafft er dann auch. Ein Wahnsinns-Film, dramaturgisch geradezu perfekt: Da gibt es den inneren und den äußeren Konflikt. Marlin, der Vater, kann nicht loslassen, das ist der innere Konflikt, er muss lernen loszulassen. Und das hat nichts mit dem Taucher zu tun, der Nemo wegfischt. Das ist der äußere Konflikt. Der innere Konflikt: Die Vater-Sohn-Beziehung ist kaputt. Am Ende des Films verstehen sich die beiden wieder prächtig. Wie immer, wenn es gut ist: Durch den äußeren Konflikt bewältigt der Held seine innere Heldenreise.

Ein letztes Beispiel aus dem Actionbereich – allein um zu beweisen, dass dies nicht nur für Diesney-Filme gilt. Zu Beginn des Films „Stirb langsam“ aus dem Jahr 1988 lebt der Held John McClane getrennt von seiner Frau. Die hat sogar ihren Geburtsnamen wieder angenommen. Das ist also wieder der Grundantagonismus. Ein gewisser Jack Gruber hat damit nichts zu tun! Dennoch ist das der Schurke, der ein ganzes Hochhaus als Geisel nimmt. McClane ist zufällig auf Toilette, als die Bande mit Maschinengewehren bewaffnet in einen weihnachtlichen Festakt platzt. Der Held dezimiert nach und nach die Gangster und bittet zum Schluss auch seinen Gegenspieler (Alan Rickman), das Haus zu verlassen – aus einem Fenster im 32. Stock. McClane und seine Frau kommen wieder zusammen, Grundantagonismus ebenfalls behoben. So komisch das klingt: Ohne den Hauptantagonisten wären weder Mogli in die Menschensiedlung gekommen, noch Marlin und Nemo, oder McClane und seine Frau wieder versöhnt.

Und natürlich ist der Rassismus des Walt Kowalski ein Grundantagonismus!

Wir werden noch sehen, dass dieser Grundantagonismus sehr gut mit gestörten Attributen beschrieben werden kann. Diese Attribute oder Funktionen werden repariert, geheilt. Das ist die Veränderung der Hauptfigur. Diese Funktionen haben sogar einen psychologischen Hintergrund: Nach C.G. Jung kann man den Grundantagonisten als gestörte Funktion des Anima/Animus-Prinzips ansehen. (Stevens 2004, S. 75) Hinter diesen beiden Fachbegriffen stecken vereinfacht ausgedrückt Körper, Geist, Herz und Seele (später Näheres dazu). In guten Filmen, bei denen die Hauptfigur eine Veränderung durchmacht, ist meist eine oder sogar mehrere dieser Funktionen lädiert. Man spricht dann von einem „verkrüppelten Körper“, einem „wirren Geist", einem „gebrochenen Herzen" und einer „verlorenen Seele". (Hammann 2007, S. 155f.) Wenn Mogli in der Pubertät merken würde, was ihm im Dschungel abgeht, wären seine Seele und wohl auch sein Herz betroffen.

Man kann die gewohnte Welt des Mangels auch banaler sehen. Es ist schlicht und ergreifend die Welt, in der wir uns befinden. Deshalb haben wir mit der Beschreibung derselben am Anfang der Geschichte auch keine Schwierigkeiten (auch ohne Explosion), weil wir automatisch sagen: „Der auch!" So erzeugt man mit dieser Einführung Empathie. Es ist eine Welt, die wir nicht optimal finden, die wir aber auch nicht extra verlassen würden, weil sie nicht das Paradies ist. Man hat sich eben eingerichtet. Passt schon! Ich persönlich habe auch noch nie einen Menschen kennen gelernt, der sagt, er lebe ohne jede Probleme, wunschlos glücklich. Das gibt es nicht. Irgendwo zwickt es doch immer, Gesundheit, Liebe, Geld. Aber es ist auch selten, einen Menschen zu treffen, der gerade dabei ist, sein Leben komplett umzukrempeln. Was ich sagen möchte: Wir alle leben meist in einer gewohnten Welt des Mangels und richten uns so ein, dass es einigermaßen geht. Warum ist das so? Die Wahrnehmungspsychologen wissen darauf eine schlaue Antwort: Der Held verharrt in seiner gewohnten Welt, weil er unter einer so genannten Verlustaversion leidet. Das tun wir alle. Die Forscher haben herausgefunden, dass wir Menschen einen Verlust höher bewerten als einen Gewinn. Wenn ich also vielleicht etwas gewinne beim Verlassen der gewohnten Welt, ich aber womöglich auch etwas verliere, na, dann wäre ich ja schön blöd, meine gewohnte Welt zu verlassen! Wenn es ein Risiko gibt, dass aus „mittelprächtig" nicht nur „besser", sondern vielleicht sogar „schlechter" werden könnte, dann zieht der Held den Schwanz ein.

Der Anfang der Heldenreise geht dann so: „Es war mittel, wurde schlecht und dann besser als je zuvor". Oft jedenfalls (Nicht bei allen Heldenreisen ist der Held erfolgreich, siehe „Lawrence von Arabien"). Nicht aus Zufall ist sie die gängigste Märchenstruktur.

Wie viele Attribute braucht denn nun unsere Hauptfigur am Anfang? Die Antwort ist einfach: so viele, wie nötig sind – und kein einziges mehr! Unnütze Ausgangsattribute verwirren, legen falsche Fährten. Weiter hinten im Buch werden wir einen Film über den Igel im Klimawandel kennen lernen. Er fängt an mit dem Satz: „Igel sind nachtaktiv." Das ist völlig unwichtig, denn es geht darum, wie der Igel mit den wärmer werdenden Wintern zurechtkommt, in denen er nicht mehr in den Winterschlaf findet, aber die Nahrung fehlt. Ob er nachts oder tagsüber auf Nahrungssuche geht, ist dabei völlig belanglos. Also einfach weglassen! Daher zum Abschluss dieses Kapitels ein tolles Beispiel, mit wie wenig Attributen man beginnen kann: Der Beginn einer Radio-Dokumentation über Benjamin Disraeli, britischer Premierminister im 19. Jahrhundert. Das Porträt sät zu Beginn nur die notwendigen Attribute, der Rest wird später in der Geschichte nachgeholt, wie wir noch sehen werden. Die Dokumentation ist so gut strukturiert, dass ich sie noch öfter zitieren möchte.

Das ist also der Beginn der 20-Minuten-Hörfunksendung:

> *London, 1834. Im Salon der Caroline Norton im vornehmen Stadtteil St. James trifft sich, wer zur Elite der englischen Gesellschaft gehört. Unter den Anwesenden ist ein Mann, der durch sein schrilles Outfit, seine dunklen Locken, seine geheimnisvollen Augen, kurz, seine Exotik auffällt: Benjamin Disraeli, 29 Jahre alt, bekannt als Schriftsteller und dafür, dass er von Londons Ladies heiß umschwärmt wird. (Quelle: Bayerischer Rundfunk, 10.6.2013)*

Dazu Musik und etwas Partyatmo.

Was sind die Attribute? Auf den ersten Blick lauter Fisch-auf-dem-Trockenen-Attribute. Der soll Premierminister werden? Lachhaft! Zu jung, Dandy, wie er im Buche steht. Die Wahrnehmungspsychologen haben herausgefunden, dass wir Fremde blitzartig einschätzen, sozusagen auf den ersten Blick. Uns interessieren nur zwei Dinge: Wie dominant (und damit potenziell bedrohlich) die Person ist und wie vertrauenswürdig, ob sie also eher freundliche oder feindliche Absichten hegt. „Bei etwa 70 Prozent der Wahlen von Senatoren, Kongressabgeordneten und Gouverneuren war der Wahlgewinner der Kandidat, dessen Gesicht die höchsten Kompetenzbewertungen erzielt hatte“ (Kahnemann 2011, S.119).

Da hat unser Benjamin ganz schlechte Karten. Man kann sich ihn ja gut als Dorian Gray vorstellen. Aber Schönheit ist nicht ein Vorteil an sich. Und dominant kann er mit 29 kaum sein. Und vertrauenswürdig? Ein Schürzenjäger, der sein Geld mit Romanen verdient? Aber bei näherem Hinsehen erkennt man zumindest im Schreiben auch ein vorwärts gerichtetes Attribut: Wer gut schreibt, kann oft auch gut reden, und das ist bei Politikern ja nicht ganz unwichtig. Und tatsächlich wird Disraeli ein glänzender Parlamentarier. Und sonst? Sonst weiß man nichts über den Kerl, muss man auch nicht. Wir werden sehen, dass weitere Attribute später in der Story noch gesetzt werden, eben dann, wenn man sie braucht.

Tab. 1.4 Das Wichtigste in Kürze: „Der Held"

- Held auf Griechisch: Heros (dienen, beschützen)
- Helden müssen leiden
- Andere Attribute: mutig, stoisch, klug, listenreich, verletzt…
- Helden erzeugen Empathie, nicht unbedingt Sympathie
- Helden sind oft Außenseiter oder Underdogs
- Haben die Attribute, um die Prüfungen zu meistern
- Haben genau die Attribute nicht, um die Prüfungen zu meistern
- Katalysator: Held verändert nicht sich selbst, aber die Umwelt
- Helden haben oft ein Attribut, das nicht zur Entwicklung beiträgt
- Charakter bestimmt Plot – nicht vice versa (Egri 1946, S. 93)

Zwei Sachen muss ich noch erklären: Die katalytischen Helden sind die, die sich selbst nicht verändern, aber die Umwelt, also auch andere Personen etwa. Jack von „Titanic" verändert sich in der Geschichte überhaupt nicht (außer von lebendig zu tot, aber es ist eher die Veränderung des Charakters gemeint), er bleibt sich treu. Aber er verändert Rose.

Und zum Attribut, das nicht zur Entwicklung beiträgt: Das ist für uns nicht so wichtig, eher für Hollywood. Es sind etwa die Augenklappe oder der Martini, geschüttelt, nicht gerührt.

Aber es ist notwendig, sich klar zu machen, dass es ohne Attribute nicht geht, und dass Attribute das Maß aller Dinge sind. Ich will nicht aufdringlich sein, aber ich bitte Sie, sich Folgendes anzusehen. Es lohnt sich! Es geht darum, zu strukturieren, auch bei den Attributen. Glauben Sie mir bitte, Sie sparen Zeit, wenn Sie so arbeiten. Daher also mal eine Auflistung. Ich habe die zentrale Frage gleich mitgedacht, damit man sieht, dass daraus auch eine Geschichte entstehen kann:

Hauptfiguren und zentrale Fragen aus Politik, Wissenschaft und Sport

Person:

Kann Draghi den Euro retten?
Kann der Forscher Vulkanausbrüche sicherer voraussagen?
Kann Djokovic noch mal Wimbledon gewinnen?

Das sind schon unsere Haupthelden, aber die Liste ist dennoch unendlich lang. Wer glaubt, dass Tiere auf Tierfilme reduziert werden können, hier der Gegenbeweis:

Tier:

Warum musste Bayerns Problembär sterben?
Kann Otto der Ozelot in der freien Natur überleben?
Gewinnt Totilas Gold?

Sorry, Totilas läuft schon länger nicht mehr, aber mir fällt kein anderes Pferd ein. Otto der Ozelot ist schon anthropisch, aber man kann sogar Dinge vermenschlichen. Das steckt hinter dem „anthropischen" Prinzip: Nicht nur eine schöne Alliteration, sondern eben das Prinzip. Es muss nicht immer ein Mensch sein:

Gegenstand (anthropisches Prinzip)

Verschwindet die Mehrwegflasche?
Kann man Batterien recyceln?
Wie gut ist der neue WM-Ball?

Da gibt es die gute, alte Geschichte der Lok 14-14, die werden nur noch ältere Leser dieses Buches kennen. Egal, das Es als Held! Super!

Land/Region

Verlassen jetzt auch andere Länder nach Großbritannien die EU?
Kann Marokko seine Wasserprobleme lösen?
Kann Deutschland den WM-Titel verteidigen?

Naja, was ist der Unterschied zum Gegenstand? Man kann eine Region einfach schlechter erklären, es ist also noch schwieriger, das darzustellen, nicht nur im Fernsehen. Das ist ja das Schlimme an diesen Fernsehfuzzis: Dass sie glauben, nur sie hätten das Problem. Eben nicht, das Abbilden ist nicht eine exklusive Aufgabe des optischen Mediums. Wenn wir ein Bild vor den Augen haben wollen, hat das nichts mit TV zu tun. Das müssen die anderen Medien auch leisten, meist ist das sogar schwieriger. Man weiß das von Tests an Menschen, die blind geboren worden sind: Auch sie wollen ein Bild sehen!

Und noch schwieriger:

Gruppe:

Stürzt das AFD-Präsidium Frauke Petry?
Wie entsteht Mobbing?
Fehlen der DFB-Elf die Führungsspieler?

Unsichtbare Hauptfiguren (Bevölkerung):

Ist der Länderfinanzausgleich gerecht?
Wie verändert der Klimawandel in Bayern das Leben?
Warum wird das Wandern wiederentdeckt?

Unsichtbare Hauptfiguren (Abstraktum)

Kommt die Gesundheitsreform?
Kann der Urknall enträtselt werden?
Wie wichtig ist der Mannschaftsgeist bei Borussia Dortmund?

Teile der Gesellschaft

Wie gerecht ist Hartz IV?
Macht Geld glücklich?
Wird die DFB-Elf eine Mannschaft aus Spielern mit Migrationshintergrund?

Passive Hauptfigur

Wird der Euro von Mario Draghi gerettet?
Kann Hubert K. ein Schweineherz implantiert werden?
Spielt Fortuna Düsseldorf für den Trainer?

Leider haben wir das sehr oft: Die passive Hauptfigur. Ich muss da noch einmal hervorheben, wie wichtig es ist, dass der Held leidet. Wer interessiert uns, der Euro oder Mario Draghi? Das sind wirklich zwei unterschiedliche Geschichten: „Wird der Euro von Mario Draghi gerettet?“ oder „Rettet Mario Draghi den Euro?“ Im ersten Fall ist der Euro die Hauptfigur, im zweiten der Politiker. Selten ist mir die Schwierigkeit, den richtigen Helden zu suchen, so klar geworden wie am Beispiel eines Films über Vulkanismus. Ich war Redakteur, und die beiden Autoren waren ganz begeistert von der Idee, einen Helden „durchzuziehen“. Hey, wir haben da einen tollen Forscher aus Würzburg, der da unten in Italien seine Messungen macht, elektromagnetische Messungen in Vulkankratern, immer auf der Suche nach der Möglichkeit, Vulkanausbrüche besser vorherzusagen, um die Bevölkerung schneller zu evakuieren. Wir haben den Typen im ersten Akt, im zweiten und im dritten, das meinten sie mit „durchziehen“. Nur, er war nicht der richtige Held! Die Geschichte war langweilig. Warum? Der Held, also der Vulkanforscher aus Würzburg, musste überhaupt nicht leiden. Ganz im Gegenteil: Der hat sich sogar gefreut, wenn ein Vulkan ausgebrochen ist, weil er dann was zu messen hatte! Der Held hatte also nicht zu leiden, sondern erfreute sich sogar an dem eigentlichen Konflikt. Interessant war dann die Nachbearbeitung der Geschichte für den Fernsehsender ARTE. Hier haben die beiden Autoren den Helden gewechselt. Sie fingen die Geschichte an mit Menschen, die am Fuße des Vulkans Vesuv da in die Höhe bauen. Von der Terrasse eines Hauses gleich zu Beginn des Films konnte man den Kraterrand erkennen! Das war Fallhöhe! Da gruselte es einen, weil man es mit Menschen zu tun hatte, die die ersten Opfer eines Ausbruchs werden würden. Eben mit Leuten, die dann leiden müssen. Der Würzburger Forscher wurde in den zweiten Akt verschoben, dort hat er als Mentor dann seine Aufgabe übernommen, mithilfe seiner Forschung eben genau diesen Leuten im Falle des Falles Hilfe leisten zu können.

Und genau das sollten wir öfters tun: Den so genannten Experten entmachten, ihn vom Sockel stürzen. Ich werde weiter hinten mithilfe der Wahrnehmungspsychologie noch viele Beweise bringen, warum wir Journalisten die so genannten Experten nicht so feiern sollten. Nur soviel jetzt: Die Hauptpersonen sollten wir sein, die Menschen eben, die, die leiden. Ich glaube wirklich, und ich kann es nicht oft genug wiederholen: Das wichtigste Attribut eines Helden ist, zu leiden.

Hollywood weiß das: „If You've got a hero, let him suffer!" Luke Skywalker, Harry Potter, Lawrence von Arabien, Frodo Beutlin, Jack Sparrow (Captain Jack Sparrow natürlich), sie alle müssen leiden. Und das ist ein großes Problem des Journalismus: Wir erheben die so genannten Experten oftmals zu Helden, und da gehören sie meistens nicht hin. Die haben ihre Rolle da, wo sie hin gehören, eben als Experten, als Mentoren (Da kommen wir noch hin, der Mentor hat immerhin sogar seinen Platz in der Heldenreise, Nummer 4, um genau zu sein).

So, und nun zum Abschluss der gewohnten Welt noch eine kleine Übung, wer es denn möchte. Ich biete den Anfang von einem der besten Hitchcock-Thriller an, „Der unsichtbare Dritte", mit Cary Grant in der Hauptrolle (1959). Hitchcock nannte ihn in der Retrospektive auch den „ersten Bond" und tatsächlich war Grant der Erste, dem die Rolle des 007 angeboten worden sein soll.

Unglaublich, was man da über den Helden alles erfährt! Wenn Sie wollen, dann lesen sie das Drehbuch der ersten drei Minuten und überlegen sich, welche Attribute die Hauptfigur hat. Ich werde dann meinen Senf dazu geben und Sie können ja vergleichen, ob Sie das auch so sehen.

Mr. Hitchcock, wie haben Sie das gemacht?

Bild	Text
Hochhäuser, Menschenmengen in New York, Gedränge um ein Taxi, Hitchcock mit Cameo-Auftritt verpasst den Bus	
Aufzugtür geht auf; Thornhill und seine Sekretärin mit Schreibblock kommen heraus, gehen in der Menge zum Ausgang, er diktiert ihr	Thornhill: „Selbst wenn Sie von der Meinung ausgehen, dass ein hoher Index automatisch eine steigende Verkaufskurve bedeutet, was ich übrigens nicht glaube."
Thornhill wird von Pförtner gegrüßt	Pförtner: „Tag Herr Thornhill."

Thornhill kauft eine Zeitung

Die beiden gehen weiter zum Ausgang, er diktiert ihr weiter

Thornhill: „Tag Eddy, grüß' mir Deine Frau. Immer dasselbe mit ihm, also, wo waren wir stehen geblieben, verschicken sie dieses literarische Werk, bis in die kleinsten Orte, die wir erreichen können. Und über die hohen Erfolgsziffern der Konkurrenz werden wir bitterliche Tränen weinen – oder auch nicht. Zu diesem Zweck schlage ich vor, dass wir uns im Picadilly treffen an einem der nächsten Tage, lassen sie bis dahin von sich hören und freundliche Grüße ect., ect., kommen Sie, begleiten Sie mich bis zum Plaza."

Sekretärin: „Aber ich habe doch keinen Mantel an."

Sie kommen ins Freie

Thornhill: „Nehmen Sie dafür Ihr jugendliches Feuer. Was haben wir als nächstes?"

Sekretärin: „Gretchen Sebillsen."

Zusammen gehen sie nebeneinander weiter…

…auf einer viel befahrenen Straße entlang Übrigens: Eine einzige Einstellung!

Thornhill: „Ah ja, schicken Sie ihr die üblichen Pralinen, die Kiste für 10 Dollar, Sie wissen, welche ich meine, jedes Stück in Goldpapier gewickelt, das erinnert sie an Geld, was will sie mehr, und schreiben Sie dazu, Liebling, ich kann ohne Dich nicht leben, ich zähle die Minuten…"

Sekretärin: „Das haben wir schon das letzte Mal geschrieben." Thornhill: „Ist das wahr? Dann schreiben Sie eben etwas für Deinen süßen Mund und für Deine anderen süßen Teile. Sekretärin: „Mmmh."

Thronhill: „Na, so schlimm ist es wieder nicht."

Sekretärin: „Ob wir wohl ein Taxi nehmen, Mr. Thornhill." Thornhill: „Für den kurzen Weg? Sehen Sie, dass ist das Problem mit Ihnen, Sie essen zu wenig."

Er winkt nach einem Taxi *Er drängt einen Einsteigenden zur Seite und steigt mit der Sekretärin selbst ein* *Der Fremde bleibt zurück*	Thornhill: „Na schön, hallo Taxi! Ich bitte um Verzeihung, meine Frau ist ganz plötzlich von einer Übelkeit befallen, ich hoffe, Sie haben nichts dagegen." Fremder: „Aber nein…" Thornhill: „Vielen herzlichen Dank!" Fremder: „Nichts zu danken, gute Besserung."
Die beiden steigen ein, Thornhill gibt dem Taxifahrer eine Anweisung	Thornhill: „Fahren Sie zuerst zum Plaza-Hotel und dann warten Sie." Sekretärin: „Der arme Mann!"
Im Taxi: Gespräch der beiden Sie sitzen nebeneinander auf der Rücksitzbank *Er breitet die Zeitung aus Thornhill schaut an sich runter*	Thornhill: „Aber durchaus nicht. Ich habe ihn zu einem glücklichen Mann gemacht, ich habe ihn denken lassen, dass er ein guter Samariter ist." Sekretärin: „Aber er wusste, dass Sie lügen." Thornhill (seufzt): „Ah, Maggie, in der Welt der Werbung ist das Wort Lüge ein für allemal gestrichen, es gibt nur die zweckmäßige Übertreibung. Das sollten Sie wissen. Was glauben Sie, habe ich eigentlich zugenommen?" Sekretärin: „Was?" Thornhill: „Zu wenig Bewegung. Besorgen Sie mir gleich für morgen früh Schlankheitsdragees." Sekretärin: „Schlankheitsdragees."
Thornhill zum Taxifahrer	Thornhill: „Fahren Sie lieber zu dem Eingang 59. Straße." Taxifahrer: „Ist recht."
Thornhill setzt Gespräch mit seiner Sekretärin fort	Thornhill: „Ähm, sobald Sie wieder im Büro sind, rufen Sie meine Mutter an, sie möchte nicht vergessen, wir haben für heute Abend Theaterkarten. Davor essen wir im Club, pünktlich um Sieben. Bestellen Sie ihr, dass ich dann schon zwei Martinis getrunken habe, so dass sie nicht erst meinen Atem kontrollieren muss."

	Sekretärin: „Aber das tut sie doch nicht." Thornhill: „Natürlich tut sie das, wie ein Bluthund."
	Sekretärin: „Und vergessen Sie nicht, erste Sitzung morgen früh um 10:30 Uhr, um 12 Uhr werden Sie zu einer Warenprobe erwartet, dann Mittagessen mit Falcon und seiner Frau."
	Thornhill: „Gut, dass Sie mich daran erinnern, wann?"
	Sekretärin: „Genau 1:15 Uhr. Kommen Sie danach ins Büro?"
Schickt sich an zu zahlen	Thornhill: „Kommt überhaupt nicht in Frage. So, da wären wir."

Quelle: Der unsichtbare Dritte, USA, 1959, Alfred Hitchcock, Metro-Goldwyn-Mayer

Das Ganze dauert keine drei Minuten und wir wissen alles über unseren Helden, was wir wissen müssen. Jeder Satz ist durchdacht und enthält Informationen, die für den Film wichtig sind. Unglaublich, wie fast jedes Wort Bedeutung bekommt, wenn man es abwiegt. Überall Attribute, die man gut kategorisieren kann. Es geht nicht darum, möglichst viele Attribute zu verstreuen, sondern wenige, dafür aber richtig. Und genau das macht Hitchcock. Viele Seminarteilnehmer finden Roger übrigens nicht gerade sympathisch. Aber das muss er ja auch nicht, dann hat er ja auch Veränderungspotential (Der Grundantagonismus!) Ich versuche, das mal aufzudröseln:

Thornhill ist Werbefachmann, der aber seine eigene Meinung hat und gerne gegen den Mainstream anschwimmt („Selbst wenn Sie von der Meinung ausgehen, dass ein hoher Index automatisch eine steigende Verkaufskurve bedeutet, was ich übrigens nicht glaube"), er spricht über andere hinter deren Rücken, als sei es das Normalste der Welt („Tag Eddy, grüß' mir Deine Frau. Immer dasselbe mit ihm"), er übertreibt zynisch („Und über die hohen Erfolgsziffern der Konkurrenz werden wir bitterliche Tränen weinen – oder auch nicht."). Mit einem Satz, allerdings sehr charmant und eloquent, wischt er die Bedenken anderer beiseite, setzt sich beinahe egoistisch durch („Nehmen Sie dafür Ihr jugendliches Feuer"). Und dann diese Macho-Art, die ihn zeigt als einen Mann, der immer dominiert, noch nie eine Frau auf gleicher Augenhöhe kennen gelernt und akzeptiert hat. Er ist ein Womanizer, keine Frage, aber er respektiert die Frauen nicht (bis auf seine Mutter, vor der hat er gehörigen Respekt). Das ist ein halbes Jahrhundert vor „two-and-a-half-men" geschrieben worden, aber hier sind Attribute von „Charlie" vorweggenommen. Natürlich nicht so offen wie heute. Damals musste man vorsichtig sein, selbst längere Küsse wurden zensiert. Jedenfalls zeichnet Hitchcock einen Mann, der Frauen verbraucht, ja sogar bezahlt, um danach nichts mehr von ihnen hören zu müssen. Diagnose: Bettflüchter. („Ah ja, schicken Sie ihr die üblichen Pralinen, die Kiste für 10 Dollar, Sie wissen, welche ich meine, jedes Stück in Goldpapier gewickelt, das erinnert sie an Geld, was will sie mehr, und schreiben Sie dazu, Liebling, ich kann ohne Dich nicht leben"). Die üblichen Pralinen! Was will sie mehr!! Macht er das wöchentlich, täglich? Und dann die Frauenversteherzeile zum Schluss… Oh Gott. Sogar die Sekretärin weiß von seinem Verschleiß („Das haben wir schon das letzte Mal geschrieben."). Er entschuldigt sich ja sogar selbst, was zeigt, dass er im tiefsten Inneren schon weiß, was für ein Schelm er ist („Na, so schlimm ist es wieder nicht.").

Aber nicht nur Frauen gegenüber ist er unehrlich, es zieht sich durch sein ganzes Dasein, er lebt damit, genießt es sogar, wenn er andere übervorteilt. („Ich bitte um Verzeihung, meine Frau ist ganz plötzlich von einer Übelkeit befallen, ich hoffe, Sie haben nichts dagegen."). Und er redet sich dann seine eigene Welt schön („Ich habe ihn zu einem glücklichen Mann gemacht, ich habe ihn denken lassen, dass er ein guter Samariter ist."). Anscheinend ist er Gefangener seiner Branche und kann nicht über sie hinaus denken. Alles, was für seine Branche richtig ist, ist es auch für die Welt da draußen. Gewissermaßen globalisiert er die Branchenregeln („Ah, Maggie, in der Welt der Werbung ist das Wort Lüge ein für allemal gestrichen, es gibt nur die zweckmäßige Übertreibung."). Er glaubt, alles ließe sich schnell und einfach regeln („Besorgen Sie mir gleich für morgen früh Schlankheitsdragees."). Dann der Zug zur Mutter, die sogar seinen Atem kontrolliert. Er entzieht sich dem zwar durch Widerrede, gibt aber zu, dass die Kontrolle trotzdem da ist. Zum Schluss bekommt er dann noch einen Pluspunkt, der sehr wichtig ist: Er ist anscheinend in der Lage, sich dem ganzen New Yorker Bürostress zu entziehen („Kommt überhaupt nicht in Frage.").

Whow!

Ein kompaktes Psychogramm: Werbefachmann, schwimmt gerne gegen den Strom, etwas zynisch, sehr eloquent, Womanizer und doch Frauenverachter (hier am Anfang eben, und am Ende?), Übertreiber, ja sogar Lügner, unverheiratet, voller Terminkalender. Es sind genau die Attribute, auf die es im Film ankommt: Was passiert, wenn der Terminkalender der kleinen Werbewelt implodiert? Wenn selbst Mutter einem nicht mehr glaubt? Wenn man plötzlich abhängig ist von jungen hübschen Frauen, die man früher mit Konfekt abgespeist hat? Er hat aber auch Attribute, die ihn voranbringen: Die Eloquenz und seine sicher nicht sehr ehrbare Eigenschaft, Regeln zu verletzen, retten ihm im Film schließlich das Leben. Wie bei Aristoteles: Er ist zur falschen Zeit am falschen Ort (Ödipus! Wie war da das Verhältnis zur Mutter?), wird für jemand anderen gehalten – und das ist fatal. Man versucht, ihn umzubringen. Er muss ganz schön leiden. Das ist meiner Meinung nach die wichtigste Eigenschaft einer Hauptfigur.

Hitchcocks Filme sind gar nicht so stark auf die Attribute angelegt. Es sind so genannte „story-driven-Filme", weniger „character-driven". Umso beeindruckender, wie wichtig Hitchcock in diesen ersten drei Minuten des Films die Attribute seines Roger O. Thornhill nimmt. Damit hat man Empathie! Natürlich hat man mit Cary Grant auch Sympathie, aber das muss gar nicht sein. Empathie („Das kenne ich") ist eben viel stärker als Sympathie („Das mag ich").

1.4 Der Ruf zum Abenteuer

„Point of Attack"

Machen wir einen Test: Ich zeige Ihnen hintereinander einfach mal zwei Rufe, den von „Harry Potter und der Stein der Weisen" und dann gleich drauf „Apollo 13". Was ist der Unterschied?

Zuerst Harry: Plötzlich bekommt er Post, massenweise Post von einer Schule namens Hogwarts. Was in Starwars für Luke das Hologramm, ist für Harry die Post. Beides sind Botschaften, der Herold tritt auf.

Bild	Text
Harry holt die Post und erkennt einen Brief an ihn. Zum ersten Mal! Adressiert an „Harry Potter, the Cupboard under the stairs". *Erstaunt geht er mit der gesamten Post ins Wohnzimmer. Da glotzt Dudley auf den Brief von Harry.* *Harry und Dudley raufen um ein Kuvert.* *Dudley gewinnt und gibt den Brief seinem Vater, Mr. Dursley.*	Dudley: „Hey, Harry hat einen Brief gekriegt!" Harry: „Her damit, der gehört mir!" Mr. Dursley: „Haha, Dir? Wer schreibt Dir denn schon?"
Der dreht das Kuvert um; Absender: Hogwarts! *Zoom auf die drei Dursleys: Mr. Und Mrs. Dursley sind zu Tode erschrocken…*	

Quelle: Harry Potter und der Stein der Weisen, USA, Großbritannien, 2001 Warner Bros.

So schnell geht's! Wir reden von einem Film, der weit über 2 Stunden geht, aber der Ruf dauert gerade mal 30 Sekunden. Hogwarts! Das ist der Ruf – im wörtlichen Sinne, fast wie der Ruf eines Professors an eine Universität.

So, und nun zu Apollo 13. Die gewohnte Welt von Apollo 13 ist schnell erzählt: Es handelt sich um eine Party, auf der die Crew die Mondlandung von Apollo 11 im Fernsehen verfolgt. Zum Teufel: Jim Lovell ist der Backup von Neil Armstrong, kommt nicht zum Zug und muss zusehen, wie sein Kollege den Ruhm einheimst. Dumm gelaufen! Hätte sich Armstrong ein paar Tage vor dem Start einen Schnupfen geholt, wäre er, Jim Lovell, der erste Mann auf dem Mond! Jetzt ist er zwar der Chef im Ring, aber eben nur bei Apollo 13. Apollo 13 ist die Wiederholung der Wiederholung der Mondlandung von Apollo 11 – und daher völlig uninteressant. Das sind die Ausgangsattribute: Kein Schwein funkt Dich an! Es kostet eigentlich nur Geld, und das während des Vietnamkrieges, der natürlich noch viel mehr Geld kostet. Noch schlimmer, und das ist eben der Ruf des Abenteuers, die Crew wird eine Woche vor dem Start auseinander genommen. Und das passiert wie folgt:

Bild	Text
Lovell mit Kollegen in Houston an der Startrampe, Raupe kommt entlang, ein Dritter kommt hinzu.	Lovell: „Und Ken wird wieder im Simulator sein. Außerdem gehen wir heute Abend noch den Flugplan durch. Ich komme vorbei, wenn diese hübsche Maschine am Startplatz steht."
Lovell begrüßt den Dritten *Raupe brettert durch*	Der Dritte: „Jim, wir haben ein Problem! Ich habe gerade ein paar Bluttests aus dem Labor bekommen, Charlie Duke hat die Masern."
Totale: *Jim Lovell gibt sich gelassen*	Lovell: „Also brauchen wir einen neuen Reservemann." Der Dritte: „Sie alle waren mit ihm in Kontakt." Lovell: „Ich hatte schon Masern." Der Dritte: „Ken Metingly noch nicht."
Im Büro, die Jalousie wirft waagerechte Schatten auf alle Beteiligten, *Jim Lovell erregt*	Lovell: „Sie, Sie wollen also meine Crew auseinander reißen, zwei Tage vor dem Start. Jetzt, wo wir perfekt aufeinander eingestellt sind, wo wir am Tonfall des anderen wissen, was los ist."
Flugarzt	Flugarzt: „Ken Metingly wird ernsthaft erkranken, und zwar genau dann, wenn sie von der Mondoberfläche zurückkehren und das Andockmanöver durchführen..."
Deke Slayton (Chef der Astronauten)	Deke: „...Jim das ist ein schlechter Zeitpunkt für Fieber."
Jim, sehr erregt	Lovell: „Hör zu, Jack Swigart ist seit Wochen nicht mehr im Training."
Deke	Deke: „Er ist voll qualifiziert für die Mission."
Jim	Lovell: „Er ist ein guter Pilot. Aber wann war er das letzte Mal im Simulator?"
Flugarzt	Flugarzt: „Tut mir leid, Jim, ich kann Sie ja verstehen, wir haben jetzt zwei Möglichkeiten, entweder wir streichen Matingly und fliegen mit Swigert – oder sie warten alle drei auf eine spätere Mission."

Jim	Lovell: „Ich habe für das Fra-Mauro-Hochland trainiert, und das ist fliegerärztlicher Schwachsinn, Deke."
Deke *(alle im Büro, vor dem Fenster Jalousien, die waagerechte Linie auf die Gesichter werfen. Jim bemerkt das Dilemma.)*	Deke: „Jim, wenn Du an Kim festhälst, dann wirst Du auch nicht mit Apollo 13 fliegen. Es ist Deine Entscheidung."

Quelle: Apollo 13, USA, 1995, Ron Howard, Universal

Was ist der Unterschied? Ganz einfach, der Ruf bei „Harry Potter" ist positiv, der bei „Apollo 13" negativ. Einmal handelt es sich also um eine Herausforderung, das andere Mal um einen Konflikt. So einfach ist der Ruf des Abenteuers: Er ist entweder positiv (Herausforderung), oder negativ (Konflikt). Sehen wir uns also diese beiden Möglichkeiten an. Zunächst einmal Harry Potter. Der Ruf des Abenteuers ist ein Aufruf, die gewohnte Welt des Mangels endlich zu verlassen. Das ist der Klassiker der Heldenreise: Raus aus dem Schlamassel! Im Journalismus kann man sich den Ruf nicht aussuchen, der ist das Ergebnis der Recherche. Die gewohnte Welt aber schon. Die kann man „bauen". Deswegen sollte man die gewohnte Welt, wenn es denn die Recherche zulässt, so erzählen, dass sie in besonders großem Kontrast zum Ruf des Abenteuers erscheint. Wenn der Ruf, sowie bei Potter, positiv ist, dann bietet es sich an, die gewohnte Welt möglichst schlecht darzustellen. Und genau das passiert bei Potter, denn sein Dasein bei den Dursleys ist ja wirklich ein einziges Leiden. Typisch auch für Western etwa: Eine kleine Stadt im Wilden Westen wird von einer Gangsterbande drangsaliert. Schlechte gewohnte Welt also. Der Sheriff ist machtlos. Er reitet zu dem alternden Revolverhelden (wahrscheinlich John Wayne), um Hilfe zu erbitten. Der hat außerhalb der Stadt ein kleines Häuschen, sitzt auf der Veranda, im Hintergrund sieht man den Revolver an der Wand, also im wörtlichen Sinne an den Nagel gehängt. Er hört sich den Sheriff an und weigert sich natürlich (also sicher John Wayne). Bis sein Sohn, der in der Stadt lebt, bei einer Schießerei mit der Bande ums Leben kommt. Das ist das auslösende Moment. Dann hat der Nagel ausgedient. Auch wenn das auslösende Moment für den Revolverhelden äußerst negativ ist, der Ruf ist positiv: Im wörtlichen Sinne ein Ruf – nämlich zum Handeln. Eben „Bitte tu was!" Ich nenne das gerne „klassische Heldenreise". Andere positive

Beispiele für den Ruf des Abenteuers: „Titanic“: Der arme Ire Jack sitzt mit seinem italienischen Freund in einer Bar und pokert. Und tatsächlich gewinnt er. Der Lohn: Schiffskarten nach Amerika! Natürlich weiß der Zuschauer, dass das eigentlich nicht gut für Jack ist, aber aus der Sicht von Jack ist das die Eintrittskarte in ein neues, besseres Leben. Ein solches besseres Leben erhofft sich „Billy Eliot“ vom Balletttanzen, allerdings ist sein Vater entsetzt (Weigerung).

Dennoch: Zahlreicher sind die Fälle, in denen der Ruf der erste Auftritt des Antagonisten ist, der die Welt des Helden ins Wanken bringt. Und genau das passiert bei Apollo 13. Der Ruf ist eindeutig negativ, weil eine gut funktionierende Mannschaft wegen einer Ansteckungsgefahr auseinandergenommen wird. Die gewohnte Welt, Mangel hin, Mangel her (ja klar, langweilig, aber sie haben es immerhin auf die Titelseite von Time geschafft, wie man im Film gut sieht), wird gefährdet. Immerhin der Traum Lovells: Auf dem Mond zu landen. Der Ruf ist negativ, der Held, Commander Jim Lovell, muss sich entscheiden. Ein Dilemma: Entweder startet er gar nicht oder er muss auf ein Mitglied der Crew verzichten. Man sieht, dass der Ruf des Abenteuers nicht den ganzen Konflikt der Geschichte ausmacht, sondern nur das erste Aufziehen dunkler Wolken bedeutet. Es ist ja noch nichts passiert, die Sauerstofftanks noch heil, Apollo 13 noch nicht einmal gestartet. Und dennoch: Im Auseinanderreißen der Crew steckt der innere Konflikt der Geschichte. Ohne zu sehr vorweg zu greifen, hier schwingt schon die beherrschende Idee der Geschichte mit. Sie könnte heißen: „Nur wenn die Mitglieder eines Teams sich gegenseitig vertrauen, können sie erfolgreich sein“. In diesem Fall ist es sogar eine Frage des Überlebens. Nun, was folgt, ist eben das totale Misstrauen gegenüber dem neuen Mitglied. Die Ausgangslage der Crew ist also die schlecht Möglichste: Sie haben eben die Attribute gerade nicht, die nötig sind, um im Katastrophenfall die größten Überlebenschancen zu haben. Im Gegenteil: Die Crew ist nicht eingespielt und voller Misstrauen. Es sind die Attribute, die der Geschichte entgegenstehen, ein „Fisch-auf-dem-Trockenen-Motiv“ (Frey 2000, S. 54), ganz wichtig für den Journalismus, weil es für Veränderung steht. Das nenne ich gerne „journalistische Heldenreise“, weil sie im Journalismus viel öfter vorkommt. Man muss sich ja im Moment nur die erste Seite der Tageszeitungen anschauen, sie sind voll schlechter Rufe, Stichworte sollen hier nur IS und EU-Krise sein. Sie ist aber auch in der klassischen Literatur verewigt.

Einige Beispiele: Bei Shakespeares Cäsar etwa die Warnung vor den Iden des März. Auch in Hollywood: Beim Dschungelbuch ist es ebenfalls eine Warnung, die vor Shir Khan, dem Tiger.

Oftmals wird der Ruf des Abenteuers auch als „kleiner Bruder“ des zweiten Aktes bezeichnet. Was ist damit gemeint? Der zweite Akt besteht ja aus Prüfungen, aus Sequenzen. Ein Kunstgriff ist, diese Sequenzen in Kurzform im ersten Akt, nämlich im Ruf des Abenteuers, schon einmal anzusprechen. Wenn man will, ist der Ruf dann eine Art Inhaltsangabe des zweiten Aktes. Ein Beispiel aus der Süddeutschen Zeitung: Die Überschrift lautet „*Gabriel hört den Falschen zu*“. Dann folgt der Text:

> *Sigmar Gabriel ist ein Mann, der manches wagt. Allerdings neigt er auch dazu, Dinge zu tun, die er zu wenig abwägt, vor allem dann, wenn ihn andere nerven. Er ist ein grummeliger Spontanist, und weil er diesen Charakterzug nur schwer kontrollieren kann, kollidiert der immer wieder mit seinen Rollen als SPD-Parteivorsitzender und Vizekanzler. Gabriels Besuch bei Pegidisten und Nicht-Pegidisten in Dresden am Freitag war ein für ihn typisches, zu wenig abgewogenes Wagnis. Schlimmer noch: die Aktion war ein Fehler in dreifacher Hinsicht. Gabriel hat zur Unzeit zumindest Teile der Dresdner Latsch-Bewegung aufgewertet. Er hat nicht wenige demokratisch engagierte SPD-Sympathisanten verärgert. Und er hat auch noch seine eigene Partei düpiert sowie das alte Bild von der SPD gestärkt, die nicht weiß was sie will. (Süddeutsche Zeitung vom 25.1.2015)*

Soweit der Anfang der Geschichte, der erste Akt. Er fängt an mit der gewohnten Welt, Gabriel, der Spontane, dann erfolgt der Ruf, der Besuch Gabriels in Dresden. Und dann werden kurz die drei Fehler benannt, die der Autor dann zweiten Akt hintereinander weg bearbeitet. Der Kürze wegen sparen wir uns den zweiten Akt, denn es gibt weiter hinten noch bessere Beispiele zum Thema Prüfungen oder Sequenzen.

Oft ist der Ruf in der Heldenreise tatsächlich nur der Beginn eines Konfliktes, der durch die weiteren Stationen des 1. Aktes (Weigerung, Mentor, Schwelle) scheibchenweise serviert wird. Das ist spannender als ein plötzlicher Konflikt. Dennoch kann der Ruf zum Abenteuer tatsächlich das Ende des ersten Aktes sein: Die gewohnte Welt sät die Attribute, dann kommt der plötzliche Konflikt (etwa ein Erdbeben, das entwickelt sich nun einmal nicht). Das ist dann das auslösende Moment, das zur zentralen Frage führt. Damit ist der 1. Akt zu Ende. Das ist nicht so ausgefeilt, geht im Journalismus aber eben auch. Und in Hollywood gibt es berühmte Beispiele, „Titanic“ etwa. Da ist der Ruf der Aktwechsel. Dazu später mehr.

Tab. 1.5 Das Wichtigste in Kürze: „Der Ruf des Abenteuers“

- Aufruf (Herold) die gewohnte Welt (des Mangels) zu verlassen
- Bringt die Geschichte in Gang
- Positiv: Aufruf
  - Titanic: Gewinn der Schiffskarten
  - Harry Potter: Post von Hogwarts
  - Alamo: Aufruf zum Kampf gegen Santa Anna
- Negativ: Warnung vor dem Konflikt oder Konflikt selbst
  - Julius Cäsar: Warnung vor den Iden des März
  - Dschungelbuch: Warnung vor Shir Khan
  - Apollo 13: Veränderung der Crew
- Kann Ende des 1. Aktes sein (Titanic, Alamo) = Auslösendes Moment

„Klassische“ Heldenreise:

- Ruf ist positiv, Gewohnte Welt eher negativ

„Journalistische“ Heldenreise:

- Ruf ist negativ, Gewohnte Welt eher positiv

Man sieht: Der Ruf ist das „Let’s roll!“, „Jetzt geht’s los!“ .

Wie bei der Gewohnten Welt muss man auch beim Ruf des Abenteuers an die Attribute denken. Daher gilt nun unser Interesse einer Figur, die oft interessanter ist als der Held selbst…

Der Schurke

Oft ist es so, dass der Gegenspieler hier zum ersten Mal auftaucht und die gewohnte Welt des Helden stört. Es kann auch anders herum sein: Der Held wird aufgefordert, den Schurken mal gehörig auf die Füße zu treten. Egal, wie die beiden zueinander kommen, der Ruf des Abenteuers ist oftmals das erste Aufeinandertreffen des Helden und seines Gegenspielers. Beim

Dschungelbuch ist es sogar nur die Ankündigung des Schurken: Nach einer Backstory (erzählt aus der Sicht des Mentoren Bagira, der das Findelkind findet und bei der Wolfsfamilie vor die Höhle legt) und der gewohnten Welt, in der der rundum glückliche Mogli vorgestellt und von den Wolfskindern abgeschleckt wird, kommt es zu einer Versammlung des Wolfsrudels. Der Leitwolf warnt davor, dass Shir Khan, der Tiger, wieder in der Gegend ist. Man beschließt, Mogli zur Menschensiedlung zu bringen. Das übernimmt dann der Mentor Bagira.

Ein wunderbares Aufeinandertreffen gibt es im wohl besten James-Bond-Film aller Zeiten, „Goldfinger". Hier kann man die Attribute des Schurken, schön abgegrenzt von denen des Helden, erkennen. Und das geht so: Bond erholt sich in einem Hotel in Miami Beach, wo ihn Felix Leiter mit einer Nachricht von „M" aufsucht. Bond möge sich doch mal um Auric Goldfinger kümmern, der – leider unbewiesen – größere Mengen Goldes schmuggeln soll. Wie praktisch, dass sich Goldfinger im gleichen Hotel befindet. Bond dringt in dessen Hotelzimmer ein und findet auf dem Balkon eine hübsche Blondine, bewaffnet mit Fernglas und Funkgerät. Goldfinger sitzt mit einem Partner unten auf der Terrasse und spielt Karten, natürlich um Geld. Der Trick Goldfingers: Er empfängt ihre Stimme mit einem Lautsprecher, der als Hörgerät getarnt ist. Dank der optischen und akustischen Hilfe der Blondine aus dem ersten Stock, die dem Partner im wörtlichen Sinne in die Karten sieht und Goldfinger per Funk informiert, gewinnt dieser regelmäßig. Bis eben Bond erscheint. So spielt sich folgende Szene ab:

Bild	**Text**
Die Blondine dreht sich erschrocken zu Bond um.	Blondine: „Wer sind Sie?!"
Bond stellt sich vor und sieht hinunter auf die Terrasse.	Bond: „Bond. James Bond.
Goldfinger fummelt nervös an seinem Empfänger herum, nestelt am Hörgerät.	
Der Partner fordert Goldfinger auf, weiter zu spielen.	Partner: „Na kommen Sie, kommen Sie!"
Goldfinger legt irgendeine Karte ab, der Partner freut sich.	Partner: „Ah schon besser!"
Bond spricht die Blondine an.	Bond: „Wie heißen Sie?" Blondine: „Jill." Bond: „Und weiter?" Jill: „Jill Masterson."

Bond sieht durch das Fernglas: Er kann das Blatt von Goldfingers Partner genau erkennen.	Bond: „Sagen Sie mal Jill, warum macht er das?“ Jill: „Er möchte gewinnen.“ Bond: „Und warum machen Sie das?“ Jill: „Er bezahlt mich dafür.“
Bond und Blondine unterhalten sich weiter.	Bond: „Ist das alles, wofür er Sie bezahlt?“ Jill: „Ich muss mich auch mit ihm sehen lassen.“ Bond: „Nur sehen lassen?“ Jill: „Nur sehen lassen.“ Bond: „Das freut mich.“
Bond dreht den Lautstärkeregler der Funkanlage auf und klopft gegen das Mikro. *Goldfinger zuckt zusammen.*	Bond: „Sie sind viel zu hübsch, um in eine solche Sache verwickelt zu werden.“
Bond spricht ins Mikro. *Im Fernrohr zu sehen: Goldfingers Kopf*	Bond: „Hören Sie zu, Goldfinger, Ihre Glückssträhne ist zu Ende. Ich möchte bezweifeln, dass die Polizei von Miami Beach sehr angetan ist, von dem, was Sie da machen. Nicken Sie mit dem Kopf, wenn Sie mir recht geben. Nicken Sie!“
Goldfinger nickt. *Bond spricht weiter, die Blondine ist inzwischen belustigt.*	Bond: „Gut, jetzt fangen Sie an zu verlieren, Goldfinger. Sagen wir 10.000 Dollar, ach nee, wir wollen großzügig sein, sagen wir 15.000.“
Die Blondine will auch durchs Fernrohr sehen. Unten freut sich der Partner. Goldfinger zerbricht vor Wut einen Bleistift.	Jill: „Darf ich mal sehen?“ Partner: „Sehen Sie, heute ist wirklich mein Glückstag. Was sagen Sie nun?“

Quelle: Goldfinger, Großbritannien, 1964, Guy Hamilton, A.R. Broccoli, H. Saltzmann

Zu finden unter den größten Fehlern der Filmgeschichte: Das Knacken des Bleistifts – zu sehen aus 30 Meter Entfernung durch ein Fernrohr – und eben auch zu hören.

Aber egal, obwohl Goldfinger in dieser Szene kein einziges Wort spricht, sind die Attribute des Antagonisten hier und überhaupt im ganzen Film klar zu erkennen. Ein Grund, warum Goldfinger sicherlich der beste Bond ist:

▸ *Je besser der Antagonist, desto besser der Held*

Und desto besser der Film. Wichtig: Man sollte – und das gilt für den journalistischen Film genauso – gleich klar machen, wer der Bösewicht ist. Das ist hier gelungen, bei den neueren Bonds oft nicht mehr. Bei „Casino Royal“ weiß man es eigentlich bis zum Schluss nicht – und dann wird der Zuschauer durch ein Handy-Gespräch (!) zwischen M und Bond im Nachhinein aufgeklärt. Schlechter geht es kaum noch. Auch bei „Spectre“ ist die Rolle des Schurken nicht optimal angelegt. Zwar taucht er im ersten Akt gleich auf, was gut ist. Doch dann ward er nicht mehr gesehen, bis zur tiefsten Höhle. Nicht so bei Goldfinger. Nach dieser Szene ist seine Figur klar gezeichnet. „Sagen Sie mal Jill, warum macht er das?“ „Er möchte gewinnen.“ Und zwar um jeden Preis! Er ist unehrlich, man kann ihm nicht trauen. Später im Film tötet er seine Geldgeber mit Nervengas, zum Schluss schießt er sogar auf seine eigenen Leute. Das würde ein Held nie machen, eher würde er selbst sterben. Der Held ist im Gegensatz zum Antagonisten oft idealistisch bis zur Selbstaufgabe. Der Antagonist kann jederzeit aufgeben. Er kann feige sein. (Frey 2000, S. 87) Ein Held würde sich stellen, den Kampf suchen. Die Schurken nicht. Im echten Leben verstecken sie sich in Erdlöchern oder Betonrohren, bevor sie gehängt (im ersten Fall) oder erschossen werden (im zweiten).

Oft hat der Bösewicht am Anfang, ja bis weit in die Geschichte hinein viel Glück. Er bekommt dadurch eine Aura des Unbesiegbaren, was den Helden natürlich einschüchtert. Und weil wir schon bei Saddam und Gaddafi sind. Das beste Beispiel zeigt auch hier die wahre Geschichte: Adolf Hitler schien bis Dezember 1941 unbesiegbar.

Mit welchen weiteren Attributen der Bond-Film sehr gut spielt, kann man mit Hilfe der Transaktionsanalyse erkennen. Ohne einen Ausflug in die Psychologie wagen zu müssen: Es gibt drei Formen des Erzähl-Ichs, das Erwachsenen-Ich, das Kind-Ich und das Eltern-Ich.

▸ *Der Antagonist ist eine Metapher für das Kind. (Frey 2000, S. 85)*

Goldfinger spielt gerne, ist verliebt in sein Gold und sieht nicht darüber hinaus. Der Horizont des Helden ist viel weiter, er sieht das große Ganze. Im Normalfall spricht er im Erwachsenen-Ich, also auf gleicher Augenhöhe wie der jeweilige Gegenüber. Hier wechselt Bond ins Eltern-Ich („Nicken Sie!“), stellt sich so über Goldfinger, demütigt ihn. Das wird der nicht vergessen, wie man später sehen wird („Nein Mr. Bond, ich erwarte von Ihnen, dass Sie sterben!“). Und in der Tat darf man Goldfinger nicht unterschätzen. Er ist intelligent, gewieft. Mit Hilfe einer Mitarbeiterin, eines Fernrohres und eines Funkgerätes einen Kartenspieler reinzulegen, das hat schon was. Auch sieht man hier: Der Antagonist ist jederzeit bereit, in andere Rollen zu schlüpfen, was ihn schwer fassbar macht. Hier stellt er sich schwerhörig, um das Hörgerät zu legitimieren. Später wechselt er in die Uniform der Soldaten, um unerkannt zu bleiben.

Nun haben wir im journalistischen Film selten solche Strolche – und erst recht keinen Gert Fröbe. Dennoch können wir alle genannten Eigenschaften mühelos in den Alltag übernehmen. Es herrscht hier überhaupt kein Mangel! Wir haben immer fiese, hinterlistige Antagonisten, denn ohne sie haben wir keine Geschichte. Der Antagonist bringt das Leben des Helden aus dem Gleichgewicht. Da ist sie wieder, die Definition einer Geschichte in einem Satz: Eine Geschichte ist die Suche nach dem verloren gegangenen Gleichgewicht. Ohne Antagonist haben wir also gar keine Geschichte.

► ***Diese antagonistenfreien Stücke sind „Es-gibt-Geschichten“. Das will keiner sehen!***

Selbst ein Portrait sollte einen Antagonisten haben, sonst ist es eine „Es-gibt-die Person-XY-Geschichte“. Furchtbar sind oft Portraits über Berufstätige. Da gilt die Regel: Schildere nie, wie jemand seinen Job macht! Das ist sterbenslangweilig.

Das Duell Held gegen Antagonist ist übrigens nie auf gleicher Augenhöhe. Fast immer hat der Antagonist die besseren Karten, ist mächtiger, reicher – und hält sich vor allem für besser. Das schafft diese Atmosphäre von David gegen Goliath. Schon die Bibel wusste mit diesen ungleichen Positionen zu punkten. Der vermeintlich unterlegene Held schafft es trotz aller Nachteile, zum Schluss der Sieger zu sein. Und sei es mit Hilfe einer Steinschleuder, die niemand auf der Rechnung hatte. Ein sehr gutes TV-Beispiel ist die Krimiserie „Columbo“. Columbo ist seinem Gegner scheinbar in allen Bereichen unterlegen: Er ist unterbezahlter Beamter, der Schurke fast immer reich oder berühmt oder beides. Der Schurke ist aber auch weltgewandter, lebt in der großen weiten Welt, während Columbo wohl kaum über den Stadtrand von L.A. hinausgekommen ist. Der Held ist auch tatsächlich etwas geblendet von dem, was der Mörder besitzt und darstellt. Aber der Neid weicht, Columbo überführt ihn und kehrt in seine spießige Welt zurück – zu einer Figur, die mit zu den besten gehört, die ich je erlebt habe, obwohl es sie eigentlich gar nicht gibt: Zu Mrs. Columbo. Phänomenal!

Was sind gute Antagonisten im journalistischen Alltag? Da kann ich hauptsächlich drei Kategorien nennen. Einmal die wirklich persönlichen Antagonisten: Politiker, die Schulden machen, im Sport die Gegenspieler, in der Wirtschaft die Bankster. Am besten sind Antagonisten, die nicht von Natur aus schlecht sind, sondern womöglich selbst mal Helden waren. Man spricht von den „gefallenen Engeln" oder „untergegangenen Helden". Goethes Mephisto ist so einer. Oskar Lafontaine auch: Ein ehemaliger Parteivorsitzender und Finanzminister verlässt seine Partei und gründet eine Konkurrenz. Aus Sicht der SPD ein „fallen Angel". Wunderbar!

Aber ein Antagonist muss keine Person sein. In der Politik können es die wuchernden Steuergesetze sein oder die kalte Progression. Im Sport der Wind (Tennis, Golf) oder ein zu langsames Auto (Formel 1). In der Wirtschaft die Euro-Krise, in der Naturwissenschaft eine Galaxie, die ihre Geheimnisse nicht offenbaren will. Naturkatastrophen sind hervorragende Antagonisten: Vulkanausbrüche, Erdbeben, Hurricanes.

Zudem gibt es die Antagonisten, die eigentlich Attribute des Helden sind: In der Politik muss ein Politiker ein Amt bekleiden, zu dem er gar nicht fähig ist. Im Sport muss ein Fußballer ran, obwohl er verletzt ist. Das Leben ist schwer! Sie erinnern sich an die Frau an der Käsetheke mit Lactose-Allergie, der Bergsteiger leidet an der Höhenkrankheit (Das gibt es wirklich: hervorragende Alpinisten, die nicht über 4000 Höhenmeter kommen). Der Held kämpft also gegen eigene Unzulänglichkeiten, nicht gegen einen äußeren Feind. Das sind die besten Geschichten, leider rar.

Tab. 1.6 Das Wichtigste in Kürze: „Der Antagonist"

- Oft untergegangener Held (Lucifer)
- Je besser der Antagonist, desto besser der Held
- Nicht idealistisch
- Darf feige sein und aufgeben
- Metapher für das Kind (Held ist Erwachsener)
- Muss keine Person sein
- Kann vor dem Handeln des Helden da sein

- Kann durch das Handeln des Helden erscheinen
- Bringt das Leben des Helden vollends aus dem Gleichgewicht
- Eine Geschichte ist die Suche des Helden nach dem verloren gegangenen Gleichgewicht

1.5 Die Weigerung

Die Wiederholung der Wiederholung der Mondlandung

Die Weigerung wird einfach viel zu wenig beachtet. Man muss wissen, dass die Punkte der Heldenreise in dieser Reihenfolge zwar Sinn machen, aber so manches Strukturelement auch woanders stehen kann. Das beste Beispiel dafür ist die Weigerung. Die braucht man immer! Oft ist es eine Textsache: Der Held braucht einfach eine Bugwelle. Die Probleme der beiden Astronauten bei „Apollo 13", den „Neuen" anzuerkennen, zeigen sich in eben diesem Programmpunkt der Heldenreise. Im Ruf wurde er schon durch Lovell angekündigt: „Wann war er zum letzten Mal im Simulator?" Und so gestaltet Ron Howard die Weigerung:

Bild	Text
Totale in Mission Control, Chefastronaut Deke Slayton steht am Kommanndopult,	Arbeiter in Mission Control: „Die Eintrittsdaten sind O.K. und wir haben Unterbrechung des Funkkontakts." „Glaubst Du, er checkt das?"
Techniker fragt:	
Neumitglied Jack Swigert in der Kapsel, Jim Lovell und Fred Haise schauen misstrauisch, Fred Haise gibt Meldung	Jack: „Was ist denn das jetzt hier? Ich habe ein Warnlicht, wir kommen zu flach rein. Ich schalte auf manuell." Fred: „Houston, wir schalten auf SCS." Mission Control: „Roger, 13".
Swigert schwitzt; Swigert, Steuerknüppel groß, wieder Swigert, Lovell schaut Haise an, groß: Haise rollt die Augen. Total: alle drei	Jack: „O.K., wir sind bei 3 G. 5 G, verdammt, wir haben einen zu steilen Eintrittswinkel. Ich rolle weiter und versuchte, uns da raus zu ziehen. Wir sind bei 8 G, 10, 12."

Lovel etwas verärgert:	Lovell: „12 G? Wir sind verbrannt."
Deke Slayton	Deke: „Verdammt!"
Techniker	Techniker: „Ich habe ihm eine falsche Instrumentenanzeige gegeben, sogar Mattingly hat es beim ersten Mal nicht gepackt."
Lovell spricht nur zu Haise: Haise eindeutig zweideutig:	Lovell: „Wie fühlst Du Dich, Freddo?" Fred: „Ziemlich verkohlt."
Lovell zu Swigert:	Lovell: „Was ist passiert?"
Sweigert groß	Jack: „Wir waren zu steil. Wir sind tot."
Haise sarkastisch:	Fred: „Ach, tatsächlich?"
Lovell zu Mission Control:	Lovell: „Ja, ja, also wir waren gerade im Programm 67, also, äh, O.K. Jungs, so wie es aussieht, müssen wir das jetzt noch mal machen müssen. Aber gebt uns eine Minute, damit wir hier mit unseren Schaltern klar kommen."
Deke Slayton spricht ins Mikro:	Deke: „Jim! Kann ich Dich kurz sprechen?"
Lovell schaut auf Swigert	Lovell: „Na klar, Deke."
Haise schaut geradezu verächtlich auf Swigert und schweigt	

Quelle: Apollo 13, USA, 1995, Ron Howard, Universal

Auweia! Wenn Blicke töten könnten. Das Problem ist ja auch das Selbstvertrauen. Swigert merkt natürlich, wie ihm misstraut wird. Das festigt nicht gerade die eigene Sicherheit. Auch der Satz des Chefastronauten Slayton „Jim! Kann ich Dich kurz sprechen?" ist da wenig förderlich.

Man muss wissen: Das alles passiert kurz vor dem Start! Der Ruf des Abenteuers und die darauf folgende Weigerung machen die Geschichte also sehr spannend, lange bevor im All das Malheur passiert.

Meines Erachtens gibt es zwei Arten der Weigerung. Einmal kann sich der Held weigern. Im Falle von Apollo 13 sind es die beiden gesetzten Crew-Mitglieder. Bei „Starwars" ist es Luke Skywalker:

► ***„Ich kann mich da nicht einfach einmischen!"***

Typisch Held! Das sind so die Sprüche, die letzthin nur Unsicherheit verraten. Der Held ist noch nicht so weit, die Herausforderung anzunehmen. Es bedarf eines zusätzlichen Geschehnisses. Oftmals ist es auch eine „Backstorywound" (Krützen 2004, S. 30), die den Helden abhält. „Backstorywound", das bedeutet, dass der Held in der Vergangenheit verletzt worden ist. Oft hat er nun Angst vor einer erneuten Verletzung, oder aber er ist schlicht sauer, beleidigt, eingeschnappt. Nach dem Motto „Diesmal könnt Ihr Euren Mist selber machen!" entzieht er sich der Verantwortung. Zwei berühmte Beispiele: In „Casablanca" verweigert Rick erstmal die Ausreisevisa, weil Ilsa ihn in Paris verladen hat. Diese Backstorywound wird erst im 2. Akt des Films gezeigt. In „Schweigen der Lämmer" ist die Backstorywound von Miss Starling das Schreien der Lämmer aufgrund einer bösen Kindheitserfahrung. Dies führt aber zu keiner Weigerung: Starling ist ein so genannter williger Held.

Auch kann eine Weigerung, vor allem eine dauerhafte Weigerung, also eine, die sich durch den gesamten Film zieht, sehr komisch sein. So hat die ewige Weigerung John Waynes in „Hatari", sich selbst endlich zuzugestehen, dass er in Elsa Martinelli verliebt ist, etwas Lustiges. In „Schlaflos in Seattle" weigert sich Meg Ryan sehr lange, sich selbst zuzugeben, dass sie ihren Verlobten gar nicht liebt.

Die Weigerung erhöht sehr oft die Bedeutung des Helden. Nachdem er sich verweigert hat, sind die Leute, die ihn unbedingt gewinnen wollten, meist ziemlich enttäuscht und verzweifelt. Denn die Situation ist so vertrackt, dass sie glauben, nur der Held könne erfolgreich sein. Es kann halt nicht ein jeder, da muss schon ein Kaliber her! Ich spreche hier vom Helden, jedoch wie oben schon gesagt, seine eigentliche Heldwerdung steht durch seine Reise noch bevor. Aber für die anderen ist er der, der die Lösung herbeiführen kann: Der Revolverheld, der Meisterdetektiv, der Topspion. Das hat noch nichts mit seinem Grundantagonismus und seiner eigenen Veränderung zum wahren Helden zu tun.

Die zweite Form der Weigerung ist die der Umgebung des Helden. Es weigert sich also nicht der Held, sondern seine ihm oftmals nicht wohl gesinnte, zumindest ihm nicht glaubende Umgebung. Der Klassiker: Aschenputtel. Hier weigert sich Aschenputtels Familie; sie lässt es nicht zum dreitägigen Ball des Königs, auf den alle Jungfrauen des Landes eingeladen sind. Stattdessen muss es Linsen aus der Asche lesen („Die guten ins Töpfchen, die schlechten ins Kröpfchen"), und selbst als ihr das mit Hilfe der herbei gerufenen Tauben gelingt, wird ihm der Besuch verweigert.

Ähnlich ergeht es Harry Potter. Die Dursleys wollen ihn auf keinen Fall auf die Schule für Zauberei und Hexerei, nach Hogwarts, schicken. Sie vernichten die Einladungen, die bald immer häufiger und dann kübelweise durch Briefschlitz und Kamin ins Haus der Dursleys fliegen.

Eine wunderbare Weigerung der Umwelt, ja der eigenen Mutter, erfährt Roger O. Thornhill in Hitchcocks Film „Der unsichtbare Dritte". Hitchcock benutzt die Weigerung der Umwelt gerne, um seinen Helden zu isolieren. Der muss dann – völlig auf sich allein gestellt – seine eigene Unschuld beweisen. Da ist die Weigerung der Umwelt natürlich herrlich, wie folgende Passage zeigt. Thornhill ist – wie oben schon erzählt – Werbefachmann. Nun wird er aber aus Versehen für einen Spion gehalten (Ruf des Abenteuers). Er wird von Gangstern aufgefordert, zu kooperieren. Da er das ja nicht kann, weil er der Falsche ist, versucht man, ihn umzubringen. Man macht ihn mit einer Flasche Bourbon betrunken und setzt ihn in seinen Wagen. Er überlebt jedoch den Mordversuch und besucht – zusammen mit Polizisten und seiner Mutter – den Ort des Geschehens am Tag darauf. So fleißig er auch versucht, die Beamten und die Mutter zu überzeugen, es gelingt ihm nicht. Und es klingt an, dass ihm auch später keiner mehr glaubt. Roger O. Thornhill ist isoliert.

Eine sehr wichtige Eigenschaft der Weigerung kann man in „Gran Torino" sehen. Walt Kowalski hat einen Streit zwischen einer Gang und seinen Nachbarn mithilfe seines Gewehrs geschlichtet. Eher unfreiwillig, denn er wollte die raufenden Jugendlichen nur von seinem Rasen vertreiben. Für die Hmong (indigenes Volk aus Südostasien), die in den letzten Jahren in das Viertel gezogen sind, ist er dennoch ein Held. Sie schmücken seine Vordertreppe mit erlesenen Speisen aus ihrer Heimat. Der Misanthrop öffnet seine Tür, mit dem Gewehr in der Hand, murmelt nur ein „Was ist das denn?" und schmeißt die Delikatessen in den Müll. Als die unerwünschte Bewirtung einfach nicht aufhören will, geht er auf die Leute los: „Nein, nein. Nein, nein, nein. Schluss jetzt. Aufhören, aufhören! Keinen Schritt näher, keinen Schritt näher. Warum lasst ihr mich nicht einfach in Ruhe." Dann kommt es zu dem ersten Dialog:

Bild	**Text**
Mädchen bietet ihm Gemüse an	Mädchen: „Wir haben Schalotten für Sie, für Ihren Garten."
Es folgen Schnitt und Gegenschnitt	Kowalski: „Die will ich nicht haben."
Einstellungen größer	Mädchen: „Die sind winterhart, die kommen jedes Jahr wieder."
	Kowalski: „Warum schleppt ihr überhaupt den ganzen Müll hier an?"
	Mädchen: „Weil sie Thao gerettet haben."
	Kowalski: „Ich habe niemanden gerettet. Ich habe nur ein paar schlitzäugige Klugscheißer verjagt, sonst nichts."
	Mädchen: „Hier im Viertel sind Sie ein Held."
	Kowalski: „Ich bin kein Held."
	Mädchen: „Das finden hier aber alle. Deswegen bringen sie Ihnen auch die Geschenke vorbei. Bitte nehmen Sie sie an."
	Kowalski: „Aber ich will das alles nicht, ich will meine Ruhe, vielen Dank."
Kowalski dreht sich um, will gehen *Kowalski dreht sich noch mal um*	Mädchen: „Warten Sie! Das ist meine Mutter Vu, ich bin Sue und das ist mein Bruder Thao. Wir wohnen nebenan."
	Kowalski: „Und?"
	Mädchen: „Thao möchte Ihnen etwas sagen."
Thao in Dreiergruppe mit Mutter und Schwester	Thao: „Es tut mir leid."
	Kowalski: „Was tut Dir leid?"
Thao groß	Thao: „Dass, dass ich Ihr Auto stehen wollte."
Kowalski groß *Er dreht sich um, Schnitt auf die drei Nachbarn, drehen sich auch um, gehen*	Kowalski: „Ich werde Dir jetzt mal was sagen. Wenn Du noch einen Fuß auf mein Grundstück setzt, bist du erledigt."

Gran Torino, USA, 2008, Clint Eastwood, Warner Bros.

Ende der Konversation! Und das ist der Sinn dieser Weigerung: Sie zeigt, dass der Held noch gar nichts dazugelernt hat. Er besitzt immer noch seine Ausgangsattribute. Kowalski ist immer noch ein Rassist, nennt das Essen seiner ostasiatischen Nachbarn „Müll" und sie selbst „schlitzäugig." Kowalski bestätigt im Rahmen dieser Weigerung also sein Fisch-auf-dem-trockenen-Motiv. Kurz: Er hat noch einen weiten Weg vor sich.

Tab. 1.7 Das Wichtigste in Kürze: „Weigerung des Helden"

• Erhöht den Einsatz des Helden
• Ist nicht auf den 1. Akt beschränkt
• Möglichkeit eines zynischen Humors
• Grund der Weigerung: Backstorywound
• Zusätzlicher Wendepunkt (Qualitätsgewinn oder Gefahr der Mäanderung)
• Bestätigung des Fisch-auf-dem-trockenen-Motivs aus der gewohnten Welt

Ein schönes Beispiel aus dem Journalismus ist die Dokumentation „Man on Wire". Das ist die Geschichte des Seiltänzers, der auf den Twin Towers in über 400 Meter Höhe ein Seil spannt und ohne Absicherung eine Nummer abzieht. Der Film lebt geradezu von der permanenten Weigerung. Immer wieder muss die Gruppe um den Seiltänzer erkennen, dass ihr Drahtseilakt auf dem World Trade Center eine unmögliche Mission ist. Einmal auch der Held selbst, Philippe Petit. Man sieht Bilder aus New York, der U-Bahn, von Passanten, Ampeln und natürlich den Twin Towers. Und Philippe Petit erzählt:

> *„Als ich aus der U-Bahn kam und sie sah, begriff ich, sie waren real, kein Traum. In diesem Moment zerplatzte mein Traum. Völlig unmöglich. Die Frage war gar nicht einmal so sehr, ob man in dieser Höhe gehen konnte. Allein der Gedanke, eine Tonne Material hochzubringen, ein Drahtseil zu spannen, es zu sichern. Nicht möglich. Aber irgendetwas in mir treibt mich, es anzugehen."*

1.6 Der Mentor

There can be only one!

Zur Erinnerung: Mentor war ein Freund des Odysseus, der während dessen langer Abwesenheit auf den Sohn Telemach aufpassen durfte. Heute ist der Mentor eine dramaturgische Glücksfigur für den Journalisten. Eine Mehrzweckwaffe, multioptional einsetzbar. Wenn man mal nicht mehr weiter weiß: Mentor!

Aber er kann auch zum Helden werden, vor allem, wenn er, wie so oft im Journalismus, am Anfang des zweiten Aktes das Staffelholz vom Helden gereicht bekommt und zum Handelnden wird.

Aber beginnen wir mit einem Hollywood-Beispiel, an dem man sehr gut die Attribute des Mentors erkennen kann. Der folgende Mentor hat Filmgeschichte geschrieben und spielt den eigentlichen Helden an die Wand. Die amerikanisch-englische Produktion stammt aus dem Jahr 1986 und trägt den Titel „Highlander". Bitte nicht wundern. Zwischen den Szenen gibt es Lücken, aus Zeit- und Platzgründen.

Bild	Text
Der Ägypter Ramirez sitzt im Boot, wütend, er schaukelt das Boot, wirft Highlander raus.	„Du hast nicht die geringste Ahnung von Deinen eigenen Fähigkeiten. Jetzt, raus mit Dir!"
Der scheinbar Ertrinkende:	„Hilfe, Hilfe, helft mir, ich ertrinke!"
Ramirez rudert sein Boot weg	„Du kannst nicht ertrinken, Du Narr, Du bist unsterblich!"
Highlander stapft aus dem Wasser, will ihn mit dem Degen ermorden, Ramirez stellt ihn, schleudert den Degen weit weg (Planting!)	„Ohne Gefühl und zu langsam Clan-Lord, Eure Attacke war nicht besser als die eines ungeschickten Kindes."
Er offenbart ihm sein Geheimnis in der Hütte	„Aber mir ist offenbar geworden, dass Du von Geburt an anders bist. Deshalb fürchten die Menschen Dich, und versuchen Dich zu vertreiben, wie die Leute Deines Dorfes es getan haben. Du musst lernen, Deine besondere Gabe vor der Welt zu verbergen und Dir ihre Kraft nutzbar zu machen – bis zum Tage der großen Zusammenkunft."

Schnelle Rückblenden, Highlander sieht seine Vergangenheit	
Er und Highlander in der Hütte	
Sie fechten wieder: Diesmal verliert Ramirez den Degen! (Pay off!)	
Bösartiger Highlander schlägt Ramirez den Kopf ab	„Heute Nacht schon schlummert Ihr in der Hölle. Es kann nur einen geben!“

Quelle: Highlander, 1985, USA, Großbritannien, Russell Mulcahy STUDIOCANAL

Und das war es dann mit dem Gastspiel von Sean Connery. So ist das: Wenn man den Mentor braucht, schafft man ihn an, wenn man ihn nicht mehr braucht, schafft man ihn ab. Er hat in der letzten Übung, die Ramirez dem Highlander gegeben hat, den Degen verloren. Er ist in hohem Bogen durch die Luft geflogen und Highlander reißt die Arme hoch – Triumph! Jetzt hat sich der Mentor arbeitslos gemacht. Er würde nur noch stören.

Zunächst hat der Mentor ihn ganz schön leiden lassen. Gleich zu Beginn die Szene im Boot, wo Highlander versucht, ihn zu beleidigen, dann das Kentern, plötzlich das Erleben der Unsterblichkeit, er kann ja nicht ertrinken, aber trotzdem handelt er weiter so wie bisher und will in unbändigem Hass diesem blöden Ägypter die Lebenslichter auspusten. Bloß ist er dazu schlicht zu dämlich. Und nun beginnen zwei Dinge: Das Training und – noch viel wichtiger – die Aufklärung des Highlanders. Er weiß nichts über sich selbst und lernt das alles durch eine dritte Person. Das ist die wichtigste Eigenschaft des Mentors: Er weiß über den Helden mehr als der Held selbst. Er klärt den Helden also über sich selbst auf. Luke Skywalker erfährt viel über sich und seine Herkunft durch Obi Wan Kenobi. Harry Potter weiß gar nichts über sich. Er denkt, seine Eltern wären bei einem Autounfall gestorben. Der Auftritt des Mentors geht so: Die Dursleys haben sich wegen der Flut an Post aus Hogwarts auf ein Haus auf einer einsamen Insel geflüchtet. Völlig umsonst. Halbriese Hagrid hat einfach die Türe eingetreten, die Dursleys runtergeputzt, dem Sohnemann ein Schweineschwänzchen ans Hinterteil gezaubert, passend zum Gesicht. Jetzt unterhält er sich mit Harry und klärt den Ahnungslosen auf. Streichen Sie Obi Wan, setzen Sie Hagrid! Der Bart bleibt.

Bild	**Text**
Groß: Hagrid	Hagrid: Über Hogwarts weißt Du
Totale mit Harry, Dursley und Hagrid,	natürlich alles.
dann Harry groß	Harry: Tut mir leid, nein.
Hagrid groß	Hagrid: Nein? Verdammt, Du weißt gar
	nicht, wo Deine Eltern das alles gelernt haben?
Harry	Harry: Nein, was?
Hagrid	Hagrid: Du bist ein Zauberer, Harry!
Harry, verdutzt	Harry: Ich bin was?
Hagrid	Hagrid: Ein Zauberer!

Quelle: Harry Potter und der Stein der Weisen, 2001, USA, Großbritannien, Chris Columbus, Warner Bros.

Harry Potters wichtigster Mentor ist aber nicht Hagrid, sondern Professor Albus Dumbledore, der die ganze Sache mit Voldemort, Entschuldigung, mit dem, der nicht genannt werden darf, kennt. Das zeigt, dass ein Held durchaus mehrere Mentoren haben kann. Ben Hur etwa hat drei, in dieser Reihenfolge: Zunächst Jesus, der ihn vor dem Verdursten rettet. Dann Konsul Arrius, der ihn vor dem Ertrinken rettet und schließlich Esther, seine große Liebe, die ihn vor sich selbst rettet.

Der Mentor hat nur eine Mission: Dem Helden helfen. Er ist die einzige altruistische Figur im Film. Der Held kann durchaus selbstsüchtig sein – zumindest zu Beginn. Man denke an Scarlett in „Vom Winde verweht"; wie habe ich sie gehasst, diese Zicke! Aber später verwandelt sie sich. Mentoren verwandeln sich in der Regel nicht. Bagira will schlicht und einfach nur Mogli helfen.

Heldenwechsel

Ich möchte jetzt zu der meines Erachtens wichtigsten Funktion des Mentors kommen, die er im Journalismus wohl innehat. Er kann nämlich zum Helden werden. Meistens geschieht das zu Beginn des zweiten Aktes. Warum? Weil dann die zentrale Frage gestellt und der Mentor die aktivste Figur ist. Das ist der vielleicht größte Unterschied zur Heldenreise, wie sie in Hollywoodfilmen zu sehen ist. Wir haben nicht immer unseren Tom Cruise oder Kevin Costner, der von Beginn bis zum Ende als Protagonist durch den Film führt. Im journalistischen Bereich müssen wir des Öfteren den Mut haben, den Helden zu wechseln. Das ist wie Pferde wechseln, Hauptsache, das Ziel der Reise bleibt das gleiche. Das ist also kein Problem, solange die Helden sich das Staffelholz übergeben, also gleiche Absichten haben. Die zentrale Frage darf sich nicht ändern! Hier ein Beispiel eines Magazinstückes, das ich später für den zweiten Akt noch einmal aufgreifen möchte. Die Geschichte ist einfach:

a. Zentrale Frage: Wie verkraftet der fränkische Winzer den Klimawandel?
b. Protagonist: Fränkischer Winzer (Attribute: tüchtig, voraussehend, gefährdet)
c. Antagonist: Klimawandel (tückisch, kann katastrophal sein)

Der Anfang ist daher auch einfach: Gewohnte Welt, der Konflikt (Klimawandel) ist sprunghaft, daraus entsteht die zentrale Frage. Interessant ist, warum ab wann die Mentoren mitspielen.

Bild	**Text**
Weintraube groß, *Eimer mit Trauben* *Familienmitglieder schneiden Trauben ab Weinernte* *Schwenk auf Weinflasche*	Der Erfolg ist mit Händen zu greifen. Da kommt Vorfreude auf bei der Familie Heigel, trotz der mühevollen Arbeit im Weinberg. Die Ernte am unterfränkischen Mönchshang verspricht einen tollen Topfen, etwa einen Frankenwein mit Tradition, einen trockenen Silvaner. Aber wie lange noch?
Winzer sieht in die Ferne *Sonne*	Klaus-Peter Heigel weiß: Was die Weine heute so gut macht, kann sie morgen zerstören. Der Klimawandel

Animation: Weinberg wird kahl	Ein Horrorszenario: Neue Schädlinge aus dem Süden vernichten die fränkische Ernte. Hitze und Trockenheit verwüsten im wörtlichen Sinne die Weinberge.
Klaus-Peter Heigel, Winzer	„Wir Winzer sind natürlich gefordert, sehr weit in die Zukunft zu blicken, 20, 30, 40 Jahre, denn so lange ist die Standzeit einer Rebe. Und deswegen sind für uns die Informationen über den Klimawandel von großer Bedeutung, weil wir einfach jetzt schon die Weichen stellen können für das Jahr 2025."
Zwei Forscher gehen durch ein Tor zum Weinberg	Wissenschaftler erforschen die Risiken des Klimawandels und auch sie stellen fest: Der Wandel kommt nicht, er ist schon da.
Die Forscher untersuchen Blätter	Schon jetzt gibt es viel mehr Schädlinge als vor 20 Jahren, zum Beispiel den einzelligen Erreger der Schwarzholzkrankheit. Er wird durch Trockenheit liebende Zikaden übertragen, die sich hier immer wohler fühlen.
Befallene Blätter Zikaden *Befallene Blätter*	Die Diagnose: der Schädling befällt die Blätter und stört den Stofftransport. Die Rebstöcke können die Trauben nicht mehr versorgen. Immer höher sind die Ernteverluste.

Quelle: Bayerischer Rundfunk, Faszination Wissen 2006

Hier sind wir schon im zweiten Akt, die Schwarzholzkrankheit ist die erste Prüfung.

Die gewohnte Welt wird hier positiv gezeichnet, auch wenn nicht alles ganz einfach ist („trotz der mühevollen Arbeit im Weinberg"). Das ist wichtig, weil diese Welt gefährdet ist. Der Ruf zum Abenteuer ist negativ (Verwüstungsszenario), daher wird der Mangel der gewohnten Welt nicht so stark dargestellt wie das Gute, also der mögliche Verlust. Die zentrale Frage wird während der Animation aufgebaut, der Winzer bringt sie auf den Punkt. Er muss weit in die Zukunft sehen, da ein Weinberg so lange zum Umbau braucht. Also stellt sie sich jetzt, obwohl der Klimawandel erst in Zukunft Schäden bringen könnte. Das ist die Relevanz. Doch weiter kommt der Winzer nicht mehr. Die Forschungsarbeiten, die nötig sind, um die Gefahren des Klimawandels abschätzen zu können, kann er nicht leisten. Geschweige denn Lösungen erarbeiten. Dazu braucht er Mentoren, eben die beiden Forscher. Wir werden später sehen, wie sie die einzelnen Prüfungen des zweiten Aktes meistern. Jetzt hört das Drehbuch mit der ersten Prüfung auf, der Schwarzholzkrankheit. Der Aktwechsel ist nach dem O-Ton des Winzers: Die zentrale Frage ist gestellt. Es folgt ein Schnitt und zwei neue Figuren erscheinen auf der Bildfläche. Sie nehmen die zentrale Frage auf und handeln. Das kann der Winzer nicht. Also übernehmen die beiden Mentoren vom Winzer die aktive Heldenrolle. Wie wir sehen werden, taucht der Winzer erst wieder im dritten Akt auf.

Warum der Heldenwechsel? Ich berufe mich da ganz auf Aristoteles: Der Held muss leiden, mit ihm haben wir die größte Empathie. Also nicht mit den Forschern, sondern mit dem Winzer, der um seinen Weinberg bangt. Daher gehört der Winzer in den ersten Akt. Weil er zwangsläufig die Prüfungen nicht bestehen kann, muss er den Forschern Platz machen. Es gibt ein Argument gegen den Heldenwechsel: In diesem Fall mit den Forschern anfangen und die dann durchziehen. Ja, geht auch, aber es fehlt die Fallhöhe – weil das Opfer fehlt. Mit den Forschern habe ich wenig Empathie, sie haben nichts zu verlieren. Daher mein aristotelisches Argument: Mit dem Opfer beginnen, mit dem Leid (oder drohendem Leid in diesem Fall) und dann, wenn es nicht anders geht, übernehmen Mentoren die Handlung, weil sie im Gegensatz zum Helden dazu fähig sind. So übergibt der inaktive Held den Staffelstab an die aktiven Mentoren, die nun die Heldenrolle übernehmen. Es gibt unzählige Beispiele aus dem journalistischen Alltag. Kaum ein Medizinbeitrag würde funktionieren, wenn man es anders machte. Ein Beispiel: Hubert K. verlässt seine Wohnung, stürzt im Treppenhaus und bricht sich den Oberschenkelhals. Tatütatü, Krankenwagen, ab ins Krankenhaus (Überschreiten der ersten Schwelle). Dort flickt ihn Professor Semmelweis mit einer neuen Operationsmethode wieder zusammen. Im dritten Akt ist Hubert K. wieder fidel wie immer, die OP war äußerst erfolgreich.

Natürlich wird der Film wegen der neuen Operationsmethode gemacht – nicht wegen Hubert K., den muss der Autor irgendwie finden. Dennoch: Ohne Hubert K. hätten wir kaum Empathie. Nach Aristoteles wäre es ein Fehler, Professor Semmelweis als Helden einzuführen; er leidet ja nicht. Aber es macht ja auch nichts: Die zentrale Frage lautet: Wird Hubert K. wieder gesund? Und daran arbeitet der Professor mit seiner neuen Technik ja mit. Die Story vergisst nicht einen Augenblick die zentrale Frage. Sie wechselt nur die handelnden Personen aus. Im zweiten Akt kann Hubert K. genauso wenig handeln wie im obigen Beispiel der Winzer. Er hat nun einmal Vollnarkose!

Also Heldenwechsel! Oft höre ich Frage „Aber wie kann ich den Helden durchziehen?". Muss man gar nicht. Er fehlt nicht, solange er wieder auftaucht. So korrespondiert der dritte Akt mit dem ersten. Der zweite Akt gehört dem Handelnden. Und so ist auch diese Frage gelöst: Wer ist mein Held, der Leidende oder der Handelnde? Beide! Im zweiten Akt agiert die aktivste Figur, im ersten und dritten der Leidende.

Jetzt wird auch klar, warum im Gegensatz zu den klassischen Heldenreisen in einfacher gehaltenen journalistischen Geschichten der Mentor oft erst im 2. Akt auftritt. Seine Gegenwart macht sehr oft vor der zentralen Frage gar keinen Sinn. Beispiel Weinfilm. Die Forscher sollen helfen, die zentrale Frage zu beantworten, also, wie der Winzer den Klimawandel mit seinen Gefahren übersteht. Da macht ein Auftritt erst Sinn, wenn die Frage gestellt ist – also zu Beginn des zweiten Aktes. Sie übernehmen die Handlung und kämpfen sich für ihn durch den zweiten Akt. Übrigens treten sie in dem Film durch ein Tor, das den Aktübergang also auch optisch ein wenig zelebriert. Professor Semmelweis tritt auch erst nach der zentralen Frage auf (Wird Hubert K. wieder gesund?). Vorher macht er ja keinen Sinn.

Anders gestaltet es sich, wenn man den ersten Akt mit den dramaturgischen Mitteln der Heldenreise stärker anreichert. Also nicht nur Gewohnte Welt, Point of Attack, zack, Zentrale Frage wie im Weinbeitrag, sondern wenn man etwa eine Weigerung einbaut. Das könnte bei der Geschichte mit dem Oberschenkelhalsbruch so aussehen: Hubert K. ist fidel trotz des hohen Alters (Gewohnte Welt), dann bricht er sich den Haxn (Ruf des Abenteuers), die Ärzte sehen keine Chance auf Heilung, der Bruch ist für heutige OP-Techniken zu kompliziert (Weigerung), Professor Semmelweis sieht das ganz anders, denn er hat eine neue Methode (Auftritt des Mentors). Hier führt der Semmelweis-Auftritt zur zentralen Frage: „Kann die neue

Methode von Prof. Semmelweis Hubert K. heilen?". Dann folgt der zweite Akt. Man sieht mal wieder: Es gibt viele Möglichkeiten.

Fassen wir zusammen: Heldenwechsel hin zum Mentor ist kein Problem, sondern Alltag. Er erfolgt bei einem sprunghaften Konflikt meist zu Beginn des zweiten Aktes, bei einem sich steigernden Konflikt (also mit Weigerung und Mentor, Schritte drei und vier der Heldenreise) kurz vor Ende des ersten Aktes. Auf jeden Fall erfolgt der Heldenwechsel, wenn wir vorher auf Empathie setzen und im zweiten Akt auf die Person, die am aktivsten ist – eben dann, wenn es sich wie so oft in der Realität nicht um dieselben Personen handelt und kein Tom Cruise in der Nähe ist.

Der Mentor tritt also oft dort auf, wo in der klassischen Heldenreise der Punkt sechs notiert ist: „Prüfungen, Verbündete". Da rate ich zur Vereinfachung. Auch wenn der Unterschied zwischen dem Mentoren und den Freunden und Verbündeten deutlich ist:

- ***Der Mentor kennt den Grundantagonismus des Helden, die Verbündeten nicht.***

Ein paar Beispiele: Albus Dumbledore weiß um Harry Potters Schicksal und sein Problem mit Voldemort. Ron und Hermine zu Beginn nicht wirklich, auch wenn er für sie ein Star ist. Auch Bagira weiß sehr wohl, warum Mogli unbedingt zur Menschensiedlung gebracht werden muss, Balu der Bär nicht. Der möchte nur seinen Spaß haben und aus Mogli einen „richtigen Bären" machen. Doch sowohl Balu also auch Ron und Hermine werden eingeweiht, steigen zu Mentoren auf, wenn man so will. Immerhin rettet Balu Mogli das Leben, nicht Bagira. Und auch Han Solo ist im dritten Akt dabei und schießt eifrig mit, auch wenn es ihm vorher nur um die Kohle ging (scheinbar möchte man meinen).

Ich würde diesen feinen Unterschied nicht zu sehr gewichten. Der Mentor ist der, der hilft, Grundantagonismus hin oder her. Daher gibt es auch eine zweite Art von Mentoren, ich möchte sie mal Mentoren zweiter Klasse nennen. Sie tauchen dann auf, wenn man sie braucht. Und werden dann abgeschafft, wenn man sie nicht mehr braucht. Das gilt zwar auch für den klassischen Mentoren (siehe Highlander). Aber ich meine hier eher so eine Art Doppelstecker, den man benutzen kann, wenn man nicht weiß, wie man von A nach B kommt. Diese Art von Mentoren ist ein Geschenk für den Stückeschreiber, für den Journalisten genauso wie für den Hollywoodautor. James Cameron hatte so einen Mentor nötig, als er „Titanic“ schrieb. Nach dem Selbstmordversuch von Rose, den Jack vereiteln konnte, wird dieser in die erste Klasse eingeladen – zum Dinner. Wie aber kommt der zerlumpte Jack da hinein? Ein echtes Problem für Cameron. Oder doch nicht. Ein Mentor (der zweiten Klasse) richtet es wie folgt: Die Mutter von Rose erwischt die beiden beim Weitspucken an der Reling. Mit dabei eben eine Mentorin – wie geschaffen, um von A nach B zu kommen. Sie stattet ihn mit den Kleidern ihres Sohnes aus.

Der Mentor zweiter Klasse: der perfekte Doppelstecker

Und wie oft gibt es das im Journalismus! Mentoren dienen also dazu, kleine Löcher in der Geschichte zu stopfen. Man muss nur aufpassen: Je weiter hinten das in einer Geschichte geschieht, desto schwieriger ist die Einführung eines zusätzlichen Mentoren. Zu weit hinten wird es geradezu unglaubwürdig, da hat man dann das „Kai-aus-der-Kiste-Syndrom“. Urplötzlich taucht jemand auf und ab. Aber es ist gut zu wissen, dass es diese Figur gibt. Auch James Cameron ist sicherlich dankbar, wie dieses Beispiel aus „Titanic“ zeigt:

Bild	Text
Jack und Rose an der Reling, Rose spuckt über Bord. Jack unterrichtet sie:	„Das war schon besser. Versuchen Sie ganz viel zusammenzukriegen, dann ist es einfach. Schön hochziehen!“
Jack will spucken, wird von Rose zurückgehalten, gemeinsam drehen sie sich zu der Gruppe mit der Mutter um, Jack mit Spucke am Kinn.	„Ah, Mutter…darf ich Dir Jack Dawson vorstellen.“
Rose windet sich:	
Die Mutter von Rose starrt ihn an, dann ihre Tochter:	„Ich bin entzückt.“
Eine Mitreisende der Mutter gestikuliert Jack, dass er noch Spucke am Kinn hat. Jack wischt sich übers Kinn. Die Mutter sieht ihn widerwärtig an	Rose in der Retrospektive: Die andern beiden waren dankbar und neugierig auf den Mann, der mir das Leben gerettet hatte. Aber meine Mutter sah ihn an wie ein Insekt, ein gefährliches Insekt, das schnellstens zerquetscht werden musste.

Die weibliche Begleiterin lacht: Trompeten erklingen	„Nun Jack, klingt, als wären Sie der Mann, den man in seiner Nähe haben sollte, wenn es brenzlig wird. Warum machen die zum Essen immer so einen Krach, als würde ein ganzes Regiment angreifen."
Rose zieht Mutter nach sich.	„Gehen wir uns umziehen, Muter? Wir sehen uns beim Dinner, Jack."
Die Begleiterin spricht Jack an:	„Kleiner. Kleiner! Haben Sie die leiseste Ahnung, worauf Sie sich da einlassen?"
Jack lächelt:	„Nein, nicht so ganz."
Sie sagt süffisant:	„Sie begeben sich in eine Schlangengrube. Was wollen Sie eigentlich anziehen?
Dann sieht sie an ihm hinunter. Jack zuckt mit den Achseln.	Habe ich mir gedacht. Kommen Sie mit."
Im Zimmer der Begleitung:	„Ich wusste es doch. Sie und mein Sohn
Jack probiert einen Smoking,	haben beinahe dieselbe Größe."
sieht sich im Spiegel an	„Ja, fast."
Die Begleitung sieht ebenfalls hinein und Lacht	„Sie glänzen wie ein neuer Penny!"
Jack wird die Tür zur ersten Klasse geöffnet, ein Diener begrüßt ihn und lässt ihn ein	„Guten Abend, Sir."

Quelle: Titanic, USA 1997, James Cameron, 20th Century Fox, Paramount Pictures

Aha, auch dort also ein Schwellenhüter. Naja, Test bestanden, er wurde ja eingelassen. Die Mentorin, die Jack da hatte, war enorm wichtig, weil er ja nichts zum Anziehen hatte. Sie steht in der Tradition der ausstattenden Mentoren, sei es der Baum bei Aschenputtel oder „Q" bei Bond. Sie hat nur eine kleine Rolle, taucht hier auf und dann ab (Auch wenn diese Beschreibung nicht dem Thema entspricht: Während Jack später wirklich „abtaucht", hat sie es in ein Rettungsboot geschafft.). Später sitzt sie nochmals in einem Beiboot und will mehr Leute retten. Aber das ist eigentlich nicht relevant. Wichtig ist ihre Doppelstecker-Funktion: Man braucht sie zum Kleiderwechsel und tschüss!

Ein Beispiel aus der Zeitung. Man kann gut die Rollenaufteilung erkennen: Der Held leidet, der Mentor handelt. Wir haben es hier mal wieder mit einem passiven Helden zu tun.

Die Überschrift lautet:

> ***„Apple – Der tiefe Sturz"***
> *Gerade einmal ein Jahr ist es her, als Apple ganz oben war. Mitte September vergangenen Jahres kam das neue iPhone 5 auf den Markt, die Aktie des Technologiekonzerns aus Kalifornien stieg erstmals über die Marke von 700 Dollar – Apple war damit das wertvollste Unternehmen der Welt. Die Euphorie war groß, Grenzen nach oben schien es nicht zu geben. Manche träumten da von einem weiteren Anstieg auf 800 oder 900 Dollar. Doch es kam, wie so oft an der Börse, ganz anders. Denn von September 2012 an ging es rapide bergab. Die Quartalsergebnisse überzeugten nicht mehr, neue Produkte blieben aus, die Aktie stürzte tief bis auf unter 400 Dollar. Heute notiert sie zwar wieder bei etwa 500 Dollar, ist aber immer noch weit entfernt von der alten Höchstmarke. Schlimmer noch: Der Nimbus vom scheinbar unendlichen Apple-Erfolg ist dahin.*
> *Apple-Chef Tim Cook steht unter enormem Druck. Er versucht verzweifelt die Wende, jetzt stellt er wieder eine neue Version des iPhone vor. Eigentlich nicht mehr als eine schlichte Produktpräsentation, trotzdem war die Aufregung groß. Schon seit Wochen gab es Spekulationen, was da kommen mag. Wird Cook an alte Erfolge anknüpfen? Wird er die Krise beenden können? (Süddeutsche Zeitung, 11.9.2013)*

In der gewohnten Welt geht es Apple also noch gut, dann kommt der ziemlich schlechte Ruf, es geht bergab, der Mentor ist der Chef und der muss jetzt endlich liefern. Übrigens eine Kritik: Ich bin der Meinung, dass es wirklich nur eine zentrale Frage geben sollte. Dieser Beitrag liefert zwei. Die erste der beiden Fragen würde mir vollkommen genügen, denn wenn der Chef an alte Erfolge anknüpfen kann, hat er ja auch automatisch die Krise gemeistert. Das bedeutet: Die zweite Frage ist eigentlich eine Folgefrage. Wir werden sehen, dass das sozusagen Unter-Fragen im zweiten Akt sind, ich nenne sie subzentrale Fragen. Man kann sie sich hier also schenken, sie agiert quasi nicht auf Augenhöhe mit der ersten. Und dann gibt es noch einen trivialen Grund: Je mehr Fragen am Ende des ersten Aktes stehen, desto verwirrender, ich persönlich kann mir sowieso nie mehr als eine merken.

Tab. 1.8 Das Wichtigste in Kürze: „Der Mentor"

- Tritt erst auf, wenn er benötigt wird
- Tritt sofort ab, wenn er nicht mehr benötigt wird
- Oft einzige altruistische Figur
- Kann Hauptfigur werden (Vor allem bei Heldenwechsel)

Kehren wir zu Apollo 13 zurück. Was passiert? Zunächst einmal ein geglückter Start. Alles ist in Ordnung, aber furchtbar langweilig. Die Attribute der Wiederholung der Wiederholung der Mondlandung aus der gewohnten Welt werden hier noch mal wachgerufen. Sogar eine lange geplante Fernsehsendung mit Filmmaterial, gedreht von den Astronauten, fällt aus. Niemand interessiert sich dafür.

Aus Mission Control erfolgt der Aufruf, ein paar Hausaufgaben zu machen. Im Vordergrund sieht man einen Mitarbeiter herzhaft gähnen. Zu den Hausaufgaben gehört die Aktivierung der Sauerstofftanks (auf Deutsch, in der englischen Version wird nicht aktiviert, sondern umgerührt). Das macht im Film Swigert, der neue, also der Außenseiter (in Wirklichkeit war es Fred Haise). Daraufhin explodieren selbige, die Astronauten werden gehörig durchgeschüttelt und Lovell fährt Swigert an: „Was hast Du gemacht?" In Mission Control spielen die Computer verrückt und Lovell schickt jenen berühmten Funkspruch hinunter, der auch auf dem damaligen Filmplakat abgedruckt war: „Houston, wir haben ein Problem!"

1.7 Das auslösende Moment und die zentrale Frage

Das ist das so genannte auslösende Moment der Geschichte. Der erste große Wendepunkt, das Ende des 1. Aktes. Ein anderer Begriff, der dasselbe meint, lautet „Schlüsselereignis" (Bei Syd Field etwa, da heißt der „Ruf des Abenteuers" auch das „auslösende Ereignis". (Field 1979, S. 246)

Der point of „no return": Die Handlung geht in eine andere Richtung. Vorher gab es die furchtbar langweilige Frage: „Schaffen die Leute von Apollo 13 die dritte Mondlandung" (Gähn…), jetzt heißt die viel spannendere Frage: „Kommen die Leute von Apollo 13 heil, also lebendig, nicht kross zurück?" Das ist die zentrale Frage des Films. Jede Geschichte sollte solch eine zentrale Frage haben – und zwar genau eine. Das müsste für den Redakteur die erste Frage zu einem Themenvorschlag sein: „Was ist die zentrale Frage der Geschichte?"

Und wie wichtig sie ist, die zentrale Frage! Es kann nicht sein, wie leider schon so oft erfahren, dass es heißt: „Machen wir doch mal wieder was über Vulkanismus oder die Schuldenkrise oder den FC Bayern oder den neuen Autobahnbau. Nein, es könnte – je nach Recherche – heißen: „Wie kann man Vulkanausbrüche besser vorhersagen?" oder „Zerbricht der Euro in der Schuldenkrise?" „Wird Deutschland der Zahlmeister Europas?" oder „Wie kann der FC Bayern die Ausfälle von Schweinsteiger und Lahm verkraften?" oder „Wird die neue Autobahn ein Milliardengrab?" oder, wenn nicht ökonomisch sondern ökologisch denkt, „Zerstört der Autobahnbau die Natur?"

Auch die oben genannten Spielfilme haben eine zentrale Frage:

„Wird Harry Potter in der Zaubererwelt Freunde, Würde, Anerkennung – und v. a. sich selbst finden?" („Harry Potter")

Ähnlich: „Werden Jack und Rose ihr Glück finden?" („Titanic")

„Wird Luke Skywalker die Prinzessin Leia befreien?" („Starwars")

„Finden Rick und Ilsa wieder zusammen?" („Casablanca") „Kann der des Mordes verdächtigte Roger O. Thornhill seine Unschuld beweisen?" („Der unsichtbare Dritte")

Judahs Ziegel

Das zeigt auch die Vielfalt der auslösenden Momente. Es kann ein Unfall sein wie bei „Apollo 13" oder eine Katastrophe wie bei „Starwars": Erst als Luke zu des Onkels Farm zurückkehrt und die verkohlten Leichen sieht, will er Jedi werden („Jetzt hält mich nichts mehr zurück!"). Oder ein Mord, wie bei Hitchcocks „Der Unsichtbare Dritte". Oft ist das auslösende Moment ein Zufall: „Nicht zu fassen, von allen Kaschemmen der Welt kommt sie ausgerechnet in meine", stöhnt Rick in „Casablanca", als Ilsa in seinem Café aufkreuzt. Es klingt ein wenig komisch: Und wenn jemandem ein Ziegelstein auf den Kopf fällt, es braucht dieses auslösende Moment! Übrigens passiert genau das in einem der größten Hollywoodfilme aller Zeiten, in „Ben Hur". Dieser Film ist Heldenreise pur! Judah Ben Hur ist der reichste Mann Jerusalems, aber die Stadt ist besetzt von den Römern (Gewohnte Welt des Mangels). Dann kommt Ben Hurs bester Freund, sein römischer Jugendfreund Messala als neuer Befehlshaber in die Stadt (Ruf des Abenteuers). Ben Hur hofft auf bessere Zeiten. Er aber verlangt von Ben Hur eine Liste mit den Namen von Rädelsführern. Ben Hur verweigert sie ihm (Weigerung). Als zu Ehren des neuen Statthalters Valerius Gratus eine Parade an Ben Hurs Haus vorbeizieht, sitzt er oben mit seiner Schwester auf dem Dach. Da löst sich ein Dachziegel und fällt – ja genau – auf den Kopf des Statthalters. Das ist das auslösende Moment. Messala opfert die Freundschaft mit Ben Hur und schickt ihn auf die Galeere. Aktwechsel, zentrale Frage: „Kann sich Ben Hur an Messala rächen?" Wie allgemein bekannt ist, kann er es, nämlich am Ende des 2. Aktes (entscheidende Prüfung) bei einem Wagenrennen, das Filmgeschichte geschrieben hat.

Das auslösende Moment ist quasi der Tropfen, der dem Fass die Krone ins Gesicht schlägt. Es gibt es immer, auch in unserem Leben. So gesehen ist das auslösende Moment keine Erfindung für nette Geschichten, sondern Realität. So läuft es eben ab. Die Geschichte der Menschheit ist voll von auslösenden Momenten. Bedeutende historische Ereignisse hatten welche. Denken sie nur an den ersten Weltkrieg. Da gab es aus damaliger Sicht Gründe, Krieg zu führen. Aber erst der Mord am österreichisch-ungarischen Thronfolger löste den Krieg tatsächlich aus. Das war ein auslösendes Moment – und wirklich passiert. Ein viertel Jahrhundert später wusste auch Adolf Hitler um den Wert des auslösenden Moments und inszenierte polnische Überfälle wie etwa den auf den Sender Gleiwitz (Unternehmen Tannenberg). So wurde „ab 5:45 Uhr zurückgeschossen". Das stimmte nicht. Sogar die Uhrzeit war gelogen.

Viele sehen im journalistischen Alltag das Problem, dass vielen Geschichten das auslösende Moment fehle. Oft bei Dokumentationen, die an einem bestimmten Tag laufen – aber warum an diesem? Warum läuft heute eine Dokumentation über Venedig? Oder über Moore? Oder über Erdbeben? Dabei wird vergessen, dass das Datum der Sendung mit dem auslösenden Moment der Geschichte oft nichts zu tun hat. Das auslösende Moment bei Venedig kann der Umzug einer Person nach Venedig sein. Oder die Ankündigung des Baus der riesigen Dämme, die die Lagune abschließen sollen. Bei den Mooren kann es eine wissenschaftliche Studie sein, die jetzt fertig ist und zeigt, dass fast alle Hochmoore im Eimer sind. Das auslösende Moment muss man eben suchen, unabhängig vom Sendetag. Das heißt nicht, dass das Sendedatum mit dem auslösenden Moment nichts zu tun haben darf. Eine Einweihung, ein Baubeginn oder eine Klimakonferenz können durchaus auch auslösende Momente sein. Meistens klaut sich die Moderation diese tagesaktuellen auslösenden Momente.

Und wenn man keines findet? Dann kreiert man eines. Das geht relativ leicht mit dem auslösenden Moment des Auftrages. Eine Sendung kann zum Beispiel sich selbst beauftragen: „Monitor hat nachgefragt" ist ein auslösendes Moment. Natürlich kein besonders überraschendes, aber es funktioniert. Die erfolgreichste Kinoreihe aller Zeiten macht es vor: Die ersten James-Bond-Filme haben als auslösendes Moment sehr oft einen Auftrag, nämlich den von „M" an Bond. Das auslösende Moment generiert im Kopf des Users die zentrale Frage.

Auch hier noch ein Tipp zur unterschiedlichen Nomenklatur: Für das Drama hat Gustav Freytag den Begriff des erregenden Moments definiert. Das ist etwa der Moment als Romeo Julia erblickt und sofort Feuer und Flamme ist. Auch da ist es das Ende des 1. Aktes.

Beispiele aus der Süddeutschen Zeitung & Kommentare

Weltbörsen – Flucht aus dem Risiko

Und so beginnt der Text:

> *Den Deutschen geht es, allen Krisen zum trotz, wirtschaftlich so gut wie schon sehr lange nicht mehr: Die Unternehmen stellen ein, die Löhne steigen, Inflation gibt es praktisch nicht, und an den Tankstellen kostet der Liter Diesel meist schon weniger als einen Euro. Und was macht die Börse? Die deutschen Aktien hatten einen der schlechtesten Jahresstarts seit langem. Binnen weniger Wochen ist der Deutsche Aktienindex (Dax) auf den Stand von 2014 gesunken. Allein am Montag verlor er 3,8 % und unterschritt die Marke von 9000 Punkten, am Dienstag ging der Kursverfall weiter. Gute Wirtschaft, schlechte Börse – wie passt das zusammen? (Süddeutsche Zeitung vom 10.2.2016)*

Das ist der komplette erste Akt, bestehend aus einer gewohnten Welt (uns geht es wirtschaftlich super) und dem Ruf (der Börse geht es schlecht), dann wird die zentrale Frage gestellt. Wie gesagt, die zentrale Frage muss sich vor allem im Kopf des Users generieren, man kann sie aber jederzeit auch ausschreiben, nicht nur in der Zeitung, auch im Hörfunk und im Fernsehen. Ein anderes Beispiel von der Meinungsseite der Süddeutschen:

Atomstaat Japan

Kein Staat bemüht sich so entschlossen um nukleare Abrüstung wie Japan. Zugleich jedoch setzt keiner so sehr auf Atomkraft. Und keine andere Regierung versucht so aggressiv, ihre Atomtechnik ins Ausland zu verkaufen. Das offizielle Tokio hat darin bis dato keinen Widerspruch erkannt. Es hält die Kernkraft für grüne Energie , weil sie kein CO2 produziert. Auf ihre Gefahren angesprochen, reagierte man bisher entrüstet: Die Kernkraftwerke sind sicher. Basta. Die meisten Japaner haben das akzeptiert. Viele wollten nicht wahrhaben oder es war ihnen tatsächlich nicht bewusst, dass ein Atomunfall ganze Landstriche auf Jahrhunderte hinaus unbewohnbar machen kann.

Nun ist aber gerade Japan das einzige Land, das jemals Angriffe mit Atombomben erlitten hat. Die US-Bomben auf Hiroshima und Nagasaki töteten etwa 150.000 Menschen sofort. Mindestens so viele kamen in den Wochen und Jahren danach ums Leben, meist starben sie langsam und qualvoll als Folge der Verstrahlung.

420 000 Japaner wurden als Hibakusha anerkannt, als geschädigte Überlebende der Atomangriffe. Der Horror von Hiroshima und Nagasaki hat das Selbstbild Japans als Opfer geprägt.

Trotz dieses nuklearen Traumas aber begann Japan schon 1954 mit amerikanischer Hilfe Atomkraftwerke zu planen. Damals schien alles machbar zu sein, der Glaube an die Technik kannte keine Grenzen. Und Japan, im Krieg gedemütigt und geschlagen, wollte zurück an die Spitze zumindest in der Technologie. 1966 ging der erste Reaktor ans Netz. Heute sind es 55, neuerdings werden einige von ihnen mit einem Gemisch von Uran und Plutonium betrieben. Dazu transportiert Japan Plutonium um die halbe Welt. Umweltschützer halten dies für grob fahrlässig. Nippon deckt 30 Prozent seines Elektrizitätsbedarfs mit Kernenergie. Und es soll mehr werden. Zwei neue Reaktoren sind im Bau, elf in Planung. Ein schneller Brüter arbeitet als Versuchsreaktor. (Süddeutsche Zeitung vom 13.3.2011).

Ich will nicht länger nerven und breche das nach einem guten Drittel ab. Tja... Irgendwie fragt man sich nach einiger Zeit, was das Ganze soll. Das Thema ist irgendwie Japan und seine Atomgläubigkeit. Aber das ist noch keine Geschichte. Die zentrale Frage fehlt, ich zumindest erkenne keine. Die Geschichte plätschert vor sich hin. Das ist der häufigste Fehler und vor allem der gefährlichste beim Geschichtenerzählen: Es fehlt die zentrale Frage.

Im Fernsehen: Gerne gemachte Fehler sind Wendepunkte ohne Bildebenenwechsel

Es gibt nicht einmal einen Schnitt, optisch läuft es einfach weiter. Wenn aber eine Definition des auslösenden Momentes ist, dass die Geschichte in eine ganz andere Richtung läuft, dann sollte man es nicht beim selben Bild belassen. Oft gesehen bzw. gehört sind Passagen, bei denen die Musik einfach weiterläuft. Hier wächst also etwas zusammen, das nicht zusammen gehört.

Der Held wechselt von der Tag- auf die Nachtseite. Also muss hier eine eindeutige Zäsur her. Zum Beispiel beim „Herr der Ringe – die Gefährten". Frodo und Sam verlassen das Auenland. Da bleibt Sam unvermittelt stehen und sagt: „Es ist soweit." Frodo: „Was ist soweit?" Sagt Sam: „Wenn ich noch einen Schritt mache, bin ich so weit von zuhause weg wie noch nie zuvor." Frodo geht ein paar Schritte zurück, klopft Sam auf die Schulter und meint: „Weißt du, was Bilbo immer gesagt hat? Es ist eine gefährliche Sache, Frodo, aus der Haustüre hinauszugehen. Du betrittst die Straße, und wenn Du nicht auf deine Füße aufpasst, kann man nicht sagen, wohin sie dich tragen."

Meiner Meinung nach noch besser ist der Akt-Übergang beim ersten Harry-Potter-Film. Harry muss mit seinem Wagen samt Eule kräftig auf die steinerne Wand zwischen Gleis neun und Gleis zehn zusteuern und verschwindet darin. Weg ist er! Es ist wohl inzwischen das berühmteste Eisenbahngleis der Welt, Gleis $9^{3/4}$. Er wechselt die Seiten, von der Welt der so genannten Muggel in die Welt der Hexen und Zauberer. Das erste, was er hier sieht, ist eine dampfende Lok, der Hogwarts-Express. Extrem gefeiert wird der Akt-Wechsel bei „Titanic". James Cameron geizt da gar nicht und lässt sich zwei Minuten Zeit für den Übergang. Jack und sein italienischer Freund gewinnen beim Kartenspiel die Schiffspassage. „Ich fahre nach Amerika!" ruft der Italiener, doch da gibt es noch jede Menge Widerstände zu überwinden. James Cameron baut so genannte Schwellenhüter ein, also mythologische Figuren, die den Helden aufhalten sollen. Da antwortet ein älterer Herr schadenfroh: „Nein, Kumpel. Die Titanic wird nach Amerika fahren, in fünf Minuten!" Er lacht hämisch und zeigt auf eine Uhr an der Wand, auf der es tatsächlich fünf Minuten vor…na? Ja klar, fünf Minuten vor zwölf ist. Man könnte annehmen, dass Cameron hier Geschichtsklitterung betreibt, man könnte es ihm auch nicht verübeln. Tatsächlich aber legte die Titanic in Southhampton kurz nach zwölf Uhr ab. Aber diesen Ball vom Elfmeterpunkt macht ein James Cameron eben rein. Was passiert dann? Die beiden beeilen sich, die Musik setzt ein, ein irisches Thema, sie hetzen durch die Menge, weichen einem Pferdefuhrwerk aus, erreichen die Brücke zum Schiffseingang („Warten Sie, wir sind Passagiere!") – und werden dort gestellt: „Sind sie schon bei der Untersuchung gewesen?" lautet die Frage. „Natürlich! Wir haben sowieso keine Läuse, wir sind Amerikaner, mein Freund und ich!" Naja…auf jeden Fall müssen sie den letzten Meter sogar springen, weil die Anlegebrücke schon zurückgezogen werden sollte. Als Zuschauer passiert einem dabei etwas Gruseliges: Man hofft, dass Jack es noch schafft, trotz aller Widerstände, obwohl man ja genau weiß, was dann ziemlich genau viereinhalb Tage später passiert. Das ist große Kunst!

Doch damit nicht genug. Nun setzt sich der Dampfer in Bewegung, die Schiffsschrauben bewegen sich, die Taue werden gekappt, die Passagiere winken ihren Angehörigen zu oder einfach so, wie etwa Jack, der von seinem Freund gefragt wird, ob er jemanden kennen würde. Die Antwort: „Nein, natürlich nicht, aber darum geht's nicht." Daran sieht man: Jack ist dieser Moment voll bewusst, er will ihn feiern – und mit ihm der Zuschauer.

Zugegeben: Im Fernsehalltag sind Requisiten wie die Titanic äußerst selten. Aber darum geht es ja eben auch nicht! Es geht um Symbolbilder, die ein „Jetzt geht's-los"-Gefühl auslösen, die das Aufbrechen in die Nachtseite der Heldenreise zeigen. Erinnern Sie sich? Tag- und Nachtseite? Das ist aus der Bibel entlehnt. Auf der Tagseite kennt sich der Held aus („Es werde Licht!"). Die Nachtseite ist der 2. Akt, eben das Dunkle, das Unbekannte.

Das geht auch eine Nummer kleiner als bei James Camerons „Titanic": Der Taucher setzt sich die Brille auf, der Bergsteiger schnürt sich die Stiefel (der Fußballer auch), der Chirurg zieht seinen Kittel an. Selbst das Ablegen der Titanic geht symbolisch ähnlich gut mit einem Ruderboot: Man löst das Tau, nimmt die Ruder, Großaufnahme: Mit dem Ruder stößt man sich vom Ufer ab, Halbtotal: Ufer und Boot, man sieht, dass sich das Boot entfernt.

Symbolische Handlungen sind hier auch Gänge, eben „Über"-Gänge: Der Forscher betritt sein Labor, der Chirurg öffnet die Tür zum OP, der erste Schritt des Bergsteigers, das rückwärtige Springen des Tauchers. Gerne gesehen sind hier Türen, Treppen, Tore, durch die der Held schreitet.

Was mir wichtig ist: Man sollte sich des Übergangs bewusst sein und ganz ernsthaft darüber nachdenken, wie man ihn dem Thema gerecht zelebriert. Das sollte man nicht auf das Fernsehen begrenzt sehen. Im Radio geht das genauso wie in der Zeitung, nur eben ohne Bild. Man beschreibt es dann eben. Im Radio helfen dann natürlich Geräusche, sich öffnende, knarzende Türen etwa oder eine Türklingel.

Und jetzt zum Hörfunk-Beispiel, weil es so schön ist: Erinnern sich an die Dokumentation über Disraeli? Der Anfang hat mir schon gut gefallen, weil er so kurz und knapp war. Nur die Anfangsattribute, die nötig waren. Ich muss gar nicht kürzen, sondern mache da weiter, wo wir aufgehört hatten, in einem Salon in St. James. Ein gutes Beispiel, das zeigt, dass das auslösende Moment auch durch andere Strukturelemente der Heldenreise vertreten sein kann, diesmal ist es eine Weigerung. Es ist so kurz und daher noch mal von Anfang an, bis zum Ende des ersten Aktes:

> *London, 1834. Im Salon der Caroline Norton im vornehmen Stadtteil St. James trifft sich, wer zur Elite der englischen Gesellschaft gehört. Unter den Anwesenden ist ein Mann, der durch sein schrilles Outfit, seine dunklen Locken, seine geheimnisvollen Augen, kurz, seine Exotik auffällt: Benjamin Disraeli, 29 Jahre alt, bekannt als Schriftsteller und dafür, dass er von Londons Ladies heiß umschwärmt wird.*
> *Ebenfalls unter den Gästen: Viscount Melbourne, amtierender Innenminister und zukünftiger Premierminister. Er fragt Disraeli, was er einmal werden wolle. Disraeli, der es ein Jahr zuvor gewagt hatte, in die Politik einzusteigen, antwortet: „Premierminister!"*
> *Darauf Melbourne: „Das ist unmöglich in unserer Zeit, das ist alles schon arrangiert und festgelegt, niemand kann es mit Stanley aufnehmen, wenn sie es umsichtig angehen, werden Sie es zweifellos zu etwas bringen, Sie müssen sich aber diese Hirngespinste aus dem Kopf schlagen, die führen zu nichts, Stanley ist der nächste Premier, Sie werden sehen."*
> *(Bayerischer Rundfunk, 10.6.2013)*

Oft wird die Frage gestellt, ob im Magazinbereich die zentrale Frage nicht an den Anfang gehört, also in die Moderation. Das kann man schon machen, allerdings hat sie dann noch keine Fallhöhe. Manche Redaktionen bestehen dennoch darauf mit der nicht ganz falschen Argumentation, dass der Zuschauer oder Zuhörer eben gleich wissen wolle, worum es geht. D. h. aber nicht, dass der erste Akt sich dann die zentrale Frage sparen kann! In der 3-Akt-Struktur ist der erste Akt die Rechtfertigung der Geschichte mit auslösendem Moment und zentraler Frage, nicht die Moderation. Das gilt übrigens auch für die Zeitung. Sehr oft findet sich die zentrale Frage in der Überschrift, manchmal als Behauptung. Dennoch ist der erste Akt dazu da, wieder mit der zentralen Frage abzuschließen. Dieser Zeitungsartikel nimmt es dabei sehr genau, die Überschrift groß und fett:

> ***In der Schönspieler-Falle***

unten drunter dann:

> *Nach der Auftakt-Niederlage der hoch veranlagten belgischen Mannschaft stellt sich in der Heimat die Frage: Ist Trainer Marc Wilmots nicht gut genug für diese goldene Generation?*

Hier wird also in der Überschrift eine zentrale Frage gestellt. Dann beginnt der Text, hier der gesamte erste Akt:

> *Lyon – Manchmal herrscht sogar in der Hölle Verzweiflung. „Rote Teufel" werden die belgischen Fußballer genannt, weil Rot ihre Trikotfarbe ist und weil das teuflische von fußballerischer Erbarmungslosigkeit zeugen soll. Theoretisch. Das waren aber arme Teufel, die da am Montag kurz vor Mitternacht im Untergeschoss des Stadions von Lyon in ihren Bus geschlichen sind. „1 Team – 1 Ambition", steht als Slogan auf diesem, aber die kollektive Ambition dieser besiegten Belgier war zunächst nur, sich zu verkriechen. Die höllische Schmach gegen Italien müssen diese Teufel erst einmal verdauen.*
> *Ratlosigkeit hat viele Gesichter. Beim bislang herausragenden Spiel dieser Europameisterschaft sah man sie im Gesicht des Flügelspielers Kevin de Bruyne, der seine Schüsse und Flanken nicht ans Ziel brachte, beim*

Stürmer Romelu Lukaku, der seine Torschüsse allesamt vergab, und beim Torwart Thibaut Courtois, der ganz allein in seinem Tor stand und jedes Mal aufgeregt schrie, wenn die Italiener wieder einen ihrer Konter starteten und Belgiens Mittelfeld überrannten. Man sah die Ratlosigkeit aber vor allem nach dem Spiel im Gesicht des Trainers Marc Wilmots, der seine Mannschaft, die in Europa zu den meist geschätzten und bei dieser EM zu den Favoriten gezählt wird, in einem großen Spiel mal wieder hatte verlieren sehen. Wilmots zuckte in der Pressekonferenz die Schultern, ließ den Kopf hängen, formulierte Sätze der Zaghaftidkeit und des Zweifels. Er werde seine Spieler nicht anklagen, sagte er nach der 0:2-Niederlage im ersten Spiel gegen Italien immer wieder, wohl wissend, dass die belgischen Medien mit ihm nicht so tolerant sein werden. Die so hoch veranlagte belgische Auswahl hat einmal mehr in einem wichtigen Spiel versagt. Das fällt auch auf Wilmots zurück und wirft die Frage auf: Ist womöglich dieser Trainer nicht gut genug für diese goldene Generation? Die Belgier haben den Ball am Montagabend 7 Minuten 48 Sekunden länger gehalten als die Italiener (Süddeutsche Zeitung, 15.06.2016)

Der letzte Satz ist schon der zweite Akt, wir können aufhören. Wichtig ist mir, dass man sieht: Die zentrale Frage steht wortwörtlich in der Überschrift und in genau gleicher Form ist sie am Ende des ersten Aktes noch einmal zu finden.

Tab. 1.9 Das Wichtigste in Kürze: „Das Ende des 1. Aktes"

Das Überschreiten der Schwelle

- Es gibt..
  - Innere und äußere Konflikte
  - sprunghafte und sich steigernde Konflikte

Das auslösende Moment

- Kann einen sprunghaften Konflikt auslösen
- Kann am Ende eines sich steigernden Konfliktes stehen
- Jeder Konflikt besitzt ein auslösendes Moment
- Typen: Fehler, Unfall, Katastrophe, Auftrag, Zufall

Eigenschaften des Wendepunktes
- Überraschung: Handlung geht in andere Richtung
- Es gibt kein Zurück mehr
- Der Antagonist ist etabliert
- Die Herausforderung ist etabliert

Das heißt also…

Dass wir nun den 1. Akt eingetütet haben. Wozu ist er da? Letztlich, um die zentrale Frage der Geschichte zu generieren. Die Fallhöhe erzeugt dabei die gewohnte Welt. Hier werden die Attribute gesät, die dann auch durch die gesamte Geschichte führen (und sich teilweise zum richtigen Zeitpunkt ändern). Der Ruf des Abenteuers ist der erste Konflikt. Er kann auch der einzige sein! Die Weigerung und auch der Mentor sind ja nur dazu da, für Wendepunkte zu sorgen – und damit für mehr Spannung. Es geht eben hin und her. Macht es der Held, macht er es nicht? Doch das muss gut überlegt sein. Benutzt man diese Elemente falsch, oder – genauso schlimm – gibt die Geschichte sie nicht her, ist also der Gebrauch schlicht konstruiert, dann wird die Geschichte schlechter. Man merkt, dass die Erzählung mäandert. Da sind keine Wendepunkte, sondern man schlingert hin und her und der User fragt sich unwillkürlich, um was es denn jetzt endlich geht. Daher bitte den Mut haben: Ich habe keine Weigerung…So what? Dann weg damit!

Wenn man keinen inneren und äußeren Konflikt hat wie bei „Apollo 13", sondern nur einen äußeren wie so oft, dann genügt nach der gewohnten Welt vielleicht der Ruf des Abenteuers, um darin den Konflikt und das auslösende Moment zu erzählen und schon ist man bei der zentralen Frage und dem Ende des 1. Aktes – auch ohne Weigerung und Mentor. Viele Konflikte sind eben plötzlich, entwickeln sich nicht (Erdbeben zum Beispiel). Dann muss man den Mut haben wegzulassen. Nur wer die einzelnen dramaturgischen Schritte der Heldenreise richtig begreift, hat aber auch die Möglichkeit, damit so umzugehen, dass er nur einsetzt, was die Geschichte besser macht. Die Geschichte fordert die Strukturen ein, nicht umgekehrt.

Von Toilettenhäuschen und Opernhäusern

Ich würde aus dem Fernsehbereich noch zwei Beispiele bringen, um die Bedeutung der dramaturgischen Muster für den journalistischen Alltag deutlich zu machen.

Die Beispiele sollen zeigen, mit welch geringem Aufwand man die Strukturen benutzen kann. Das gilt auch für nachfolgende Geschichte mit einem brisanten Thema:

Bild	Text
Totale Fußgängerzone Reißzoom auf einen Mann, *Gesicht groß* *Mann läuft eine Treppe herunter* *Und betritt ein öffentliches WC*	Manchmal haben wir einfach keine Chance mehr. Das Bedürfnis hat von uns Besitz ergriffen und wir sind absolut wehrlos. Wir müssen einfach handeln - und zwar schnell. Wir müssen eine öffentliche Toilette aufsuchen. Und dann ist es nur noch ein kleiner Schritt zur großen Erleichterung.
Toilettentür geht auf, Mann tritt ein und sieht erschrocken hinunter *Lange Kamerafahrt auf die Toilette zu und am verspritzten Rand entlang,* *Toilettensitz ganz nah*	Aber gerade der fällt oft am schwersten. Denn wir wissen nicht, was sich da auf dem Toilettensitz so alles tummelt. Sicher, die meisten Erreger landen in der Toilette, aber beim Spülen können sie wieder nach oben auf den Sitz verspritzt werden. Mangelnde Hygiene der vielen Benutzer tut ein Übriges. Alles deutet darauf hin: Das Krankheits- und Infektionsrisiko scheint hier sehr hoch zu sein.
Groß: Beine, Hose fällt auf Schuhe, *Groß: rechte Hand berührt Seitenwand der Toilette, linke Hand auch,* *Mann, der sich an den Wänden abstützt, sieht erleichtert aus*	Müssen wir also unser Geschäft in Kräfte raubender Halbhocke erledigen, um gesund zu bleiben?
Drei Menschen gehen in der Fußgängerzone eine Treppe hinunter *Die Gruppe betritt eine öffentliche Toilette*	Faszination Wissen sucht die Antwort. Mit Unterstützung des Landesamtes für Gesundheit und Lebensmittelsicherheit werden 10 öffentliche Toilettenanlagen in München unter die Lupe genommen.

Aus einer Plastiktüte werden Petrischalen entnommen und an den verschiedenen Stellen aufgesetzt	Und das sind die Fallen für die gesuchten Keime: Bakteriennährböden. Krankheitserreger können damit an jeder Stelle dingfest gemacht werden. Die Kloschüssel und -brille ist aber nicht die einzige Gefahrenquelle. Vor allem unsere Hände verbreiten Keime und beim Toilettenbesuch berühren wir mehr Oberflächen als uns bewusst ist.

Quelle: Bayerischer Rundfunk, Faszination Wissen 2006

Auch hier können wir leicht die Figuren und Strukturen abfragen. Der Held ist eindeutig der Toilettenbesucher. Er muss wirklich richtig leiden. Gut gespielt von einer Kunstfigur. Die gewohnte Welt, in der er sich befindet, ist uns allen bekannt, vor allem der Mangel daran. Wer kennt das nicht? Man ist in der Stadt beim Einkaufsbummel, es dauert dann doch länger und man muss aufs Klo. Der Ruf des Abenteuers ist hier ein richtiger „Point of Attack": Der Anblick einer in der Tat ekelhaften Aluminium-Toilette. Igitt! Prompt kommt die Weigerung des Helden: Da setze ich mich nicht drauf! Und er stützt sich an den Wänden ab, begibt sich in die Halbhocke und erledigt sein Geschäft.

Das auslösende Moment ist in diesem Fall ein Auftrag der Sendung an sich selbst. Die Gruppe der drei Leute, die das jetzt untersuchen, sind die Mentoren, die für den Helden und damit auch für den Zuschauer das herausfinden wollen: „Müssen wir also unser Geschäft in Kräfte raubender Halbhocke erledigen, um gesund zu bleiben? Faszination Wissen sucht die Antwort." Darin steckt dann auch schon die zentrale Frage: Wie gesundheitsgefährlich sind öffentliche Toiletten? Und auch hier haben wir einen Heldenwechsel.

Gewohnte Welt, Ruf des Abenteuers, Weigerung, Mentor, auslösendes Moment, zentrale Frage. Alles drin in diesen ersten 1:16 Min. von insgesamt 6:41 Min. Mit der Probennahme beginnt der zweite Akt.

Man sieht also, man braucht nicht immer viel Zeit für diese Strukturen. Ich hatte vorhin den häufigsten Fehler beim Schreiben von Geschichten schon benannt, es ist das Fehlen einer zentralen Frage. Der zweite häufige

Fehler ist das Gegenteil: Es gibt gleich mehrere zentrale Fragen. Dauernd wird man auf eine andere Fährte angesetzt, wie folgender Beitrag zeigt. Und dazu noch etwas Besonderes: Der Beitrag wurde von Volontären des Bayerischen Rundfunks bearbeitet, neu geschnitten, neu getextet und gemischt. Der Unterschied ist gewaltig und zeigt, wie man noch im Schnitt aus einem schwachen einen zumindest sendbaren Film machen kann – ohne zusätzliches Material.

Bild	**Text**
Außentotale, Zoom: Festspielhaus	Bayreuth 2009. Rein äußerlich täuscht der grüne Hügel wie immer herausgeputzt für den Höhepunkt des Jahres Normalität vor.
Innen: Wolfgang Wagner tanzend, mit Tänzerinnen, erklärend	Doch hinter den Kulissen im Festspielhaus ist nicht mehr so wie es war. Vorbei sind die Zeiten, als Wolfgang Wagner das geniale Erbe seines Großvaters Richard Wagner künstlerisch und finanziell unumschränkt verwaltete.
Wagner nimmt im Saal in einer Stuhlreihe Platz	Sein Wille war stets Befahl. Für ihn zu arbeiten war eine Ehre. Die Entlohnung dafür soll sittenwidrig gewesen sein, behauptet die Dienstleistungsgewerkschaft Verdi. Doch niemand hätte es je gewagt, dagegen zu protestieren.
O-Ton Verdi-Vertreter	„Die Vorderhaus-Beschäftigten, die einlassen und die Garderoben machen, die hatten einen Stundenlohn, der liegt bei 1,30 ungefähr.“
Wagner wird applaudiert, er steht auf, lächelt, winkt	Im vergangenen Jahr verabschiedete sich nach langem Gezerre um seine Nachfolge der greise Prinzipal. Mit ihm ging im August 2008 auch eine Ära zu Ende.

Beide Wagner-Töchter *Wagner-Tochter vor Journalisten, blitzende Kameras* *Wagner-Tochter spricht*	Seitdem leiten seine beiden Töchter, die Halbschwestern Eva Wagner-Pasquier und Katharina Wagner die neuen Festspiele. Doch nicht unumschränkt wie ihr Vater, sondern als Angestellte einer GmbH, an der die Stadt Bayreuth, der Freistaat Bayern, der Bund sowie der Unterstützerkreis „Freunde von Bayreuth" beteiligt sind.
Aufbauarbeiten, Bühnenarbeiter	Dieser komplizierten Festspielgesellschaft hat Verdi Anfang Juni den Kampf angesagt. Die Dienstleistungsgewerkschaft fordert für die 60 fest angestellten Bühnenmitarbeiter und die mehr als 100 Zeitkräfte einen Tarifvertrag wie im öffentlichen Dienst – und damit wesentlich mehr Geld. Die meisten Arbeitsverträge für das technische Bühnenpersonal stammen noch aus der Ära Wolfgang Wagners. Viele schuften für ein Drittel des üblichen Tariflohns im Schnitt 57,5 Stunden die Woche. Deshalb weiß die Festspielleitung:
O-Ton Sprecher Festspiele	„Dass eine Form gefunden werden muss, die für die Festspiele passt, die den Gegebenheiten Rechnung trägt und die gleichzeitig eine Gerechtigkeit herstellt."
Verhandlungsführer gehen durch Tür in ein Haus *Tür geht zu*	Weil allerdings 2 Verhandlungsrunden ergebnislos geblieben sind, hat Verdi eine für Bayreuth ungeheuerliche Drohung ausgesprochen. Sollte es zu keiner Einigung kommen, will die Dienstleistungsgewerkschaft die Premiere am 25. Juli platzen lassen.
O-Ton Verdi-Vertreterin	„Das künstlerische Personal wäre noch einsatzbereit. Vielleicht könnte man im Dunkeln Musik hören, das wäre sicherlich denkbar, aber die Technik würde nicht funktionieren."

Großer Andrang vor dem Festspielhaus, Angela Merkel mitten drin Journalisten, Fotografen *Proben: Ein Tenor singt auf der Bühne*	Unvorstellbar, dass Angela Merkel und Co. in knapp zwei Wochen statt wie gewohnt Tristan und Isolde eine triste Veranstaltung ohne Licht und ohne Kulisse droht. Dabei riskiert Verdi sogar, sich ins eigene Fleisch zu schneiden, denn der deutsche Gewerkschaftsbund vertreibt selbst 3400 Karten für 2 der 30 Aufführungen. Auch sie könnten dem Streik zum Opfer fallen. Noch sitzen die beiden Tarifparteien hinter verschlossenen
Hausfassade außen, geschlossene Jalousie *Haus von außen, Zoom auf ein Fenster*	Türen im Festspielhaus zusammen. Ein gutes Zeichen, denn nach mehr als 10 Verhandlungsstunden wäre alles andere als eine Einigung undenkbar.

Quelle: Bayerischer Rundfunk, Geld & Leben 2009

Tja, um was geht es denn hier? Was das erste Beispiel nicht hatte, nämlich ein auslösendes Moment und damit eine zentrale Frage, hat dieser Beitrag zu viel. Hier gibt es viele Sätze, die sogleich zentrale Fragen nach sich ziehen.

„Vorbei sind die Zeiten, als Wolfgang Wagner das geniale Erbe seines Großvaters Richard Wagner künstlerisch und finanziell unumschränkt verwaltete.“ Ist ein solcher Satz. Die zentrale Frage lautet: Was kommt nach Wolfgang Wagner? Und weiter geht’s:

> *„Für ihn zu arbeiten war eine Ehre. Die Entlohnung dafür soll sittenwidrig gewesen sein, behauptet die Dienstleistungsgewerkschaft Verdi.“*

Aha! Zentrale Frage: Hat Wolfgang Wagner seine Mitarbeiter sittenwidrig bezahlt? Das ist nun eine ganz andere Frage als die erste und damit hat der Film auch ein ganz anderes Thema. Aber damit nicht genug, der Themenslalom geht noch weiter:

„Mit ihm ging im August 2008 auch eine Ära zu Ende. Seitdem leiten seine beiden Töchter, die Halbschwestern Eva Wagner-Pasquier und Katharina Wagner die neuen Festspiele."

Also Kehrtwende! Jetzt geht es wieder um die Nachfolge. Zentrale Frage: Wie werden die beiden Nachfolgerinnen die Festspiele leiten?

Und nochmals eine Wende:

„Dieser komplizierten Festspielgesellschaft hat Verdi Anfang Juni den Kampf angesagt. Die Dienstleistungsgewerkschaft fordert für die 60 fest angestellten Bühnenmitarbeiter und die mehr als 100 Zeitkräfte einen Tarifvertrag wie im öffentlichen Dienst – und damit wesentlich mehr Geld."

Jetzt haben wir es! Die zentrale Frage lautet: „Kann Verdi endlich eine höhere Bezahlung der Mitarbeiter durchsetzen?

Ab hier geht es dann wirklich genau um dieses Thema der Bezahlung. Allerdings ist mehr als die Hälfte (!) des Beitrages vorbei, die zentrale Frage ändert sich also nicht nur andauernd, die wirkliche zentrale Frage kommt viel zu spät. Ich bin mir sicher, dass bei der Entstehung dieses Films nicht über eine zentrale Frage oder einen Kernsatz gesprochen wurde. Ich mutmaße mal, dass so ein Satz gefallen ist wie: „Du, die streiten in Bayreuth, mach was drüber."

Aber mit dem Wissen über die 3-Akt-Struktur hätte man sogar noch im Schneideraum und dann bei Texten etwas daraus machen können. Hier das Beispiel von Volontären des Bayerischen Rundfunks. Lesen Sie doch bitte und bemerken Sie den frappanten Unterschied in der Qualität.

Beispiel 1

Bild	**Text**
Tenor singt	Tristan und Isolde, der Klassiker bei den Wagner-Festspielen. Immer aufwändig inszeniert.

Aufbauarbeiten, Bühnenarbeiter	Dafür geben sie alles: Mehr als 57 Stunden die Woche reiben sich die Arbeiter hinter den Kulissen auf, stets bemüht, die Anforderungen ihres Meisters zu erfüllen.
Wolfgang Wagner *Wolfgang Wagner tanzend, mit Tänzerinnen,*	Wolfgang Wagner, Enkel von Richard Wagner, alleiniger Leiter der Festspiele seit 1966. Seit 45 Jahren tanzt das Festspielhaus nach seiner Pfeife. Unter ihm wurden die Festspiele groß – und
Festspielhaus außen	profitabel. Und das hat seinen Preis.
Wagner wird applaudiert, er steht auf, lächelt, winkt	Als der Patriarch abdankt, kommt heraus: Er hat die Bühnenarbeiter schlecht bezahlt, ihre Löhne fast sittenwidrig, sagt die Gewerkschaft Verdi.
O-Ton Verdi-Vertreter	„Die Vorderhaus-Beschäftigten, die einlassen und die Garderoben machen, die hatten einen Stundenlohn, der liegt bei 1,30 ungefähr.“
Beide Wagner-Töchter Wagner-Tochter vor Journalisten, blitzende Kameras	Als Wagners Töchter, Eva Wagner-Pasquier und Katharina Wagner übernehmen, könnte eine neue Ära beginnen. Aber: Fehlanzeige!
Verhandlungsführer gehen durch Tür in ein Haus	Auch die neue Festspielleitung denkt wirtschaftlich. In Bayreuth bricht ein Tarifstreit aus. Schwierige Verhandlungen stehen bevor. Die Arbeiter fordern den Tarif für Angestellte des öffentlichen Dienstes. Jetzt ist das möglich. Das Festspielhaus ist seit dem Abgang Wagners halb in staatlicher Hand. 17 Stunden wird verhandelt, ohne Ergebnis. Die Festspielleitung ist dennoch zuversichtlich.
O-Ton Sprecher Festspiele	„Dass eine Form gefunden werden muss, die für die Festspiele passt, die den Gegebenheiten Rechnung trägt und die gleichzeitig eine Gerechtigkeit herstellt.“

Verhandlungsführer gehen durch Tür in ein Haus	Also noch eine Verhandlungsrunde. Die Festspielleitung bleibt weiterhin stur, während die Arbeiter auf der Lohnerhöhung beharren. Gibt es keine Einigung, drohen sie jetzt mit Streik.
O-Ton Verdi-Vertreterin	„Das künstlerische Personal wäre noch einsatzbereit. Vielleicht könnte man im Dunkeln Musik hören, das wäre sicherlich denkbar, aber die Technik würde nicht funktionieren."
Umgedrehte Außeneinstellung: Zoom weg von Festspielhaus	Seit Jahren werden hinter diesen Mauern ungerechte Löhne bezahlt.
Proben mit Tenor	Jetzt soll es Konsequenzen haben. Tristan ohne Licht? Denn ohne den Techniker geht gar nichts.
Großer Andrang vor dem Festspielhaus, Angela Merkel mitten drin Journalisten, Fotografen	Ein Desaster. Schließlich ist wie jedes Jahr die gesamte politische Elite geladen. Und es sind nur noch drei Tage, bis Merkel kommt und die Premiere anschauen will. Es muss etwas passieren!
Verhandlungsführer gehen durch Tür in ein Haus	Die dritte Verhandlungsrunde beginnt und endlich werden die Arbeiter gehört. Morgen wird mit einem Kompromiss gerechnet. Dann hätte der Skandal um die Dumpinglöhne im Festspielhaus ein Ende.
Bühnenarbeiter	Deshalb bauen die Arbeiter auch weiterhin an der Premierenbühne, denn sie haben Eckpunkte für einen ordentlichen Tarifvertrag durchgesetzt. Neue Zeiten sind in Bayreuth angebrochen, denn jetzt ist klar: Die Bühnenarbeiter sind eine wichtige Säule der Festspiele. Ihre Position ist jetzt gefestigt.

Quelle: Bayerischer Rundfunk 2011, nicht ausgestrahlte Umarbeitung

Mit Tristan und Isolde fängt der Film an. Das ist, wenn man Wagner mag, nicht langweilig. Der neu geschnittene Film erzeugt Empathie: „Das, lieber Zuschauer magst Du", und die (Bühnenarbeiter) sorgen dafür, dass Du das bekommst. Das ist die gewohnte Welt: schuftende Bühnenarbeiter, damit es dem Zuschauer und Zuhörer gut geht. Zu der gewohnten Welt gehört auch der ewige Ausbeuter, Wagner. Aber jetzt ist Schluss! Der Ruf: Machtwechsel in Bayreuth!

„Als Wagners Töchter, Eva Wagner-Pasquier und Katharina Wagner übernehmen, könnte eine neue Ära beginnen. Aber: Fehlanzeige!

Auch die neue Festspielleitung denkt wirtschaftlich." Der Ruf des Abenteuers wird im Keim erstickt (Weigerung), das ruft den Mentor auf den Plan (Verdi).

„Die Arbeiter fordern den Tarif für Angestellte des öffentlichen Dienstes." Das ist das auslösende Moment, das die zentrale Frage stellt: Bekommen die Angestellten in Bayreuth endlich gerechte Löhne?

Ich möchte darauf hinweisen, dass diese Verbesserung auch im zweiten Akt unglaublich gut funktioniert. Die Gruppe, die das bearbeitet hat, macht da vieles richtig. Sie macht aus der Not eine Tugend: Sie nimmt die Szene her, wo die Leute durch die Tür laufen, drei mal (Erinnern Sie sich: Aschenputtel? Drei Prüfungen!), dann sogar, und ich texte jetzt mal voraus, weil wir den zweiten Akt noch gar nicht kennen, eine tiefste Höhle. Sie haben es wahrscheinlich erraten: Wenn Merkel kommt („Ein Desaster"). Eine entscheidende Prüfung, eben die dritte Sitzung, eine Belohnung, Verdi hat seine Forderungen durchgesetzt. Alle Punkte der Heldenreise bis zum Ende des 2. Aktes! Und ein dritter Akt, wie im Journalismus eben gut ist, eine Zusammenfassung, eine Bewertung, eine Analyse. Auch das ist eine Aschenputtel-Geschichte: Die Arbeiter in Bayreuth haben zu Beginn keine gute Bezahlung, vor allem aber keine Wertschätzung. Und daher ist der letzte Satz des Films so wichtig, um die Veränderung klarzumachen. Sie sind jetzt auf Augenhöhe, haben endlich die Wertschätzung, die sie verdienen. Auch hier sieht man wieder: Ausgangsattribute verwandeln sich zu End-Attributen, es geht immer um Veränderung.

Kurzstruktur – Prätreatment

Unglaublich aber wahr: Immer noch gibt es viele Redaktionen, die keine Treatments verlangen. Ich habe sogar letzthin eine Redaktion kennen gelernt, die nicht einmal die Texte der Autoren aufbewahrt. Das ist schon skurril: Vor dem Seminar: „Bitte schicken Sie mir die Texte der Filme". Antwort: „Die haben wir nicht." Eine Redaktion, die die Texte der Autoren nur mündlich abnimmt, eben im Schnitt. Man verzichtet hier auf eine wichtige Fehlerkorrektur. Und daher zu den Hausarbeiten: Wer gerne vor dem Schreiben des Treatments die wichtigen Punkte zu Papier bringen möchte, dem sei eine Art Prätreatment ans Herz gelegt. Es geht darum, sich selbst darzulegen, wer eigentlich der Held und wer der Antagonist oder die Herausforderung ist und welche Attribute sie haben. Dieses Prä-Treatment, Sie können es auch gerne „Struktur" nennen, werde ich nach den Akten 2 und 3 in dann noch ausgefeilterer Form anbieten wollen. Sie sparen damit Zeit, wirklich. Ich kenne die Einwände: Aber damit enge ich mich doch ein! Überhaupt nicht. Auch nicht bei den aktuellen Redaktionen, wo die Zeit sehr knapp ist. Im schlechtesten Fall haben sie einen Plan, im besten Fall sogar schon eine Struktur. Es ist ja nicht so, als hätte man vorher keine Recherche gemacht. Nur wenn Sie eine Struktur haben, werden Sie auch den Mut besitzen, diese Struktur zu ändern. Vor Ort. Warum nicht? Es ist wirklich am besten, wenn Sie mit der Redaktion vorher eine zentrale Frage vereinbaren. Das ist wie eine Art Vorvertrag. Und Sie müssen sich einfach die Freiheit nehmen, die zentrale Frage zu verändern, wenn die Geschichte an der Front ganz anders aussieht. Ich bin mir sicher, dass die Redaktion das einsieht. So sieht das in der Tabelle 1.2 „Die Struktur – das Prätreatment" aus:

Thema: *Tarifstreit zwischen Verdi und Wagner-Festspielen* **Zentrale Frage:** *Können die Bühnenarbeiter einen Tariflohn durchsetzen?* **Attribute des Helden:** *Jahrzehnte lang sittenwidrig bezahlt, nie aufbegehrend, jetzt endlich bereit zum Streit*	
1. Akt	
Miniatur	*Parallelschnitt: Held und Antagonist (die einen schuften, die anderen glänzen)*
Gewohnte Welt	*Bühnenarbeiter arbeiten zu sittenwidrigen Löhnen*
Ruf des Abenteuers	*Machtwechsel in Bayreuth*
Weigerung	*Nichts passiert!*
Mentoren	*Verdi ruft auf zum Streik!*
Auslösendes Moment und Überschreiten der Schwelle	*Verdi ruft auf zum Streik!* *Beginn von Verhandlungen*

So ein Prätreatment auszufüllen kostet nur ein paar Minuten, ist aber ein guter Kontrolleur, ob man das Notwendigste wirklich überdacht hat. Und damit ist der erste Akt wirklich vollbracht. Zum Akt-Ende noch einmal eine

Tab. 1.10 Zusammenfassung des gesamten ersten Aktes

- 3-Akte bedeuten 2 Wendepunkte
- Helden müssen leiden
- Charakter bestimmt Plot
- Gewohnte Welt = Ausgangsattribute
- Ruf des Abenteuers = Konflikt
- Eine Geschichte ist die Suche des Helden nach dem verloren gegangenen Gleichgewicht
- Am Besten: Konflikt „scheibchenweise" (innerer/äußerer)
- Jede Geschichte besitzt ein auslösendes Moment
- Das auslösende Moment führt zur Zentralen Frage
- Jede Geschichte hat eine Zentrale Frage
- Es gibt genau eine Zentrale Frage (nicht mehrere)
- Aktübergang „zelebrieren"

Literatur

Bronner V. (2004) Schreiben fürs Fernsehen. Autorenhaus, Berlin
Egri L. (1946) Dramatisches Schreiben. Autorenhaus, Berlin
Field S. (1979) Das Drehbuch. Autorenhaus, Berlin
Frey J.N. (1987) Wie man einen verdammt guten Roman schreibt. Emons
Frey J.N. (2000) The Key. Emons
Hammann J. (2007) Die Heldenreise im Film. Zweitausendeins, Frankfurt a. M.
Hiltunen A. (1999) Aristoteles In Hollywood. Bastei-Lübbe, Bergisch-Gladbach
Krützen M. (2004) Dramaturgie des Films. Fischer, Frankfurt a. M.
Stevens A. (2004) Jung. Panorama, Wiesbaden
Lampert M., Wespe R. (2011) Storytelling für den Journalisten. UVK, Konstanz
Vogler C. (1997) Die Odyssee des Drehbuchschreibers. Zweitausendeins, Frankfurt a. M.

Der zweite Akt

2

2.1 Prüfungen und Verbündete

In Hollywood gilt der zweite Akt als der schwierigste. Das liegt vor allem an seiner Länge: Man muss über eine Stunde für Hochspannung sorgen. Für den Journalisten ist das Gegenteil der Fall; der zweite Akt ist der leichteste. Warum? Er ist das Kondensat einer DPA-Nachricht („Neue Operationsmethode erfolgreich getestet", „Gesundheitsreform endlich verabschiedet", „FC Bayern wieder Tabellenführer", „Evakuierung nach Vulkanausbruch erfolgreich"). Hier kann der Journalist endlich frei von der Leber schreiben, der zweite Akt stellt sich quasi von alleine auf. Der Fernsehjournalist darf einfach draufhalten, abfilmen (ob Operation, Bundestag oder Vulkanausbruch). Der Unterschied zu Hollywood ist klar: Der Journalist muss den zweiten Akt scheinbar nicht groß „bauen", den ersten und dritten aber schon. Übrigens – in abgeschwächter Form – auch bei der Reportage. In Hollywood müssen alle drei Akte „gebaut" werden, daher ist der längste meist der Schwierigste. Eines aber haben Hollywood und der Journalismus gemeinsam: Der zweite Akt ist der, warum wir die Geschichte machen.

> *Slogan aus Hollywood:*
> *„Im ersten Akt jagst Du Deinen Helden auf einen Baum, im zweiten wirfst Du Steine nach ihm, im dritten kannst Du ihn herunter kommen lassen. Aber der zweite Akt ist entscheidend: der Prozess des Steine Werfens!" (Krützen 2004, S. 194)*

Schon Aristoteles hat erkannt, dass der zweite Akt sich von den beiden anderen dadurch unterscheidet, dass er an beiden Enden etwas „hängen" hat: „Eine Mitte ist, was sowohl selbst auf etwas anderes folgt als auch etwas anderes nach sich zieht.“ (Aristoteles 1982, S. 25) Er ist in der Tat eine Art Doppelstecker: Davor ist der erste Akt (vor dem eben nichts ist), danach beginnt der dritte Akt (hinter dem nichts ist). Banal? In meinen Augen nicht, denn der zweite Akt ist für die Entwicklung verantwortlich, also dafür, dass sich der dritte Akt sehr wohl vom ersten unterscheidet. Er fängt oft langsam an, nimmt an Fahrt auf, wird spannender und hat einen klaren Höhepunkt (entscheidende Prüfung und Belohnung). Dieser Höhepunkt ist in Hollywood der zweite Aktionshöhepunkt (wenn man den Konflikt im ersten Akt als einen solchen ansieht) und in journalistischen Geschichten oftmals der Höhepunkt überhaupt (Aristoteles: Anagnorisis). Wie kommt man da hin? So einfach ist es eben auch nicht, ich möchte darstellen, wie man mit Hilfe der Drei-Akt-Struktur und der darin enthaltenen Heldenreise diesen zweiten Akt so gut wie möglich machen kann. Um es in drei Worten zu sagen: Der zweite Akt besteht aus…

…Prüfungen, Prüfungen, Prüfungen…

Und zwar in aufsteigender Form. Warum das so sein muss, möchte ich später in der Tat belegen. Und ich werde den Prüfungen auch ein eigenes Kapitel widmen und sie dort Sequenzen nennen. So nennen die Leute in Hollywood meistens die Prüfungen der Heldenreise.

Zunächst zu einer speziellen Stelle des 2. Aktes, zum Anfang. Wenig überraschend, was? Mag sein, aber was ich Ihnen jetzt biete, könnte dennoch für Sie neu sein. Ich hoffe es einfach, also zumindest bewusst neu. Sehen wir uns den Aktwechsel bei „Gran Torino“ an. Unser Walt sitzt auf seiner kleinen Terrasse vor dem Haus und geht einer seiner Lieblingsbeschäftigungen nach, nämlich haufenweise Bierdosen in sich hineinzuschütten. Die nette Nachbarin kommt vorbei, Sue, und will ihn überreden, doch endlich mal zu Besuch zu kommen, die grillen da drüben. Mr. Kowalski, versteht sich, war noch nie bei seinen Nachbarn, den Frühlingsrollen, wie er sie despektierlich nennt (oder Schlitzaugen oder Sumpfratten, er hat hier ein reichhaltiges Vokabular). Er lehnt natürlich ab, was wieder eine Weigerung ist; nämlich eine Weigerung, endlich in die ihm fremde Welt der Hmong einzutauchen, um seine Vorurteile abzubauen. Schließlich hat er ja auch Besseres vor, sieht wie zum Beweis in seine Kühlkiste. Da ist aber jetzt nur noch Eis, keine einzige

Dose Bier mehr. Sue lockt ihn mit dem Versprechen auf leckeres Essen und vor allem Bier. Und so macht sich „Wally" („Nenn' mich nicht Wally"), wie Sue ihn neckisch nennt, auf den Weg. Das ist der Aktwechsel: Er verlässt die Tag-Seite, sein Haus, das für das alte Amerika steht, und begibt sich auf die Nachtseite, eben zu den Frühlingsrollen. Filmisch ist das ziemlich unspektakulär, man sieht sie hinüber laufen, dann Schnitt, Kühlschrank, Wally nimmt sich eine Flasche Bier. Also nicht gerade ein Gleis $9^{3/4}$. Aber was jetzt kommt, ist interessant. Man nennt es die Orientierungsphase. Klar, der Held ist neu auf der Nachtseite und muss sich erstmal umsehen, quasi das Terrain sondieren. Für unseren Misanthrop gerät die Orientierung zur mittleren Katastrophe: „Hey, was mache ich falsch, immer wenn ich jemanden ansehe, gucken die nach unten?" „Sie machen alles richtig" ist Sues Antwort, eine Notlüge. Dann beschimpft ihn auch noch Sues Großmutter. Er versteht zwar kein Wort, aber Sues „Übersetzung", dass sie ihn herzlich willkommen heiße, nimmt er ihr nicht ab: „Sie kann mich nicht ausstehen!" „Ja sie kann Sie nicht ausstehen", gesteht Sue. Dann tätschelt er mit der Hand den Kopf eines Kindes. Böses Foul! Die Hmong schütteln mit dem Kopf, Kowalski spürt offene Ablehnung und kontert mit den Worten: „Hey, was gibt's denn da zu glotzen, ihr Fischköpfe!" Sue schleppt ihn in einen anderen Raum, bedient ihn am Buffet und erklärt ihm die Welt der Hmong: „Viele Leute in diesem Haus sind noch sehr traditionell. Also erstens: Berühre einen Hmong niemals am Kopf, nicht einmal ein Kind. Das Volk der Hmong glaubt, dass die Seele im Kopf lebt, also tun Sie das nicht." Die Antwort: „Hört sich schwachsinnig an, aber bitte."

Er hat also immer noch kein gutes Wort für sie übrig. Sue klärt ihn auf, dass die Hmong keinen Blickkontakt lieben. „Sonst noch was?" Ha! Gerade noch hat er sie beschimpft, aber nun zeigt er immerhin einen Hauch von Interesse. Es wirkt langsam wie Unterricht. Und es ist schon fast ein Kompliment, als der Alte grummelt: „Ihr seid ja ziemlich bescheuert. Aber das Essen sieht gut aus und riecht auch gut." Und fragt nach einem Nachschlag. Was wiederum metaphorisch verstanden werden kann: Er will mehr von diesen Schlitzaugen. Walt ist eingetaucht in die ihm fremde Welt, die sein gutes, altes Amerika bedroht. Nur ein bisschen, aber ein Anfang ist gemacht. Das ist der Sinn der Orientierung bei „Gran Torino". Eine erste Annäherung des weißen, alten Amerikas an das neue, buntere.

Ein anderes Beispiel einer guten Orientierung ist der Film „Täglich grüßt das Murmeltier“. Der zynische TV-Wettervorhersager Phil Connors aus Pittsburgh ist in dem kleinen Provinznest Punxsutawney in einer Zeitschleife gefangen. Immer wieder erlebt er den „Murmeltiertag“, einen Tag, an dem ein Wetterritual mit einem Murmeltier stattfindet. Der Aktwechsel: Phil steht auf und erlebt seinen ersten Tag in der Zeitschleife. Der Zuschauer merkt das, Phil nicht. Er muss sich erst noch zurechtfinden, orientieren. Zu seiner Wirtin im Hotel sagt er zu Beginn ganz keck: „Die Abreise-Wahrscheinlichkeit liegt bei hundert Prozent!“ Ganz der Wettervogel eben. Da er aber dann den Vortag genauso noch einmal erlebt, ist er nicht mehr so sicher: „Die Abreise-Wahrscheinlichkeit liegt bei, äh, siebzig Prozent!“ Jetzt hat er es kapiert, er ist in einer Zeitschleife gefangen. Eine herrliche Heldenreise, auf die wir später noch kommen werden. Der Held muss sich orientieren in einer Welt, die er nicht kennt.

Ein Geschenk für den Journalismus! Übrigens hat hier der User zum einzigen Mal Zeit und Geduld, die zentrale Frage ist gestellt, er ist zufrieden, lehnt sich gedanklich zurück und lässt die Dinge geschehen. Nie wieder in der Geschichte werden wir so viel Zeit haben! Es ist paradox: Später, wenn die wirklich wichtigen Prüfungen oder Sequenzen kommen, müssen wir uns immer kürzer fassen, obwohl es ja spannender wird. Die Geduld nimmt stetig ab.

Letztlich gibt es zwei Möglichkeiten, diese Zeit der Orientierungsphase sinnvoll zu nutzen. Es muss sich ja nicht nur der Held orientieren, sondern auch der User. Auch für ihn ist der zweite Akt neu. Einmal ist hier, am Anfang des zweiten Aktes, die beste Möglichkeit, Fakten nachzuholen. Informationen, die zu Beginn des ersten Aktes störend gewesen wären. Dies gilt zum Beispiel für ein Erklärstück. Ganz klar, die zentrale Frage ist gestellt, jetzt erklärt man, was man dazu wissen muss. Im Wissenschaftsjournalismus etwa erklärt man nun die Hintergründe zum Urknall, zum Klimawandel, zur Nanotechnologie. Warum genau hier? Vorher, im ersten Akt, also vor der zentralen Frage, verbieten sich solche Hintergrundinformationen. Man würde sich unwillkürlich fragen, warum erzählt der mir das jetzt, ich will das gar nicht wissen! Denn warum auch? Ich weiß die zentrale Frage ja noch gar nicht. Und später? Dann kann passieren, dass diese Hintergrundinformationen einfach zu spät kommen, nach dem Motto: Jetzt musst Du mir es auch nicht mehr erklären. Zumal die besten Hintergrundinformationen ja auch essenziell wichtig für die einzelnen Sequenzen sind, die jetzt anstehen. Also: Es gibt einfach keine bessere Stelle, wichtige Fakten zu erzählen, als hier. Die zentrale Frage ist gestellt, der User hat Geduld, und es gibt noch keine Entwicklung im zweiten Akt, ideal also!

Die zweite Möglichkeit, die Orientierungsphase zu nutzen: eben die Attribute zu setzen, die man in der gewohnten Welt oder überhaupt im ersten Akt noch nicht gesät hat, weil sie vorne zu sperrig gewesen wären. Sie erinnern sich vielleicht, wir wollten ja einen möglichst schlanken Anfang, möglichst wenig Attribute, eine möglichst kurze gewohnte Welt. Daher gehören alle Attribute, die nicht die Fallhöhe erhöhen, nicht in den ersten Akt. Alles, was nicht unmittelbar nötig ist, um den Konflikt oder die Herausforderung, also den Ruf des Abenteuers, zu verstehen, gehört nicht an den Anfang einer Geschichte. Es bremst, ist unnötiger Ballast und vor allem langweilig (Zu dem Zeitpunkt, weil man nicht weiß, wozu sie eigentlich gut sind). Die Orientierungsphase ist demnach der beste Ort, um ungeliebte Anfangs-Attribute jetzt endlich loswerden zu können. Denn genau das ist die Regel: Attribute werden im ersten Akt gesät, im zweiten Akt geprüft und im dritten Akt geerntet. In Hollywood nennt man das „Planting and Payoff".

Die Radio-Dokumentation über den englischen Premierminister Disraeli macht genau dies. Wir haben den kompletten, kurzen ersten Akt schon kennengelernt. Disraeli will Premier werden, sein Gegenüber weist das schroff von sich. Das ginge ja gar nicht! Zentrale Frage: Wie konnte Disraeli dennoch Premier werden? Allein diese zentrale Frage zeigt, dass die wichtigen Attribute Disraelis bis dahin vor allem Attribute sind, die sich seinem Weg entgegenstellen, also Fisch-auf-dem-trockenen-Motive. Was also nun noch fehlt, sind Attribute, die Disraeli voranbringen. Und genau das liefert der Anfang des zweiten Aktes:

> *Was Edward Smith-Stanley, den 14. Earl of Derby betrifft, hat Melbourne recht. Er wird dreimal Premierminister der Konservativen. Was Disraeli betrifft, täuscht er sich gründlich. Aber wie kann er ahnen, dass er nicht nur einen gut aussehenden Dandy vor sich hat, sondern ein politisches Ausnahmetalent. Eines, dass es ohne aristokratische Herkunft schafft, ein großer Premierminister zu werden. Wie soll er ahnen, dass Disraeli über eine Begabung verfügt, die ihn unschlagbar macht. Der Frankfurter Historiker Andreas Fahrmeir: „Wahrscheinlich die Verbindung*

von Imagination und Politik. Allein der Aufstieg über das Publizieren von Romanen und dann immer wieder die Fähigkeit, sich dramatisch in Szene zu setzen und so eine Situation, in der eigentlich sich fast alles gegen eine politische Karriere von jemand wie ihm aufgestellt hat, zumal in dieser Partei, in eine Situation zu wandeln, wo er über eine lange Zeit unangefochtener Parteiführer bleibt."
Disraeli besitzt Vorstellungskraft, was in 19. Jahrhundert als unenglisch gilt, zumindest bei der Politiker Elite, die der Aristokratie entstammt. Aber Disraeli gehört ihr auch nicht an, sondern ist Spross einer jüdischen Einwandererfamilie."
(Quelle: Bayerischer Rundfunk, 10.6.2013)

Auweia, auch das noch! Also zum Schluss noch ein Fisch-auf-dem-trockenen-Motiv. Es gab vor ihm noch keinen Premierminister mit jüdischer Herkunft. So kommt also in der Orientierungsphase noch ein zusätzliches Hemmnis hinzu, zu all den anderen Attributen in der gewohnten Welt, die es kaum zulassen, dass Disraeli ein Premierminister wird.

Aber wichtig ist eben vor allem, was davor gesagt wird. Das sind nun in der Tat alles Attribute, die ihn voranbringen: Imagination, Schauspielerei, Vorstellungskraft. Und es wird auch gesagt, dass nur wenige über diese Attribute verfügen. Hier wird also unserem Benjamin, zu Beginn nur ein junger, gutaussehender Dandy, sogar ein Alleinstellungsmerkmal zugestanden. Und genau diese Attribute braucht er, um die Prüfungen oder Sequenzen des zweiten Aktes zu bestehen. Die Autorin oder der Autor bringt sie erst jetzt. Zu Beginn des ersten Aktes hätten sie nur gestört, jetzt werden sie essenziell. Die Orientierungsphase ist also ein guter Verwertungsort für Anfangsattribute, die man zu Beginn der Geschichte, also in der gewohnten Welt, noch nicht einsetzen möchte.

Tab. 2.1 Das Wichtigste in Kürze: Orientierung

- Held muss sich auf der ihm unbekannten Nachtseite orientieren
- Hier hat der Zuhörer am meisten Geduld
- Guter Zeitpunkt für Erklärstücke
- Guter Zeitpunkt, um die „Gewohnte Welt" zu ergänzen

Im Fall von Harry Potter Teil 1 ist es ein bisschen komplexer. Harry Potter hat sich schon zum Ende des ersten Aktes in der Welt der Zauberer orientiert, nämlich in der Winkelgasse. Dann kommt dieser wunderschöne Aktwechsel mit dem Gleis 9 3/4. Natürlich muss er sich auch im Zug weiter orientieren, vieles ist völlig neu für ihn, weil er ja bei Muggeln aufgewachsen ist. Im Zug macht Harry die wichtigsten Bekanntschaften. Und Punkt 6 der Heldenreise heißt ja auch „Prüfungen und Verbündete". Es sind die Personen, die später – nicht im Moment des Kennenlernens – wichtig werden. Oft sind es geschlossene Systeme, Orte, wo man nicht weg kommt, so dass man sich immer wieder treffen muss, so genannte Schmelztiegel. Dort die Kneipe, hier der Zug. Streichen Sie Han Solo und setzen Sie Ron und Hermine!

Bild	**Text**
Ron sieht in das Zugabteil, ob da noch Platz ist	Harry: Setz Dich doch.
Ron setzt sich, stellt sich vor Harry auch Ron glotzt…	Ron: Ich bin übrigens Ron, Ron Weysley. Harry: Ich bin Harry, Harry Potter.

Quelle: Harry Potter und der Stein der Weisen, 2001, USA, Großbritannien, Chris Columbus, Warner Bros.

Warum zuerst Ron, dann Hermine? Ron ist als Figur viel wichtiger für ihn. Ron hat genau das, was er nicht hat: Familie, Geborgenheit. Und Ron hat das nicht, was Harry hat: Diese Auserwähltheit (Ron hat vier Geschwister… und keine Kohle, Harry ist ja reich!), das Besondere, auch Talente wie Besen reiten, eben Quidditch spielen. Sie ergänzen sich großartig. Was ihnen fehlt, ist der Intellekt. Auch die Kratzbürstigkeit, das Streberische. Beide lassen sich eher treiben, kommen nicht auf den Punkt, besonders Harry nicht. In Band 4 (Harry Potter und der Feuerkelch) treibt das die Hauptperson auf die Spitze, bereitet sich einfach nicht vor auf die Prüfungen des Trimagischen Pokals. Also: Ron ergänzt Harry super, aber um richtig erfolgreich zu sein, brauchen sie diese Streberin. Manchmal findet sich nun mal die Wahrheit auch dort, wo sie nie hinschauen würden: In Büchern, wie es nur Hermine eben macht. Allerdings benimmt sie sich gleich zu Beginn ziemlich daneben. Daher Vorhang frei für Hermine, die Verbündete, die sich die Sympathien erst verdienen muss. Hermine repariert durch einen perfekten Zauber Harry Potters Augengläser (natürlich, denn nur sie kann das). Harry stellt sich vor.

Bild	**Text**
Groß: Hermine	Hermine: Du bist Harry Potter! Ich bin Hermine Granger.
Hermine dreht sich zu Ron um, eher gelangweilt bis angewidert	Hermine: Äh, und Du heißt…?
Ron kaut und spricht zur selben Zeit, ein Fehler	Ron: Ich bin Ron Weasley.
Hermine nun wirklich angewidert	Hermine: Sehr erfreut.

Quelle: Harry Potter und der Stein der Weisen, 2001, USA, Großbritannien, Chris Columbus, Warner Bros.

Es gibt also Verbündete erster und zweiter Klasse, und die Autorin von Harry Potter lässt keine Zweifel aufkommen, wer für Harry wichtiger ist: natürlich Ron. Dennoch: Hermine hat zumindest im ersten Band eine phantastische Veränderung durchlebt. Sie gehört zum Schluss richtig dazu, und ich glaube, dass das Absicht ist. Ab dem zweiten Band sind Ron und Hermine fast gleichrangig. Was mir die Harry-Potter-Reihe wieder vor Augen geführt hat: Geschichten funktionieren nur über Veränderung. Einfach ausgedrückt: Veränderung ist ein anderes Wort für Geschichte. Natürlich ändert sich die Hauptfigur, also Harry, am meisten (obwohl ihm im ersten Teil Hermine nacheifert, sie ändert sich auch gewaltig). Aber Harry ist auf der Reise der Selbstfindung, und mir ist schleierhaft, wie man es schafft, das in sieben Bänden mit einer stetigen Entwicklung hinzukriegen. Um es einmal zu sagen: „Harry Potter" ist kein Comic! Die Autorin hat es geschafft, jeden einzelnen Band als eigene Heldenreise abzuschließen und dazu noch die ganzen sieben Bände als eigenständige Selbstfindungsgeschichte herauszubringen. Das ist meines Erachtens genial! Millionen Kinder haben das Lesen (wieder-) entdeckt! Und warum? Weil eine perfekt Heldenreise erzählt wird.

Die ersten Prüfungen bei Harry Potters erstem Abenteuer sind noch einfach. Es ist Schulstoff: Zaubertränke brauen, Besen reiten. Und das sollte auch so sein. Der Schwierigkeitsgrad der Prüfungen muss ja noch zunehmen und daher gilt folgende Regel:

Der Aufbaugegner gehört an den Anfang

Wichtig ist, dass die Spannung im zweiten Akt zunimmt. Die Attribute des Helden werden, wenn man so will, geprüft. Der Held hat also Prüfungen zu bestehen, die an Schwierigkeit zunehmen müssen. Ich werde das weiter hinten auch psychologisch begründen. Nur so viel vorneweg: Es ist ja klar, dass es schwieriger werden muss. Das ist wie bei einem Sportturnier. Zuerst kommen die leichten Gegner, man nennt sie „Aufbaugegner". Etwa beim Tennis: Wenn Novak Djokovic in der 1. Runde in Wimbledon gegen die Nummer 256 der Weltrangliste antritt, dann erwartet man natürlich einen Sieg. Wenn er da schon verliert, dann hat er im Endspiel nichts verloren.

So ist es bei Geschichten eben auch. Der Held hat zunächst eine leichte Prüfung, dann eine schwerere und so weiter. Nicht zu schnell und nicht zu langsam sollte das vonstatten gehen. Geht es zu langsam, so präsentiert man eine statische Krise, langweilig. Geht es zu schnell, wird daraus eine sprunghafte Krise, kapiert man nicht.

Ich möchte noch einmal den Weinbeitrag als Beispiel nehmen. Hier ist er nochmals vollständig abgedruckt. Wichtig ist jetzt vor allem der 2. Akt. Erkennen Sie die einzelnen Prüfungen?

Bild	Text
Weintraube groß, Schere Eimer mit Trauben, groß Familienmitglieder schneiden Trauben ab Schwenk auf Weinflasche	Der Erfolg ist mit Händen zu greifen. Da kommt Vorfreude auf bei der Familie Heigel, trotz der mühevollen Arbeit im Weinberg. Die Ernte am unterfränkischen Mönchshang verspricht einen tollen Topfen, etwa einen Frankenwein mit Tradition, einen trockenen Silvaner. Aber wie lange noch?
Winzer sieht in die Ferne Sonne	Klaus-Peter Heigel weiß: Was die Weine heute so gut macht, kann sie morgen zerstören. Der Klimawandel
Animation: Weinberg wird kahl	Ein Horrorszenario: neue Schädlinge aus dem Süden vernichten die fränkische Ernte. Hitze und Trockenheit verwüsten im wörtlichen Sinne die Weinberge.

Klaus-Peter Heigel, Winzer	„Wir Winzer sind natürlich gefordert, sehr weit in die Zukunft zu blicken, 20, 30, 40 Jahre, denn so lange ist die Standzeit einer Rebe. Und deswegen sind für uns die Informationen über den Klimawandel von großer Bedeutung, weil wir einfach jetzt schon die Weichen stellen können für das Jahr 2025."
Zwei Forscher gehen durch ein Tor zum Weinberg	Wissenschaftler erforschen die Risiken des Klimawandels und auch sie stellen fest: der Wandel kommt nicht, er ist schon da.
Die Forscher untersuchen Blätter	Schon jetzt gibt es viel mehr Schädlinge als vor 20 Jahren, zum Beispiel den einzelligen Erreger der Schwarzholzkrankheit.
Befallene Blätter Zikaden *Befallene Blätter*	Er wird durch Trockenheit liebende Zikaden übertragen, die sich hier immer wohler fühlen. Die Diagnose: der Schädling befällt die Blätter und stört den Stofftransport. Die Rebstöcke können die Trauben nicht mehr versorgen. Immer höher sind die Ernteverluste.
Weinberg, Sonne über Weinberg	Gegen einwandernde Schädlinge gibt es Bekämpfungsmittel, gegen die stärker werdende Sonne nicht.
Ernte	Die Winzer sind in einem Dilemma: sie müssten in Zukunft eher ernten, schon im September, nicht erst im Oktober. Damit der Wein nicht zu schwer wird.
Abtransport	Dann aber haben die Trauben nicht den Wechsel von warmen Tagen und kalten Nächten des Herbstes. Sie enthalten nicht genug Säure und Aromastoffe, der Wein wird flach.
Keltern	Eine Ernte im Oktober würde etwa im Jahr 2025 zu hohem Zucker- und damit Alkoholgehalt führen.

Weinflasche, 16 % Alkohol	Und die Vollnarkose liegt nicht im Trend.
Weinberg	Es gibt nur eine Lösung: der Umzug im fränkischen Weinberg.
Animation	Ein Beispiel: Heute gedeiht der Riesling meist in der Spitzenlage, weiter oben der Silvaner, der weniger Sonne und Wärme braucht, unten der noch genügsamere Müller-Thurgau. Schon bald wird's dem Riesling zu warm, er zieht ins kühlere Obergeschoss. Der Silvaner bekommt auch im Parterre noch genug Sonne ab, Müller-Thurgau zieht sich in den Westflügel zurück. Für wen wird in der Mitte die Luxus-Wohnung frei?
Rote Trauben	Die neuen Mieter kommen aus dem Süden. Schon heute gibt es immer mehr rote Sorten.
Weinflasche	Im Jahr 2025 könnte ein fränkischer Spitzenwein so heißen: „Cabernet Mönchshang".
Main, Weinberg	Die größte Gefahr ist mit dem Umzug im Weinberg aber nicht gebannt: die Trockenheit. Schon heute muss vielerorts bewässert werden.
Bewässerung	Der Klimawandel macht die Reben noch durstiger.
Reben *Main, Schiffe*	Eine Zwickmühle: das Wasser muss der Main liefern, gerade dann, wenn der Pegel tief steht. Das könnte die Schifffahrt gefährden.
Main und Weinberg	Im Jahr 2025 wird es wohl an manchen Sommertagen ein Fahrverbot geben – zugunsten der Winzer und einer guten Weinernte. Aber auch die Winzer sind gefordert, sonst lässt sich die größte Gefahr für den fränkischen Weinbau nicht bannen.

O-Ton Klaus Wahl, Bayerische Landesanstalt für Weinbau und Gartenbau, Veitshöchheim	„Sie müssen auch mit ihrem Anbau, Bodenbewirtschaftung, Erziehungssysteme, Laubarbeiten und alles, was dazu gehört, Wasser sparend zu arbeiten. Und dann bin ich eigentlich schon überzeugt, dass dieser Klimawandel für unsere für unsere Region eher eine Chance ist, denn ein Schaden."
Abfüllung	Eines ist klar: die Vielfalt der Weine wird zunehmen. Aber auch wenn Klaus-Peter Heigel inzwischen Merlot abfüllt, eine französische Weinkolonie wird Franken nicht werden. Denn das ist die fränkische Antwort auf den Klimawandel:
Etikett	der Spätburgunder!
Weinprobe der Forscher mit dem Winzer	Mit dem heimischen Rotwein könnten die fränkischen Winzer an vergangene Zeiten anknüpfen.
Stoßen an, Totale: Weinkeller	Im Mittelalter war es schon einmal wärmer, der Weinanbau intensiver. Na dann Prost auf die zukünftige Vergangenheit!

Quelle: Bayerischer Rundfunk, Faszination Wissen 2006

Den ersten Akt hatten wir ja schon oben besprochen. Und? Auf wie viele Prüfungen sind Sie gekommen und auf welche?

Meine Sicht: Im zweiten Akt tauchen drei Prüfungen auf. Zunächst die Schwarzholzkrankheit, also einwandernde Schädlinge, dann die zunehmende Strahlung und schließlich die zunehmende Trockenheit. So wie die Geschichte insgesamt eine zentrale Frage hat („Wie ergeht es dem fränkischen Winzer im Jahr 2025 wegen des Klimawandels?), so haben die einzelnen Prüfungen für sich ebenfalls zentrale Fragen. Ich möchte sie gerne „subzentrale" Fragen nennen. Denn eines muss klar sein: Jede subzentrale Frage benennt ein Unterthema, eine Sequenz, wie wir im nächsten Kapitel sehen werden. Sie muss aber unter dem Dach der zentralen Frage bleiben.

Wenn eine subzentrale Frage dies nicht macht, also ausschert, dann nennt man das Themaverfehlung.

Die subzentralen Fragen des Beitrages lauten:

1. Wie gefährlich sind in Zukunft Schädlinge?
2. Wie gefährlich ist in Zukunft die zunehmende Strahlung?
3. Wie gefährlich ist in Zukunft die zunehmende Trockenheit?

Hier kann man viel mit dem Text erreichen. Anspitzen! Das sind oftmals Kleinigkeiten, die die Steigerung andeuten:

> *„Gegen einwandernde Schädlinge gibt es Bekämpfungsmittel, gegen die stärker werdende Sonne nicht.“*

Dieser Satz kündigt die zweite Prüfung an und lässt aufhorchen: Ohje, es kommt noch schlimmer!

Der Satz, der die dritte Prüfung einleitet, lautet:

> *„Die größte Gefahr ist mit dem Umzug im Weinberg aber nicht gebannt: die Trockenheit.“ Jetzt weiß man, dass der größte Brocken kommt.*

So einfach ist es wirklich! Eine zentrale Frage wird im 2. Akt in Kapitel unterteilt. Jedes beginnt mit einer subzentralen Frage. Und endet mit einer subzentralen Antwort. Die sollte im besten Falle zur nächsten subzentralen Frage führen. Die Leute in Hollywood sagen dazu „micro question“ – im Gegensatz zur zentralen Frage, die „macro question“ heißt. Der 2. Akt ist also im einfachsten Fall eine Reihe von Prüfungen (Sequenzen):

2. Akt	
1. Prüfung	*Subzentrale Frage:*
	Subzentrale Antwort:
2. Prüfung	*Subzentrale Frage:*
	Subzentrale Antwort:
3. Prüfung	*Subzentrale Frage:*
	Subzentrale Antwort:

Ich fülle das bei jedem meiner journalistischen Arbeiten nach wie vor aus. Und spare damit Zeit.

Hürdenlauf und Pingpong

Zum Weinbeispiel: Es sind also drei klar voneinander abgegrenzte Prüfungen, die sich alle der Gefahr des Klimawandels unterordnen. Die Prüfungen bauen sich vor dem Helden quasi wie Hürden auf, die immer höher werden. Ich nenne diese Art von Geschichten deswegen gerne „Hürdenlauf". Und in der Tat: Es sind meist die Attribute des Antagonisten, die den Plot bestimmen – eben die Hürden. Die Attribute „Schädlinge", „Strahlung" und „Trockenheit", alles Attribute des bösen Klimawandels, treiben die Geschichte voran. Der Held ist ein Getriebener, der mehr reagiert als agiert.

Wie viele Prüfungen es insgesamt sind, hängt von der Länge des Stückes, aber auch von der Recherche ab. Drei bis vier Prüfungen sind übrigens eine ganz gute Zahl für so einen 6-Minüter. Bei 45-Minuten-Dokumentationen sind es dann aber nicht 7 Mal so viele, also 21 Prüfungen etwa. Nein, die Prüfungen wachsen mit der Länge der Geschichte schon ein wenig mit. Bei einer Dreiviertelstunden-Doku rechnet man mit etwa 5 Prüfungen. Aber das ist wirklich kein Gesetz. Am besten ist es natürlich, wenn die Prüfungen in einander übergehen, also die Lösung der ersten Prüfung wie von selbst zur Frage der zweiten Prüfung führt. Je selbstständiger die Prüfungen sind, je abgetrennter man sie empfindet, umso schwieriger wird es, die ganze Geschichte als Dokumentation mit einer zentralen Frage zu sehen. Wenn die einzelnen Prüfungen sich verselbständigen, dann empfindet man die Dokumentation als „magazinig". Noch schlimmer wäre das bei einem Magazinbeitrag. Der zerfällt dann wirklich in seine Einzelteile. Beim „Hürdenlauf" ist es nicht wichtig, dass die Anzahl der Hürden, also die Zahl der Prüfungen, ungerade ist. Es können auch nur zwei, ja sogar eine sein. Es gibt aber noch eine andere Art von Geschichten, bei denen der 2. Akt dialektisch aufgebaut ist. Das kann dann der Fall sein, wenn die zentrale Frage eine „Entweder-Oder-Frage" ist. Ein Beispiel: „Kernenergie – Fluch oder Segen?" Eine solche Geschichte könnte nun aufgeteilt sein in Prüfungen, die mal von den Befürwortern der Kernkraft, mal von den Gegnern gewonnen wird. Da geht es hin und her, weshalb ich diese Art von Geschichten gerne „Ping-Pong" nenne – in Abgrenzung zum „Hürdenlauf". Hier ist es ganz wichtig, dass die Zahl der Prüfungen ungerade ist, damit eine Seite gewinnen kann.

Ein Unentschieden in den Prüfungen führt zu einem unentschiedenen Beitrag

Das ist für den Zuschauer frustrierend, wird ihm doch schon in der zentralen Frage (etwa Fluch oder Segen?) ein Schlagabtausch mit einem klaren Ergebnis in Aussicht gestellt. Stellen Sie sich einen Boxkampf vor, der unentschieden endet! Daher funktioniert eine solche Geschichte nur bei einer ungeraden Anzahl von Prüfungen. Und so geht die erste Prüfung an die Kernkraftbefürworter, die zweite an die Gegner und so weiter, bis es 2:1 (bei drei Prüfungen) steht oder 3:2 (bei 5 Prüfungen). Ich spreche gerne von einem Münchener oder Berner Ergebnis, als die deutsche Fußball-Nationalmannschaft mit eben diesen Resultaten im Endspiel Weltmeister wurde. 1:0, wie 1990 geht natürlich auch, eben eine Prüfung, aber dialektisch ist das nicht. Da gibt es eben eine Hürde zu überwinden.

Tab. 2.2 Das Wichtigste in Kürze: Prüfungen

- Steigerung nötig
- Nicht zu schnell, nicht zu langsam: sich entwickelnd
- Verbindungen untereinander
- Immer unter dem Dach der zentralen Frage
- Attribute des Antagonisten treiben an, meist genügt ein Attribut pro Prüfung („Hürdenlauf")
- Attribute des Helden und des Antagonisten im Widerstreit („Ping-Pong")

Ein gutes Beispiel für die Reihung der Prüfungen ist folgender Artikel des Spiegel[7]. Diese kleine Form der Heldenreise (Protagonist und Konflikt im Ersten Akt, Prüfungen A, B, C..ect im zweiten Akt, Wertung und Motto im dritten Akt) nennt man übrigens dramatische Treppe. Es ist die einfachste Form der 3-Akt-Struktur. Sie brauchen ihn nur zu überfliegen, der Inhalt interessiert nicht. Wichtig ist der erste Akt, die lange gewohnte Welt etwa – und eben die Struktur des zweiten Aktes mit den vier Prüfungen. Und so hat das der SPIEGEL gemacht:

Beispiel aus dem SPIEGEL & Kommentare

Nachhaltigkeit – Deutschland ein Ökomärchen

Die Energiesparlampe endet als Sondermüll, das Hausdämmen fördert Fäulnis, und dam Gully dringt Gestank, weil alle am Wasser sparen. Warum wir beim Versuch, die Umwelt zu schützen, chronisch scheitern. Die Deutschen sind für Umweltschutz, die Natur liegt ihnen am Herzen. Wir mögen die Tiere und Pflanzen, den blauen Himmel und das Meer. Wir wollen, dass unsere Kinder in einer intakten Umgebung aufwachsen, und wir gehen mit gutem Beispiel voran. Die Welt soll gerettet werden? Wir sind dabei, wir tun unser Bestes. An uns soll es ganz gewiss nicht scheitern. Früher hat Deutschland seinen Nachbarn den Krieg erklärt, heute erklären wir ihnen, wie sie der Atomkraft entsagen. Den Titel des Exportweltmeisters haben wir verloren, im Welt-Fußball reicht es gerade für Platz drei, aber beim gelben Sack macht uns niemand etwas vor.

7 Deutschland ein Ökomärchen: SPIEGEL vom 12.3.2012.

Der saure Regen und das Waldsterben haben unseren Blick für die Zerstörungskraft der Zivilisation von Kindesbeinen an geschärft, auch wenn der deutsche Wald wider Erwarten überlebt hat.
Nun geht es darum, unseren ökologischen Fußabdruck zu minimieren. Donnerstags ist Veggieday, Omas Kurbelwaschmaschine kommt wieder in Mode. Ratgeberseiten im Internet halten Ökotipps für alle Lebenslagen bereit, von der Mondphasenkosmetik bis zum Vibrator ohne chemischen Weichmacher. Es gibt Urnen aus Maisstärke und Särge aus Pappe; so treten wir ökologisch korrekt selbst die letzte Reise an, eine finale gute Tat, bevor dann alles zu Kompost wird.
Wenn etwas der Umwelt dient, entfällt jede Begründungsnotwendigkeit; wo ein Öko-Label draufklebt, erübrigt sich jeder Streit. Die politischen Parteien sind sich im Prinzip einig: Umwelt kann es nicht genug geben. Kein fortschrittlicher Politiker will sich dem Verdacht aussetzen, es mangle ihm an ökologischem Bewusstsein, sonst wäre seine Karriere am Ende. Weil die Umweltpolitik edle Ziele verfolgt, sind Umweltpolitiker gegenüber ihren Kollegen, die sich mit Staatsfinanzen, innerer Sicherheit oder Rentenbeitragssätzen herumschlagen, moralisch im Vorteil. Die positive Aura im Umweltministerium ist so stark, dass sie einen Technokraten wie Jürgen Trittin in mildes Licht tauchte.
Der derzeitige Amtsinhaber Norbert Röttgen, ein kühler Stratege, der vor ein paar Jahren gern als Spitzenlobbyist zum Bundesverband der Deutschen Industrie gewechselt wäre, gibt jetzt den Ökoheiligen, der mit dem Fahrrad zur Kanzlerin rollt. Im Gesetzgebungsverfahren geht die Politik die Probleme dann mit bürokratischer Gründlichkeit an. Das Bundesumweltministerium ist nicht zufällig aus einer Abteilung des Bundesinnenministeriums entstanden. Weil Umweltschutz für Wirtschaft und Verbraucher in der Regel mit Belastungen, mindestens aber mit Unbequemlichkeiten einhergeht, lässt sich straffe Beplanung, Lenkung und Zwang nicht verzichten; das Polizei- und Ordnungsrecht hält die nötigen Instrumente bereit.

Die Helden, also wir, sollen es richten. Dann kommt der Konflikt:

Ob eine Umweltschutzmaßnahme den gewünschten Erfolg hat, ist dann am Ende gar nicht so wichtig. Das Dosenpfand hat nicht nur die

Dose vom Markt gefegt, sondern leider auch die ökologisch vorteilhafte Mehrwegflasche aber egal: Das Pfand bleibt, wie es it.
Ausgerechnet in den Umweltzonen explodieren die Feinstaubwerte doch was sollTset s. Der Plakettenzwang wird ausgedehnt. Die Sommerzeit treibt wider Erwarten den Energieverbrauch nach oben statt nach unten na und? Wir stellen trotzdem im Wandel der Jahreszeiten unsere Uhren um, erst eine Stunde vor, dann eine Stunde zurück.
Wir kaufen im Bioladen, tanken E10 und steigen auf Ökostrom um. Unsere Häuser sind mit Solardächern gedeckt und mit Dämmplatten beklebt. Das verschafft uns ein gutes Gefühl. Die Frage ist nur: Was hat eigentlich die Umwelt davon?

Das ist die zentrale Frage, also in der Tat ganz einfach im Text gestellt. Nun beginnt der zweite Akt mit den einzelnen Prüfungen, alle subzentralen Fragen unter dem Dach der zentralen.

Die 1. Prüfung:

Müll
Ich trenne meinen Müll. Vor meiner Haustür stehen, symmetrisch geordnet, vier Tonnen: rechts blau für Papier und gelb für Plastik, links braun für Gartenabfälle und grau für den Rest. Das sieht nicht schön aus. Es riecht auch etwas streng, zumal an Sommertagen, wenn ich gern draußen säße. Doch mir ist klar, dass ich Opfer bringen muss.
Die deutsche Verpackungsverordnung wird respektiert, das Kreislaufwirtschaftsgesetz hoch geachtet. Joghurtbecher sind restentleert, tropffrei und löffelrein zurückzugeben, so steht es in den Regeln des Dualen Systems. Nicht wenige stellen den Becher sogar in die Geschirrspülmaschine, bevor sie ihn in den gelben Sack stopfen.
Doch dann passiert etwas Merkwürdiges. Mein Joghurtbecher, den ich so liebevoll gespült und sortiert habe, wird gar nicht recycelt. Er wird wieder mit dem ganzen anderen Müll zusammengekippt. In einem Ofen. Und dort wird er dann verbrannt.
Ja, das ist erlaubt. Genau 36 Prozent des Plastikmülls muss das Duale System wertstofflich verwerten , also recyceln, so steht es im Gesetz. Mit den restlichen 64 Prozent kann die Müllfirma machen, was sie will und

womit sie das meiste Geld verdient. Der Dreck landet in der der Verbrennungsanlage; man spricht von thermischer Verwertung. So findet der Kreislauf ein jähes Ende. Der von der Bundesregierung eingesetzte Sachverständigenrat für Umweltfragen plädiert seit Jahren dafür, das ganze System gründlich zu überdenken. Zwei Mülltonnen würden im Prinzip ausreichen, so die Experten: die erste für feuchten Abfall wie Essensreste und Windeln, die zweite für den ganzen Rest. Der Müll aus der feuchten Tonne wird zunächst genutzt, um Biogas zu erzeugen, und anschließend verbrannt. Der Trockenmüll wird automatisch sortiert und so weit wie möglich recycelt. Es handelt sich um ein Konzept, das viele Vorteile hätte. Der Bürger hätte weniger Arbeit. Der Umwelt wäre geholfen. Alles würde einfacher.

Doch daraus wird nichts. Stattdessen ist jetzt zwischen den privaten Entsorgungsunternehmen und den Abfallfirmen der Kommunen ein Streit darüber entbrannt, wer für welchen Abfall zuständig ist. Seit kurzem haben wir deshalb eine fünfte Tonne, die Wertstofftonne. Als ich eines Abends von der Arbeit kam, stand sie da, grell orange, 240 Liter Fassungsvermögen. In unserer Einfahrt ist es noch enger geworden, aber daran werde ich mich bestimmt gewöhnen. Ich denke darüber nach, eine sechste Tonne für das Altglas anzuschaffen, das wir bislang provisorisch in einem Karton an der Kellertreppe untergebracht haben. Mit sechs Tonnen wäre auch die Symmetrie wiederhergestellt.

Nun die zweite Prüfung:

Wasser

Die Duschkopftechnik hat in den vergangenen Jahren eine rasante Entwicklung vollzogen: weg vom Wasser, hin zur Luft, so regelt es die EU-Ökodesign- Richtlinie. Die Zeiten, in denen es genügte, einfach nur Wasser zu verteilen, sind vorbei. Heute wird im Innern des Brausekopfs durch ein kompliziertes Verfahren ein Aerosol erzeugt. Der Feuchtigkeitsanteil in dem erzeugten Luft-Wasser-Gemisch ist so gering und der Luftanteil so hoch, dass man das Gefühl hat, das Föhnen werde unter der Dusche gleich mit erledigt. Schon unseren Kleinsten bringt die Regierung bei, wie wichtig es sei, verantwortungsvoll mit dem kostbaren Leitungswasser umzugehen. Überlege, wie Du Wasser sparen kannst!

, heißt es auf der Kinderseite des Umweltministeriums im Internet. Duschen ist ökologisch besser als baden. Dreh den Hahn zu, wenn Du Dich einseifst. Lass nie Wasser laufen, wenn Du es nicht brauchst. Vielleicht kannst Du ja auch etwas kürzer duschen. So könnte alles in bester Ordnung sein, wenn es nur ein Problem nicht gäbe: Es stinkt. Fäulnisgeruch durchweht unsere Straße. Besonders schlimm ist es im Sommer. Halb Berlin liegt dann unter einer Gaswolke.

Eine von den Berliner Wasserbetrieben gegründetes Kompetenzzentrum veröffentlicht jüngst eine Liste der besonders betroffenen Ecken. Auf Platz eins steht ausgerechnet der vornehme Gendarmenmarkt. Auch der Pariser Platz am Brandenburger Tor riecht wie ein Windeleimer. Und es handelt sich nicht nur um ein Berliner Problem. In Hamburg, Rostock und im Ruhrgebiet sind ebenfalls ganze Stadtteile betroffen. Weil wegen unseres geringen Verbrauchs zu wenig Wasser durch die Rohre rauscht, verstopft neuerdings die Kanalisation. Fäkalien, Urin und Speisereste fließen nicht mehr ab. Träge schwappt der braune Schlick durch die viel zu breiten Rohre und entfaltet dort sein volles Aroma. Die Wasserwerke versuchen, dem Gestank durch Geruchsfilter und Duftgel in den Aromasorten Lavendel, Zitrus und Fichtennadel beizukommen. Doch in der Kanalisation lagern sich auch giftige Schwermetalle wie Kupfer, Nickel und Blei ab. Schwefelsäure greift die Leitungen an, lässt Stahl rosten und Beton bröseln. Dagegen hilft dann auch kein Deo. Die Wasserwerke müssen ihre Rohre und Kanäle jetzt immer kräftig durchspülen. Was wir oben mit der WC-Stopptaste eingespart haben, pumpen sie unten dem Schlauch direkt in die Kanalisation. In das Berliner Leitungsnetz werden an manchen Tagen eine halbe Million Kubikmeter Leitungswasser zusätzlich abgelassen, um, wie es heißt, die notwendige Fließgeschwindigkeit zu gewährleisten.

Nun ist Deutschland ein wasserreiches Land. Es verfügt über zahlreiche Flüsse und Seen. Die Regenmenge, die vom Himmel auf Deutschland herab fällt, ist fünfmal größer als der gesamte Wasserbedarf von Mensch und Industrie. Weniger als drei Prozent der Reserven reichten aus, um alle Haushalte zu versorgen. Die naheliegende Lösung unserer Rohrleitungsprobleme wäre, wieder mehr Wasser zu verbrauchen. Doch so funktionieren die Deutschen nicht. Wer so lange darauf gedrillt wurde, beim Duschen mit einem Minimum an Flüssigkeit auszukommen, wirft nicht seine Gewohnheiten über Bord. Die Maßhalte-Appelle haben tiefe Spuren in unserer Psyche hinterlassen.

Und die dritte Prüfung:

Licht
Quecksilber ist ein gefährlicher Stoff. Es verdampft bei Zimmertemperatur. Schon kleine Mengen schädigen Leber, Lunge und Gehirn. Der berühmte Doktor Paracelsus hat sich mit Quecksilber versehentlich umgebracht; seither raten Ärzte davon ab, es einzuatmen. Umso erstaunlicher ist die Renaissance, die das giftige Schwermetall bei uns zu Hause erlebt. Wie alle guten Europäer sind wir dabei, unsere alten Glühbirnen durch moderne Energiesparleuchten zu ersetzen. So hat es die Kommission der Europäischen Union verfügt. Dass jede Sparleuchte bis zu fünf Milligramm Quecksilber enthält, gilt als notwendiges Übel, denn sie verbraucht weniger Strom als herkömmliche Birnen.
Leicht fällt uns der Abschied nicht. Wir mochten die alte Glühbirne. Wenn man sie anknipste, brannte sofort das Licht; das kann man von unseren neuen Lampen nicht behaupten. Man sollte sie auch nicht auf den Boden fallen lassen, denn dann wird die Ökolampe zum Ökokiller. Eingeatmetes Quecksilber geht übers Blut ins Gehirn , sagt Gary Zörner vom Labor für chemische Analytik in Delmenhorst. Und jedes bisschen Quecksilber macht ein bisschen dümmer. Das kann bis zur völligen Geistesgestörtheit führen. Wissenschaftler des Umweltbundesamts haben untersucht, wie gefährlich die Energiesparleuchten sind. Sie zerbrachen Lampen aus dem Sortiment eines europäischen Markenherstellers. Anschließend maßen sie die Giftkonzentration in der Raumluft, einmal nach fünf Minuten, ein weiteres Mal nach fünf Stunden.
Alle gemessenen Werte lagen weit jenseits des Erlaubten. Teils lag die Quecksilber-Belastung um das 20fache über dem Richtwert. Auch nach fünf Stunden war noch so viel Quecksilber in der Luft, dass die Gesundheit von Schwangeren, kleinen Kindern und empfindlichen Menschen gefährdet gewesen wäre. Wegen des Quecksilbers ist es natürlich streng verboten, kaputte Energiesparlampen in den Hausmüll zu werfen. Eine Nürnberger Entsorgungsfirma hat eine Maschine erfunden, die jede Birne vorsichtig zersägt und den Leuchtstoff samt Quecksilber absaugt.

Die Mixtur wird dann luftdicht in Tüten verpackt und zu jeweils 300 Kilogramm in blaue Tonnen verfüllt. Diese werden auf einen Lkw verladen und zu einem ehemaligen Salzbergwerk im Harz gebracht. Und so landet die Ökobirne schließlich auf einer Sondermülldeponie unter der Erde, als giftige Altlast bis ans Ende aller Tage.

Die vierte Prüfung, wie immer mit einer Überschrift:

Dämmen
Zuerst werden die Putten und Simse von der Fassade abgeschlagen. Dann kommen der Stuck und die Giebeldreiecke weg. Das alte Mauerwerk verschwindet unter matratzendicken Dämmplatten, Farbe drauf fertig ist das Energiesparhaus. Die fehlenden Altbauteile werden einfach aufgemalt. Optisch macht es keinen großen Unterschied, jedenfalls von weitem.Wer mit Albert Schett vom Hamburger Denkmalschutzamt an den historischen Backsteingebäuden am Dulsberg vorbeispaziert, dem wird der Unterschied zwischen gedämmten und ungedämmten Häusern sogar akustisch vorgeführt. Hören Sie mal , sagt Schett und pocht gegen die Fassaden, die neuerdings aus einer mit Backstein-Imitat beklebten Dämmschicht bestehen: Klingt ganz hohl. Doch was tut man nicht alles, um ein paar Liter Heizöl zu sparen.
Das Problem sind jetzt nur noch die Menschen, die in den thermo-isolierten Häusern wohnen und ein mangelhaftes Lüftungsverhalten an den Tag legen, wie es in einer Broschüre des Bundesbauministeriums heißt. Dass jede Isolierung das Raumklima verändert, wird leider allzu oft vergessen. Und so breitet sich Schimmel aus an Stellen, an denen man es nie erwartet hätte: im Rollokasten, hinter der Heizung, unter der Fensterbank.
Sobald tragendes Gebälk vom Pilz durchdrungen ist, muss das Haus aufgegeben werden, zumal die Dämmplatten mit der Zeit immer feuchter werden. Das ist dann so, als würden wir bei Kälte einen klatschnassen Pullover tragen, beschreibt ein Baufachmann die Lage. Ja, wir dämmen wie die Weltmeister, sagt Boris Palmer, Grünen-Oberbürgermeister von Tübingen, und, ja, wir verschandeln unseren Gebäudebestand ganz bewusst.

Jetzt kommt die Wertung und Analyse, der dritte Akt:

> ***Was tun?***
> *Es wäre gut, würden wir unsere Gewissheiten ab und zu einem Realitäts-Check unterziehen. Falls sich herausstellt, dass wir uns geirrt haben, spricht nichts dagegen, einen Schritt zurückzugehen und es anders zu versuchen. Ein Dosenpfand, das ausgerechnet die umweltfreundlichen Mehrwegflaschen aus dem Handel drängt, sollte grundlegend reformiert werden, ebenso die Förderung der ineffizienten Solarenergie, die eine oder andere Dämmvorschrift und der gelbe Sack. Niemand sollte gezwungen werden, sich giftige Quecksilberleuchten ins Haus zu holen. Es ist unvernünftig, weitere Atomkraftwerke abzuschalten, wenn wir dadurch von Atomstrom-Importen aus Frankreich abhängig werden. Und solange eine einmal verwendete Papiertüte eine schlechtere Ökobilanz aufweist als eine Plastiktüte, sollten grüne Sittenpolizisten noch einmal darüber nachdenken, ob es wirklich der Kunststoffbeutel ist, den sie verbieten wollen.*
> *Wer im Bioladen einkauft, sich vegan ernährt, oder ein Elektroauto fährt, kann das gern tun. Daraus die Berechtigung abzuleiten, man dürfe anderen Leuten eine Lektion in ökologisch korrekter Lebensführung erteilen, ist indes nicht angebracht. Die Dinge sind manchmal komplizierter, als sie auf den ersten Blick zu sein scheinen (SPIEGEL vom 12.3.2012).*

Dieser Artikel zeigt eine klare Struktur, man kennt sich aus. Es ist sozusagen eine abgespeckte Version der Heldenreise mit einer Reihe von Prüfungen. Der dritte Akt ist dann die Wertung, die Analyse. Und jetzt sollten wir uns den einzelnen Prüfungen widmen. Wir sind also ganz bei Punkt 6 der Heldenreise. Wir werden sehen, dass diese Prüfungen ähnlich aufgebaut sind, wie die ganze Geschichte. Wenn man immer so schreiben würde wie der SPIEGEL hier, dann wäre das ein bisschen langweilig, dieses listing. Und es kann natürlich kaum einen Höhepunkt geben, es ist auch nicht so gebaut, dass es in sich übergeht. Die letzte Prüfung (Dämmen) ist kaum dramatischer als die erste (Müll). Keine Entwicklung, kein wirklicher Höhepunkt. Und daher: Tatatata! Natürlich geht noch besser – noch dramatischer. Die Heldenreise hat absichtlich eine Struktur, die diese Reihung ein wenig aufbricht, für zusätzliche Wendepunkte sorgt. Und so unterscheiden sich die beiden letzten Prüfungen der Heldenreise von den anderen davor. Das ist der wesentliche Unterschied zwischen echter Heldenreise und dramatischer Treppe. Jetzt aber erst mal zu den Sequenzen.

2.2 Sequenzen: Das Matrjoschka-Prinzip

Wie oben schon angedeutet sind Sequenzen nichts anderes als Prüfungen. Zum Verständnis: „Heldenreisisch" heißen die einzelnen Kapitel der Heldenreise tatsächlich Prüfungen („tests"). In Hollywood hat sich aber der Begriff Sequenzen durchgesetzt, und deswegen nenne ich sie jetzt auch so. Woher das kommt? Das ist schnell erzählt, also ein kurzer historischer Einschub.

Ein gewisser Frank Daniel, ursprünglich František Daniel, ist nach dem Prager Frühling aus der ehemaligen Tschechoslowakei in die USA geflohen und wurde Dekan des „American Film Institute". Er beschrieb die so genannten Sequenzen. Wie gesagt, er hat sie nur beschrieben, ähnlich wie Joseph Campbell seine Heldenreise. Eben nicht erfunden. Was es natürlicherweise gibt, kann man nicht erfinden. Niemand hat ein Patent auf Sequenzen. Die Sequenzen selbst sind so alt wie das Geschichtenerzählen. Doch Daniels Leistung bestand darin, zu beschreiben, was eine Sequenz leisten muss und vor allem, dass die Hollywood-Filme alle aus Sequenzen bestehen. So gesehen ist sein „Sequence Approach" made in Hollywood. Für Hollywood-Liebhaber: Es gibt leider nichts Schriftliches von ihm selbst, aber von seinen Mitarbeitern. „Screenwriting – The Sequence Approach" von Paul Joseph Gulino ist eigentlich ein Muss für Freaks.

Für uns nur so viel: Früher, als die Bilder laufen lernten, waren die Geschichten höchstens so lange wie eine einzige Filmrolle, also zwischen zehn und 15 Minuten. Na, das übliche eben: Tortenschlachten und so. Als die Geschichten dann erwachsen wurden, man mehrere Filmrollen brauchte, sie also überblenden musste, blieb man dennoch bei dieser Erzähleinheit. Man wollte, dass nach einer Rolle eine solche Sequenz eben zu Ende war. Und das ist heute noch so: Eine Sequenz ist nach wie vor etwa eine Viertelstunde lang. Und so besteht ein ausgewachsener Hollywood-Film heute aus acht Sequenzen, zwei bilden den ersten Akt, vier den zweiten und wieder zwei den Dritten. Acht mal eine Viertelstunde macht 2 Stunden. Natürlich gibt es Filme mit Überlängen, die dann entsprechend mehr Sequenzen haben." Der unsichtbare Dritte" hat neun, „Lawrence von Arabien" sogar 16.

Wichtiger als die Länge einer Sequenz sind aber deren Eigenschaften. Wir Journalisten sollten auch in Sequenzen erzählen, also sequenziell erzählen. Egal in welchem Medium. Ich werde unten sogar beweisen, warum. Nicht mithilfe der Dramaturgie, sondern mithilfe der Wahrnehmungspsychologie. Es ist doch toll, wenn man in unserem Metier mal was richtig wissenschaftlich beweisen kann!

Ich zeige hier eine Sequenz aus dem Fernsehbereich. Bitte einmal durchlesen, ich möchte anhand dieser Sequenz ihre Eigenschaften darlegen. Es ist eine gut vierminütige Sequenz aus einer 30-Min-Dokumentation zum Thema „Beschleunigung". Durch die Sendung führt ein Forscher im Rollstuhl, der vor der Sequenz schon eingeführt worden ist. Und so läuft diese Sequenz:

Bild	**Text**
Forscher im Rollstuhl auf dem Münchener Fkughafen, rollt an diversen Schaufenstern vorbei	Karlheinz Geißler macht ein Experiment: Am Flughafen. Das Freizeitverhalten an solch beschleunigten Orten ist das Freizeitverhalten in den Städten von morgen – so der Forscher.
Trifft auf Pärchen, gibt ihnen Unterlagen und bespricht sich mit ihnen	Die beiden Testpersonen haben genau 3 Stunden „Freizeit", sie können tun, was sie wollen, wissen nicht worum es geht. Ihr Verhalten hier und heute ist ein Blick auf die Freizeit von morgen.
Forscher rollt in ein Restaurant, wird „verkabelt", bekommt ein Mikrofon.	Karlheinz Geißler wartet in einem Restaurant. Wir zeigen ihm nach den drei Stunden auf einem Monitor, was das Pärchen so gemacht hat – und der Forscher wird das bewerten.
Pärchen läuft herum, setzt sich in ein Café.	Nach unschlüssigem Rumlaufen steuert das Pärchen auf ein Café zu. Die beiden wollen erst einmal in Ruhe das
Bild des Pärchens auf Monitor, groß	Angebot sondieren.

O-Ton Forscher im Restaurant vor Monitor	O-Ton Cafe: „Cafés stellen einen Punkt der Passivität da, wo ich ein Stück weit mich distanzieren kann von dieser Hetze, um wieder anschließend zu hetzen. D. h. also nicht, dass ein Café etwas überflüssiges wäre, sondern es ist ein Produkt dieser Hetze und fördert diese Hetze.“
Pärchen im Fitness-Studio	Dann wird beschleunigt: mit einem extremen Fitness-Programm. In den Strom leitenden Anzügen werden die Muskeln so stark beansprucht wie in einem herkömmlichen 2-Stunden-Programm. Hier ist man nach nur 20 Minuten „ausgepowert“. Die Zeit füllen die beiden natürlich mit zusätzlichen Aktivitäten. Der Markt reagiert auf diese Zeitverdichtung: Die Zahl der Angebote steigt.
Animation:	Zwei Beispiele:
Flughafen, Flugzeuge	Der Flughafen München hat seit Anfang der 90er Jahre sein Flugangebot verdoppelt.
Supermarktregal	Supermärkte haben ihr Sortiment seit Ende der 80er Jahre sogar fast verdreifacht.
Pärchen im Spa-Bereich, er schwimmt, sie liest	Nach der Beschleunigung wieder eine Ruhephase.
Sie verhandelt mit der Bedienung	Endspurt. Um 12:30 ist Schluss. Sie möchte noch eine Massage, aber das 30-Minuten-Angebot ist ihr zu lang. Geht denn auch eine Viertel-Stunden-Massage?
Sie und die Bedienung auf Monitor *O-Ton Forscher vor Monitor, lacht*	O-Ton Spa: „Die Frequenzen werden immer enger. D. h. die Aktivität wird kürzer, das hat das Pärchen sehr deutlich dargestellt, wenn zehn Leute sie nachfragen wird es in Zukunft auch Viertelstundenmassagen geben, d. h. es tendiert immer kürzeren Entspannungselementen, d. h. zum Beispiel der Cappuccino wird zum Espresso, es wird immer kleiner und kürzer.“

Pärchen läuft händchenhaltend	Kurz nach 12 Uhr: Das Pärchen in der so genanten Übergangszeit. Der anstehende Termin strahlt nun deutlich aus. Die letzte viertel Stunde bestreitet jeder für sich. O-Ton Shoppen: „Während dieser Zeit kann ich nicht andere Tätigkeiten vernünftig machen, sondern ich bin eben
Er allein betritt Spielhalle	hibbelig. Das, was der Mann macht, ist eine typisch männliche Form der Hibbeligkeit, auch zu agieren, nämlich an Automaten und schnellem
Frau schlendert durch Laden	Geld Interesse zu haben, und Frauen schauen sozusagen in die Schaufenster hinein, das ist eher die Frauen typische Form, diese hibbelige Zeit
O-Ton Forscher im on	des Übergangs zu realisieren. Und das alles wird es natürlich auch draußen geben, weil dieser Flughafen quasi die der Geburtsort für das ist, was sich in Zukunft draußen abspielt. Der schnelle Zugriff wird unsere Zukunft sein."

Bayerischer Rundfunk, Faszination Wissen, 2015

Also, dröseln wir das einmal auseinander. Sie werden mir folgen können, auch wenn Sie die Sequenz nur überflogen haben (oder gar nicht gelesen haben). Gleich zu Beginn wird der Ort benannt, eben der Flughafen. Auch die Zeit spielt eine große Rolle, im Bild ist immer wieder eine Uhr zu sehen.

Dann gibt es Helden, eben das Pärchen, die eine Herausforderung haben, nämlich eine gewisse Zeit am Flughafen zu verbringen, Freizeitgestaltung eben. Der Forscher ist Mentor und hat auch eine Herausforderung. Es ist schließlich sein Experiment. Der Forscher erklärt die Regeln des Experiments, etwa wie viel Zeit sie haben. Die Sequenz hat also Attribute, „Spielregeln". Das Wichtigste: Genauso wie die Geschichte als Ganzes, besitzt auch eine Sequenz eine Drei-Akt-Struktur. Im ersten Akt wird die Herausforderung klar und die subzentrale Frage gestellt, also die Frage der Sequenz. Wie in Kapitel davor schon beschrieben, nenne ich diese Frage eine subzentrale Frage. Hollywood sagt dazu „micro question" (die zentrale Frage heißt

„macro question“ oder „predicament“, was ich mit „Zwickmühle“ übersetzen würde). Der Held ist da eben meist in Schwulitäten. Die subzentrale Frage dieser Sequenz lautet „Wie wird das Paar die Zeit verbringen?“. Der erste Aktwechsel ist, wenn der Professor das Pärchen fürs erste verabschiedet. Die Spielregeln können je nach Bedarf am Ende des ersten Aktes oder am Anfang des zweiten Aktes benannt werden. Der zweite Aktwechsel ist nach dem Höhepunkt. Jede Sequenz sollte einen Höhepunkt haben. Der Höhepunkt unserer Sequenz ist das Verhandeln der jungen Frau um eine kürzere Massage. Der zweite Akt ist zu Ende, wenn die subzentrale Frage beantwortet ist, das Pärchen also die Zeit rumgebracht hat. Der dritte Akt besteht sozusagen nur aus dem letzten O-Ton des Professors: *„Und das alles wird es natürlich auch draußen geben, weil dieser Flughafen quasi die der Geburtsort für das ist, was sich in Zukunft draußen abspielt. Der schnelle Zugriff wird unsere Zukunft sein.“* Das ist ein klassischer dritter Akt einer Sequenz, eine abschließende Bewertung, eine Analyse. Eine Sequenz braucht also einen richtigen Schluss. Folgende Eigenschaften sollte eine Sequenz im Bereich der Dokumentation haben:

Tab. 2.3 Das Wichtigste in Kürze: Sequenzen

- 3-Akt-Struktur (2 Wendepunkte)
- Held
- Herausforderung/Antagonist
- Subzentrale Frage
- Herausforderung/Antagonist führt zur subzentralen Frage – nicht umgekehrt
- Attribute, „Spielregeln“
- Höhepunkt
- Schluss (Subzentrale Antwort führt zur nächsten Subzentralen Frage)

Das mit der Herausforderung, die zur subzentralen Frage führt – nicht vice versa –, werde ich weiter unten erklären, möchte sie aber wegen ihrer Wichtigkeit hier schon mal in einer Tabelle verankert haben.

Reportage versus Dokumentation

Handelt es sich um eine Reportage, kommen noch ein paar Eigenschaften hinzu, die unsere Sequenz ebenfalls zeigt. Eine Reportage sollte authentisch sein. Das ist unsere Sequenz mit dem Forscher und dem Pärchen. Es wird sogar erwähnt, wie sie produziert wird. Man sieht, wie der Forscher gefilmt wird. Das nennt man den „authentischen Produktionshintergrund". Sie ist auch ergebnisoffen. Es waren zwei Kamerateams vor Ort, damit beide Hauptdarsteller gefilmt werden konnten, wenn sie sich trennen sollten – was dann ja auch prompt der Fall war. Nichts ist gestellt, das Pärchen wusste nicht, warum es gefilmt wurde. Eine Sequenz im Rahmen einer Reportage sollte auch gegenwärtig sein, also im Jetzt spielen. Auch das macht unsere Sequenz. Die für eine Reportage wichtigen Orts- und Zeitangaben hatte ich schon erwähnt. Im Rahmen einer Dokumentation ist das meist nicht so wichtig. Bei einer Reportage schon. Warum eigentlich? Weil das wichtig ist im Hier und Jetzt. Die Orts- und Zeitangaben unterstützen die Authentizität. Wir Menschen ticken einfach so – im wörtlichen Sinne. Angenommen, ich würde Ihnen K.O.-Tropfen verabreichen und Sie dann an irgendeinen Ort bringen. Ich wette mit Ihnen: Wenn Sie aufwachen und langsam zu sich kommen, dann wird das erste sein, was Sie sich fragen: „Wo bin ich?" und „Wie spät ist es?". Mit spät ist damit nicht gemeint 11:37 Uhr, sondern die ungefähre Tageszeit, also eher die Frage, ist es morgens oder abends. Das ist so, wirklich! Den Ort wollten wir schon immer genau wissen. Und die Zeit wird im Sinne der Beschleunigung immer wichtiger. Spätestens nach der Erfindung der mechanischen Uhr gegen Ende des zwölften Jahrhunderts hat sich die Zeit im wörtlichen Sinne als Taktgeber in unser Leben geschlichen. Seit der industriellen Revolution im 18. Jahrhundert ist sie Geld wert (Bejamin Franklin: „Time is money"). So hat uns dieses Mal sogar der Inhalt der Sequenz etwas gelehrt.

Tab. 2.4 Das Wichtigste in Kürze in Tabelle 2.4: Besonderheiten der Reportage

- Ort
- Zeit
- authentisch
- ergebnisoffen
- gegenwärtig

Noch ein Wort dazu, warum diese fünf Punkte für eine Dokumentation nicht so entscheiden sind: Man erwartet es einfach nicht. Wenn bei einer Reportage eine Sequenz gegenwärtig und ergebnisoffen abläuft, dann ist sie automatisch authentisch. Das ist das wichtigste Merkmal einer Reportage, nicht einer Dokumentation. Bestes Beispiel Fernsehen: Es verbietet sich, bei der echten Reportage eine so genannte erwartende Kamera einzusetzen. Also eine Kamera, die schon da ist, weiß, was gleich geschieht. Ein Beispiel: Ein Schiff legt an, die Kamera ist an Bord und zeigt den Kai. Schnitt. Die nächste Einstellung zeigt die Passagiere, wie sie von Bord gehen. Vom Kai aus, sonst würde man ja nur Rücken abfilmen. Bei einer Doku wurde man das so machen, weil es schöner ist. Aber wir haben eine erwartende Kamera, die ganz genau weiß, was passiert. Bei einer Reportage würde ich diesen Ortswechsel der Kamera nicht wagen wollen. Bei einer Dokumentation muss man abwägen, was einem lieber ist. Einen Tod muss man einfach sterben. Will man authentisch sein, verzichtet man eventuell auf schöne Bilder. Will man Hochglanz produzieren, dann geht das sehr oft auf Kosten der Authentizität. In einem Seminar beim SWR haben wir das letzthin diskutiert. Es ging um einen Naturfilm. Ein Forscher hat Fallen für den tasmanischen Beutelwolf aufgestellt. Im Film sieht man, wie der Wissenschaftler eine Falle nach der anderen überprüft, ob er ein Tier fangen konnte. Er beugt sich zu einer Falle hinunter, Schnitt, in der nächsten Einstellung liegt die Kamera in der Falle und zeigt das Gesicht des Forschers beim Hineinsehen. Natürlich ist das gestellt! Der Kameramann hat vorher seine Kamera in der Falle untergebracht. Dafür hat man eine tolle Einstellung. Diese Abwägung gilt in neuester Zeit vor allem für Drohnen, die ja auch nicht aus Versehen genau über dem Tatort kreisen. Es ist im Rahmen einer solchen Hochglanzproduktion einfach eine Abwägungssache, ob man das macht und einem die Authentizität egal ist (es ist doch wohl jedem klar, dass der Fallensteller nicht authentisch hineinsieht, oder? Der Tod wären dann natürlich O-Töne wie „Oh, da ist doch keiner drin!“, Laienspiel eben, was die Doku des SWR übrigens streng vermied) - oder ob man eben darauf verzichtet. Insofern bewegt sich die Dokumentation hier zwischen Reportage und Spielfilm. Vieles mag authentisch sein, aber eben nicht alles, so manches muss gestellt sein, es geht einfach nicht anders. Ich persönlich habe noch nicht eine einzige Doku-Produktion erlebt, in der man als Regisseur nicht doch einmal „und bitte“ rufen muss. Und beim Spielfilm akzeptiert der Zuschauer das sogar als Kunstgriff. Man muss sich das als Reporter immer wieder klar machen: Spielfilm ist immer (!) erwartende Kamera. Und keiner im Kino springt auf und moniert, dass das nicht authentisch wäre. Man erwartet es nicht.

Im Umkehrschluss erhoffe ich von einer Reportage totale Authentizität. Die Sache mit dem authentischen Produktionshintergrund gilt dabei nicht nur für das Fernsehen. Bei vielen Reportagen in Zeitungen wird so getan, als ob der Reporter vor Ort gewesen wäre. Viele Ortswechsel verraten dann jedoch, dass der Autor kaum aus seinem Büro gekommen ist – es wäre einfach unbezahlbar gewesen, und deshalb hat er sich die Situationen vor Ort nur telefonisch beschreiben lassen. Dann erwarte ich aber Einwürfe wie zum Beispiel „erfahre ich am Telefon". Das geschieht aber oft nicht. Und schon ist er beim Teufel, der authentische Produktionshintergrund. Und das ist dann eben nicht journalistisch.

Hier ein kleiner Einschub, weil es so selten passiert. Der Versuch einer Definition. Was ist überhaupt eine Reportage? Und was eine Dokumentation? Als ich noch in der Redaktion gearbeitet hatte, saßen die Volontäre, die bei uns Station machten, mir gegenüber in meinem Büro. Immer wenn sie vom Reportageseminar kamen, fragte ich sie, ob sie denn jetzt wüssten, was eine Reportage ist. Ich habe nie eine wirkliche Definition gehört. Immer haben sie jede Menge Unterschiede aufgelistet, zum Beispiel, dass beim Höhepunkt einer Dokumentation meist viel Musik verwendet wird und bei einer Reportage überhaupt nicht. Das ist auch richtig. Ich spreche aber von einer wirklichen, generellen Unterscheidung. Und die sehe ich so: Eine Dokumentation geht deduktiv vor. D. h., dass sie eine zentrale Aussage, etwa eine Behauptung oder eben eine zentrale Frage, tatsächlich ableitet. Wenn die zentrale Frage etwa lautet: „Warum geht es den Landärzten in Mecklenburg-Vorpommern so schlecht?", dann benennt eine Dokumentation diese Gründe, beweist die Aussage. Also ähnlich wie in der Mathematik: Satz und Beweis. Eine Reportage kann das gar nicht. Sie kann nur induktiv vorgehen. Den Induktionsbeweis hatte ich in dem Kapitel über Miniaturen schon angesprochen. So geht er: Gilt „n", dann gilt auch „n+1". Das ist der Induktionsbeweis, der laut Karl Popper gar kein wirklicher Beweis ist. Das kann man sich anhand von Schnaps leicht klarmachen. Ja, Sie haben richtig gelesen, hier steht Schnaps. Wenn Sie ein Gläschen Schnaps vertragen, dann behauptet der Induktionsbeweis, dass sie auch zwei vertragen, also auch drei – und so fort. Spätestens bei einem Dutzend Schnäpsen werden Sie im Selbstversuch merken, dass diese Induktion nicht stimmt.

Wenn nun eine Reportage etwas über Landärzte in Mecklenburg Vorpommern macht, zum Beispiel über den letzten Arbeitstag eines Landarztes, der aus Frust seine Praxis schließt, dann kann man daraus eigentlich nicht verallgemeinern, dass es allen Landärzten in diesem Land schlecht geht. Dennoch induziert die Reportage genau das: Geht es einem schlecht, dann auch zweien, dann auch dreien, dann auch vielen, also vielleicht sogar allen. Der Zuschauer, Hörer oder Leser macht das ganz automatisch. Unser Gehirn kann aus Einzelfällen unglaublich gut allgemein gültige Regeln ableiten – umgekehrt unmöglich. Und das ist gefährlich, denn ein allgemeines Bild der Landärzte kann eine Reportage gar nicht zeichnen. Und damit möchte ich meine Definitions-Huberei beenden.

Eines bin ich Ihnen in diesem Kapitel noch schuldig, nämlich die Erklärung der Überschrift. Da steht Matrjoschka-Prinzip. Was ist damit gemeint? Ich will sagen, dass der Aufbau von Geschichten diesen Puppen ähnelt. Sie wissen schon, diese verschachtelten Puppen. Man schraubt eine auf und findet eine kleinere dahin und in der eine noch kleinere. Genauso ist es bei Geschichten auch: Eine ganze Geschichte besteht aus drei Akten. Ein Akt wiederum besteht aus Sequenzen. Übrigens oft aus drei. Gerade im Märchen: Aschenputtel etwa geht dreimal zum Ball. Diese Sequenzen bestehen wieder aus drei Akten wie oben beschrieben. Innerhalb der sequenziellen Akte kann man noch feinere Unterteilungen finden. So bestehen diese Akte aus so genannten roten Fäden. Grob definiert sind rote Fäden Handlungen, die der User kennt. Fahrradfahren, Schwimmen, Kochen (zu Letzterem muss man nur die Öffentlich-Rechtlichen tagsüber einschalten). Auch ein zeitliches Schema ist ein roter Faden, etwa der Ablauf eines Tages oder die vier Jahreszeiten. Und tatatata! Diese roten Fäden bestehen sehr oft wieder aus drei Akten. Man kauft ein, kocht und isst. Man steigt in ein Flugzeug, hebt ab (das ist der erste Aktwechsel), fliegt, landet (das ist der zweite Aktwechsel), steigt aus. Auf welcher Matrjoschka-Ebene der Geschichte man sich auch befindet, man stößt immer wieder auf die drei Teile.

Sequentielles Erzählen ist der Königsweg

Zunächst einmal möchte ich diese Behauptung dramaturgisch belegen. Dann möchte ich sie auch noch beweisen, mithilfe der Wahrnehmungspsychologie.

Grob gesprochen gibt es vier Stufen der dramaturgischen Darstellung. Diese vier Abstufungen sind hier treppenförmig in Abbildung 2.1. dargestellt:

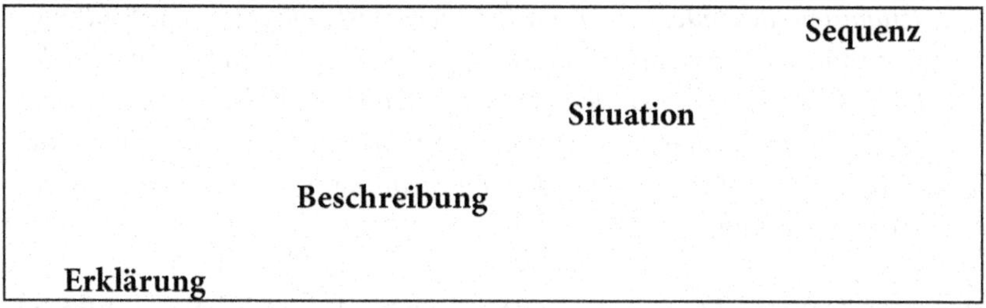

Abb. 2.1

Dabei ist die unterste Stufe die dramaturgisch schwächste Form der Darstellung. Je weiter man nach rechts oben gelangt, umso besser wird es. Die unterste Stufe ist also die Erklärung, dann folgt die Beschreibung, das ist etwas besser. Noch besser ist, wenn man eine Situation hat und am allerbesten, eben der Königsweg, ist die Sequenz. Das kann man gut anhand von Beispielen verstehen. Nehmen wir einmal das Thema Wohnungsnot. Seit den niedrigen Zinsen sind die Miet- und Immobilienpreise ja noch einmal explodiert, besonders in den Metropolen, am allerschlimmsten in München. Und so liest sich dann eine Erklärung:

> *Eine Studie des Instituts der deutschen Wirtschaft belegt: In Großstädten wird zu wenig gebaut und in München wächst die Bevölkerung jedes Jahr um 30.000 Menschen an. Die Stadt baut aber nur 8500 neue Wohnungen im Jahr. Laut einer Studie des Regionalinstituts für Mittelstandsmarktforschung wollen zwar viele der Befragten umziehen. 70 % glauben aber nicht daran, zeitnah eine Wohnung zu finden.*
> *(Quelle: Institut der deutschen Wirtschaft, 2016)*

So sieht also eine Erklärung aus: informativ eben. Zahlen können zwar beeindrucken, aber eine reine Erklärung macht eben noch keine Geschichte. Sehen wir uns hingegen den Begriff der Beschreibung an. Hier also eine selbst erfundene Beschreibung zum selben Thema:

> *Stand früher die größte Therme der Welt wie verlassen inmitten des Ackerlands, wird sie heute regelrecht umsäumt von einer Vielzahl an Neubauten. Besonders im Osten der Therme ist eine ganz neue Siedlung entstanden, der so genannte Thermengarten. Hier stehen besonders viele Reihenhäuser. Zwischen den Häuserreihen sind großzügig Grünanlagen angelegt worden, Rasenflächen mit Ahornbäumen. Es gibt auch ein neues Altersheim. Im Norden der Siedlung schließt sich das zweite Erdinger Gymnasium an.*

Hier wird also nicht erklärt, sondern beschrieben. Ich habe das Beispiel Erding hergenommen, ganz einfach, weil ich in der Nähe lebe und diesen Ort daher kenne. Die Beschreibung ist schon etwas spannender, weil sie im Gegensatz zu der Erklärung nicht abstrakt ist. Man kann sich im wörtlichen Sinne also ein Bild machen. Bedeutend spannender als eine Beschreibung ist jedoch eine Situation. Das ist eine erdachte Situation zum selben Thema:

> *Wir sitzen in einem kleinen Vorraum am Tisch. Der Vermieter wirkt älter als am Telefon. Humor scheint er nicht zu haben, aber er wirkt auf mich sehr seriös. Zu Beginn unseres Gespräches scheint er mich abzuschätzen. Das macht mich noch nervöser, als ich ohnehin schon bin.*

Der Unterschied zur reinen Beschreibung: In einer Situation treffen Menschen aufeinander, die in einer bestimmten Beziehung zueinander stehen. In diesem Beispiel gibt es einen Vermieter und, das ist zumindest anzunehmen, einen möglichen Mieter. Es müssen in einer Situation natürlich nicht immer nur Menschen aufeinandertreffen. Folgendes ist auch eine Situation:

> *Die riesige Raubkatze taxiert mich mit ihren Augen. Jederzeit kann sie zum Sprung ansetzen. Ich habe meine Pistole gezückt und entsichert.*

Das ist sogar eine sehr gefährliche Situation. Auch hier gibt es eine Beziehung, zwischen einem Menschen und einem Tier, wenngleich auch noch nicht klar ist, wer hier Täter und wer Opfer ist. Aber kommen wir zurück zum Thema Wohnungsnot. So sieht der Königsweg aus, eine Sequenz zu diesem Thema:

Um Punkt 15:00 Uhr drücke ich die Klingel. Es dauert nicht lange, da macht mir der Vermieter auf. Er wirkt älter als am Telefon. Er bittet mich in den Vorraum zu einem ersten Gespräch. Meine Hände schwitzen und ich bin sehr nervös, auch weil ich weiß, dass ich nicht der erste Bewerber bin. Aber ich reiße mich zusammen, bin freundlich, aber nicht zu sehr. Jetzt geht es ums Ganze: Ich will unbedingt diese Wohnung haben!

Dann geht es natürlich erst richtig los. Das ist nur der erste Akt einer Sequenz. Der Unterschied zur Situation ist klar: Jetzt gibt es eine richtige Herausforderung! Und diese Herausforderung führt zu einer zentralen Frage: Werde ich die Wohnung bekommen? Wenn Sie nun die Erklärung, die Beschreibung, die Situation und die Sequenz noch einmal miteinander vergleichen, werden Sie sicherlich auch zu dem Schluss kommen, dass der Beginn der Sequenz mit Abstand das Spannendste ist. D. h. nicht, dass ich der Meinung bin, Erklärungen aus dem Journalismus verbannen zu müssen. Gerade als Wissenschaftsjournalist, der ich nun einmal bin, kommt man ohne Erklärungen nicht aus. Aber man muss sie vorbereiten und einrahmen. Eine Erklärung kann im Rahmen einer Sequenz sehr wohl stattfinden. Ein guter Ort dafür ist etwa die Orientierungsphase. Über die Orientierung haben wir oben schon gesprochen. Eine andere Möglichkeit, eine Erklärung sinnvoll einzusetzen, ist der Midpoint. Dazu später mehr.

Sequenzielles Erzählen heißt also, vor allem in Sequenzen erzählen zu wollen. Das lässt sich mal mehr, mal weniger gut durchhalten. In einer Reportage ist das oft einfacher als in einer Dokumentation. Hier einmal ein Auszug aus einer Reportage der Zeitung „Welt kompakt“:

Als dreizehnjähriger geht Mehmet das erste Mal alleine zum Friseur, lässt sich einen Bob-Schnitt verpassen, top-aktuell in den neunziger Jahren. Allerdings für Frauen. „Ich fand das wunderschön!“
Als er mit der neuen Frisur stolz nachhause kommt, trifft er fast seine gesamte Familie im Wohnzimmer.

Die Reaktionen verletzen Mehmet tief. Ein Bruder schreit ihn an: „Wie siehst du denn aus? Wie eine Schwuchtel! Was soll der Scheiß?" In diesem Moment wird dem Jugendlichen klar, dass er kein Teil dieser Kultur ist, kein Teil dieses Glaubens. Er hat genug, sagt sich vom Islam los. Warum soll er an einen Gott glauben, der ihn nicht so mag, wie er ist? Als 17 jähriger verlässt er sein Elternhaus, zieht in Krefeld in eine eigene Wohnung.(Welt kompakt, 2016)

Mit dem letzten Satz sind wir schon in der nächsten Sequenz. Die Sequenz mit der Frisur ist mitten drin in einer Reportage über einen homosexuellen Türken in Deutschland. Die kleine Sequenz hat drei Akte, im ersten Akt geht er zum Friseur, die subzentrale Frage heißt: Wie gut kommt er mit der neuen Frisur an? Dann folgt der deprimierende zweite Akt, die Reaktionen. Im dritten Akt sagt er sich vom Islam los. Diese Reportage ist übrigens nacherzählt, also nicht gegenwärtig, und dennoch spannend. Ein anderes nacherzählendes und dennoch spannendes Beispiel aus dem Fernsehen ist die Dokumentation „Man on Wire". Der Film entstand im Jahr 2008 und erzählt die Geschehnisse aus dem Jahr 1974. Aber eben sequenziell. Immer hat die Gruppe um den Seiltänzer Philippe Petit eine Herausforderung, die zu einer subzentralen Frage führt. So muss es bei einer Sequenz sein: Aus einer Herausforderung entsteht eine subzentrale Frage. Die Herausforderung ist essenziell wichtig. Auch eine Erklärung, also die unterste Stufe der Erzähltreppe, kann eine subzentrale Frage haben. Etwa eine Erklärung zum Thema Erdbeben. Die subzentrale Frage könnte lauten: Wie entsteht Plattentektonik? Aber diese Erklärung hat keine Herausforderung! Und auch keine Personen-Beziehung.

Leider gibt es sehr wenige Dokumentationen wie „Man on Wire". Im Hörfunk ist es nicht besser. Hier ein Beispiel des saarländischen Rundfunks aus dem Jahr 2015. Und so beginnt der Beitrag:

Innenminister Boullion drängt zur Eile: Im Saarland werden in diesem Jahr schätzungsweise 2500 Wohnungen für Flüchtlinge gebraucht. Deshalb stellt das Land erneut 10 Millionen Euro für den Wohnungsbau in den Kommunen zur Verfügung.
O-Ton: „Wir müssen schneller werden. Es gibt keine Gründe, Hallen zu belegen. Wir haben immer noch rund 20.000 Leerstände, wir haben

Sonderprogramme, es gibt Bedarfszuweisungen, Mietgarantie. Ich will, dass der eine oder andere schneller wird.“
Schon im vergangenen Jahr hat das Land 10 Millionen Euro für Wohnungsbauprojekte in den Kommunen zur Verfügung gestellt. Nur die Hälfte der Mittel wurde abgerufen. Innenminister Klaus Boullion kann das nicht nachvollziehen.
O-Ton: „Keiner kommt irgendwo in finanzielle Schwierigkeiten. Wir sollten, solange es möglich ist, vermeiden, dass Sportheime, dass Hallen, dass öffentliche Gebäude belegt werden.“
Bisher kommen viele Kommunen eben auch anders klar: Die Gemeinde Schwalbach beispielsweise hat 320 Flüchtlinge untergebracht. In Privatwohnungen.
(Quelle: Saarländischer Rundfunk, 2015)

Das Spannendste an diesen Beitrag sind noch die O-Töne, weil in ihnen ein Hauch von Herausforderung steckt. Der Rest ist eine Erklärung. Das ist nur ein Beispiel, das allerdings für viele steht. Ha! Induktionsbeweis! Aber es ist wirklich so: Große Teile unserer Hörfunk- und Fernsehlandschaft klingen so. Jetzt kann man natürlich sagen, dass das sequenzielle Erzählen in kurzen, aktuellen Stücken schwierig ist. Das gebe ich zu. Aber in längeren Geschichten geht es oft nicht anders zu. Hier der Beginn einer Dreiviertel-Stunden-Fernseh-Dokumentation mit dem Titel „*Elefanten-Paradies Südindien – Die Mahouts von Kerala*“:

Noch heute kann man auf den Straßen Keralas Elefanten begegnen. Ihre Betreuer, die Mahouts, arbeiten für Tempel oder wohlhabende Geschäftsleute, die sich Elefanten als Statussymbol erhalten. Prinzessin Lakshmi Bayi ist eine Nichte des Maharadschas jeder Tag beginnt für sie mit einem Ritual. Darshini, ihr Schützling, ist der Tempelelefant der Königsfamilie. Mahout Kuttan betreut in Tag und Nacht.
O-Ton Prinzessin: „Ich bin keine Frühaufsteherin. Wenn ich wach bin, mache ich mich schnell fertig und gehe zuerst zum Tempel. Gleich, wenn ich von dort zurückkomme, besuche ich meinen Elefanten und füttere ihn mit Bananen. Manchmal weiß ich gar nicht, wen ich mehr lieben soll, den Tempelgott oder den Tempelelefanten. „

Kuttan hat die fünfzigjährige Elefantendame für religiöse Zeremonien ausgebildet.
O-Ton Kuttan: „Die Männer meiner Familie sind schon seit Generationen Mahouts im Padmanabha Swamy Tempel. Wir sind für den Elefanten verantwortlich und für die Rituale. Bei den Prozessionen trägt der Elefant die Götter. Seit vielen Jahren schon dienen wir den Königen. Erst war mein Großvater Mahout im Tempel, dann mein Vater, und jetzt bin ich es. Aber wer unsere Tradition einmal fortsetzen wird, das weiß ich nicht.
In Trivandrum, der Hauptstadt Keralas, besuchen täglich tausende Hindus den Tempel. Er ist Vishnu geweiht, dem Gott, der über das Gleichgewicht zwischen kosmischer und menschlicher Ordnung wacht (Südwestrundfunk, Länder Menschen Abenteuer, 2015).

Usw. und sofort. Ein Gemisch aus Erklärungen und Beschreibungen. Keine Situation, erst recht keine Sequenz. Natürlich tolle Bilder, aber trotzdem sterbenslangweilig. Warum erzählen mir die Personen, was sie normalerweise tun? Warum zeigt die Dokumentation das nicht einfach?

Die Erzähltreppe mit den Stufen Erklärung, Beschreibung, Situation und Sequenz ist ein prima Test. Wenn eine journalistische Geschichte, egal in welchem Medium, langweilig wirkt, kann man damit ganz schnell herausfinden, warum. Meist kommen diese Stücke über die Erklärung und Beschreibung (oft nur Nachbeschreibung) eben nicht hinaus.

Jetzt noch der Beweis, warum das alles so ist, und wir sequenzielles Erzählen am spannendsten finden. Weil wir so ticken, könnte man banal sagen. Aber wie ticken wir? Und da muss ich nun ein wenig eintauchen in die Wahrnehmungspsychologie. Glauben Sie mir, es lohnt sich ! Ein bisschen Geduld brauchen sie aber schon, denn zu Beginn könnten Sie sich schon fragen, warum der Störenfriedl das jetzt einem alles erzählt. Ich verspreche eine tolle Auflösung !

Wir haben zwei Systeme der Wahrnehmung – behauptet der Wahrnehmungspsychologe Daniel Kahnemann (Kahneman 2012). Er nennt sie der Vereinfachung wegen System 1 und System 2. Mit dem System 1 kommen wir zu 90 % durch den Tag. System 1 ist ganz schnell und kostet keine Energie.

Das ist das System 1: Wir fahren damit Auto, schwimmen, machen Small Talk. Ein vierjähriges Kind befolgt, wenn es spricht, mühelos die Regeln der

Grammatik, obwohl es sie gar nicht kennt. Wir erledigen kleine Aufgaben ohne Schwierigkeit:

$$2 + 2 = ?$$

Keine Schwierigkeit! Aber :

$$17 \times 24 = ?$$

Tja, dafür haben wir dann System 2. Das ist das langsamere System, wie die Rechnung schon zeigt. Und viel anstrengender! Deswegen ist ein Vorstellungsgespräch viel anstrengender als Small Talk. Weil wir dazu System 2 anwerfen müssen. Jeder kennt diese Situation im Auto: Man fährt, unterhält sich mit dem Beifahrer. Dann erfolgt ein sportliches Überholmannöver. Sofort erstirbt das Gespräch: Fahrer – und oft auch der Beifahrer – switchen um in System 2.

Und das ist der Schluss der Wahrnehmungspsychologie: Wir sind faul und gehen ungern in das System 2, mit dem wir anstrengend denken müssen. Und das wirkt sich im Alltag in allen Dingen aus: Das System 1 ist zwar schnell, aber wenig rational und verschätzt sich oft.

Für diese wissenschaftlichen Kenntnisse hat Daniel Kahnemann den Nobelpreis für Wirtschaft bekommen, weil es von der irrationalen Dynamik der Börse bis hin zu fatalen Entscheidungen von Firmenbossen so ziemlich alles erklären kann. Zwei Beispiele:

Wir spielen Glückspiele, etwa Lotto, ohne Sinn und Verstand. System 1 überbewertet nämlich extrem geringe Chancen. Und überbewertet geringe Restrisiken. Deswegen sind die meisten Menschen überversichert.

Tab. 2.5 Das Wichtigste in Kürze: System 1 und System 2

System 1	System 2
• Automatisch	• Muss aktiviert werden
• Kostet nichts	• Anstrengend
• Schnelle, unbewusste Lösungen (Autofahren)	• Langsame, bewusste Lösungen (Überholen)
• Intuitiv, heuristisch	• Rationalisiert S1
• Blitzschnelle Suche im assoziativen Gedächtnis	• Anstrengende und langsame Suche • Kontrolliert S1
• Unzuverlässig	• Muss gefragt werden
• Nie ratlos	• Recherche
• WYSIATI-Regel	
• Daher Gefahr der Ersetzung, Irrationalität	

Wenn System 1 unsicher ist, wettet es. Dabei neigt der Mensch dazu, die Logik zu ignorieren. Ein Beispiel, der Test wurde gemacht, als Björn Borg der beste Spieler der Tenniswelt war. Er führt bis heute die Prozentskala an (Wieviel Prozent aller Spiele ein Spieler gewonnen hat).

Psychologiestudenten (!) von Stanford bekamen folgende Fakten und sollten sagen, welche die wahrscheinlichere ist:

- Björn Borg verliert den ersten Satz
- Björn Borg verliert den ersten Satz, gewinnt aber dennoch das Spiel

72 % meinten Zweiteres! Obwohl das ja nur eine Teilmenge der ersten Aussage ist, also logischerweise unwahrscheinlicher sein muss!

Wir machen das aber laufend: System 1 bevorzugt das Plausible. Und dass Borg doch noch gewinnt, ist die plausiblere Geschichte. Schließlich hat er zu seinen besten Zeiten ja praktisch immer gewonnen. Also muss das so sein ! Wahrnehmungspsychologen nennen das Konjunktionsfehlschluss. Ein Grund, warum wir plausibleren Geschichten mehr Glauben schenken als logischen. Wie System 1 die Welt wahrnimmt, ist einfacher und kohärenter als die Wirklichkeit. „Das Erfolgskriterium von System 1 ist die Kohärenz der Geschichte, die es erschafft. Die Menge und Qualität der Daten, auf denen die Geschichte beruht, ist weit gehend belanglos.“ (Kahneman, 2012, S. 112)

Kurz: Wir glauben eine gut erzählte Geschichte, und ist sie noch so unwahr, viel eher als richtige Fakten. Unser System 1 bevorzugt Plausibilität gegenüber Logik. Oder in Kahnemans Worten: „Eine bezwingende Erzählung fördert die Illusion der Zwangsläufigkeit!". Man konnte übrigens herausfinden, dass System 1 sehr gutgläubig ist. Soll heißen: Wir glauben erst einmal die Geschichte. Kein Mensch sagt sich zunächst „Nein, das glaube ich jetzt erst einmal nicht." Übrigens, je müder wir sind, desto leichtgläubiger werden wir. Der Werbung im Spätprogramm des Fernsehens nehmen wir daher oftmals alles ab.

Ich muss noch die WYISATI-Regel erklären, die oben in Tabelle 2.5 steht: Die Abkürzung WYSIATI steht für das Englische „What You see is all there is". Kahneman meint damit, dass das System 1 blitzeschnell eine plausible Erklärung aus den bestehenden Fakten (also aus allem, was „da ist") zurechtzimmert. Typisch System 1! Alle Fakten zusammenkehren und fertig! Das kann aber böse ins Auge gehen, wenn die Faktenlage recht dünn ist. Das macht aber System 1 nichts aus. Es fragt nicht nach mehr Fakten, sondern kommt wunderbar mit dem bisschen aus, was eben da ist. Wie gesagt, System 1 ist eben echt faul...

Wie also Geschichten erzählen? Egal in welchem Medium, wir müssen beim User das System 1 ansprechen! Wir müssen uns ja immer wieder vergegenwärtigen, dass die Leute unsere Geschichten in ihrer Freizeit konsumieren. Und da will sich niemand anstrengen. System 2 ist aber anstrengend. So gesehen benötigen wir erst einmal „2+2-Geschichten", keine „17 × 24-Geschichten". Wenn wir uns nun die Erzähltreppe ansehen, kann man erkennen, dass immer mehr System 1 im Spiel ist, je weiter man nach oben steigt. Und immer weniger System 2. Je weiter unten, umso mehr müssen wir System 2 bemühen. Eine Erklärung ist praktisch nur System 2 – und daher keine Geschichte! Da eine Erklärung nur mithilfe von System 2 begriffen werden kann, ist sie anstrengend und deswegen nur dosiert einsetzbar. Sie sollte daher auch nie am Beginn einer Geschichte stehen. Auf der anderen Seite der Treppe ist ja die Sequenz. Mit ihr kann man herrlich System 1 ansprechen! Eine Erklärung mag logischer sein, auch richtiger; eine Sequenz, egal ob richtig oder falsch, ist an Plausibilität aber nicht zu überbieten und wird vom System 1 ohne jede Mühe angenommen!

Würden wir mit unseren Sequenzen allerdings nur System 1 aktivieren, dann bleibt die Geschichte flach. Der User konsumiert sie zwar, denkt aber überhaupt nicht darüber nach. Und das wollen wir ja auch nicht. Das ist die

Kunst des Geschichtenerzählens: die jeweilige Aktivierung von System 1 und System 2 zum genau richtigen Zeitpunkt! Und das geht bei der Sequenz: Der erste Akt sollte System 1 ansprechen. Im zweiten Akt können wir an zwei Stellen System 2 bedienen – und Sie kennen diese beiden Stellen schon, es ist die Orientierungsphase und der Midpoint. Erinnern Sie sich noch an unsere Sequenz mit dem Forscher und dem Pärchen am Flughafen? Sie enthält einen kurzen Erklärteil. Darin geht es um das laufend steigende Angebot, sei's im Supermarkt oder am Flughafen. Dieser kurze Erklärteil befindet sich genau in der Mitte der Sequenz, eben im Midpoint. Im dritten Akt können wir dann sogar vermehrt das System 2 ansprechen. Der dritte Akt ist, wie wir noch sehen werden, der Akt der Analyse, der Wertung, der Anschlussfragen, die dann zur subzentralen Frage der nächsten Sequenz werden kann. Das alles gilt genauso für die gesamte Geschichte! Auch bei der ganzen Geschichte sollte man im ersten Akt über System 1 gehen, usw. Manche nicht gut erzählten Geschichten sprechen zuerst System 2 und dann erst System 1 an. Das sind diese Geschichten, die man nicht gleich versteht. Man strengt sich dann erstmal an (wenn man es denn tut), denkt nach, hä? Kapiere ich nicht. Und wenn dann System 1 angesprochen wird, dann fällt der Groschen: Ach so ist das gemeint!

Tab. 2.6 Das Wichtigste in Kürze: Wie also Geschichten erzählen?

- Immer über System 1
- Nur über System 1: flach
- Ideal: System 1, dann System 2
- System 2 am Schluss der Geschichte oder der Sequenzen: Analyse, Wertung, Anschlussfragen
- S2, dann S1: Achso ist das gemeint!
- Nur System 2: Keine Geschichte

Experte versus Laie

Man kann es zwar nicht klar trennen, wir fühlen in beiden Systemen. Aber mehr Emotionen gibt es in System 1. Hier führen sogar Fakten zu Emotionen. Das System 1 bewertet zum Beispiel schlechte Nachrichten stärker als gute. Warum? Da ist sie wieder, die Verlustaversion (siehe gewohnte Welt): Verlust wiegt stärker als Gewinn. Der Steinzeitmensch konnte eine

Partnerin gewinnen oder Nahrung. Er konnte aber das Leben verlieren! Da der Organismus in erster Linie überleben will, reagiert er auf Verlust sensibler. Daher kommen schlechte Nachrichten besser an als gute! Im Test wurden sogar „schlechte" Wörter schneller erkannt als gute. Auch werden wütende Gesichter (also eine mögliche Bedrohung) besser wahrgenommen als zufriedene Gesichter. Es ist wirklich so: Ein wütendes Gesicht aus einer Menge von heiteren Gesichtern sticht heraus, ein einzelnes heiteres Gesicht aber nicht aus einer wütenden Menge. „Eine einzige Schabe in einer Schüssel Kirschen ruiniert deren Anziehungskraft völlig. Eine Kirsche in einer Schüssel voller Schaben fällt nicht weiter auf." (Kahneman 2012, S. 371). All das ist Sache von System 1, blitzschnell und mühelos.

System 2 ist das logischere. Es gibt auch einen Austausch zwischen beiden Systemen. Wir lernen des Öfteren Dinge mithilfe des Systems 2, die dann langsam aber sicher, eben mit zunehmender Übung, in das System 1 hinüber wandern. Ein gutes Beispiel ist der Führerschein. Wenn wir zum ersten Mal in einem Auto sitzen, muss alles das System 2 übernehmen, das Lenken, die Gangschaltung, der Blick in den Spiegel. All diese Dinge müssen bewusst gemacht werden – und das ist furchtbar anstrengend. Wenn man dann mal länger Auto gefahren ist, dann macht man das im System 1. Das ist quasi der Autopilot. Das Autofahren wird zu einer einfachen, unbewussten Angelegenheit. Man hat herausgefunden, dass ein Mensch ungefähr 10.000 Stunden Übung benötigt, bis er es in einer bestimmten Sache zur Meisterschaft bringen kann. Ein Profi-Schachspieler etwa erkennt spielend bestimmte Konstellationen auf dem Brett und ruft oftmals völlig unbewusst mehrere Lösungsmöglichkeiten ab. Der vielleicht genialste Spieler der Schachgeschichte, Bobby Fischer, konnte sich zeitlebens an jede beliebige Stellung seiner eigenen Partien erinnern. Binnen Sekunden spulte er dann Lösungsmöglichkeiten ab, wozu ein schwächerer Spieler Stunden brauchen würde. Soll heißen: Ein Experte denkt viel mehr mit dem System 1 als der Laie. Nach 10.000 Stunden ist das eben Routine. Und man hat genug Zeit bekommen, herauszufinden, welche Fehler man machen kann. (Niels Bohr: „Ein Experte ist eine Person, die in einem bestimmten Bereich alle Fehler gemacht hat, die man machen kann.") Das muss man als Journalist wissen. In unserem Beruf sind wir eigentlich immer die Laien, die bei ihrer Recherche meistens auf Experten treffen. Da unsere Experten auf ihrem Fachgebiet, das wir recherchieren, vorwiegend in System 1 unterwegs sind, kommt es automatisch zu Schwierigkeiten. Der Experte kann oft einfach nicht verstehen, warum wir das alles so schwierig finden, denn aus seiner Sicht mit den vielen tausend Übungsstunden ist das ja alles so einfach. Ich werde einen Dreh bei einem Bremer Hirnspezialisten nie vergessen. Wir hatten abgedreht, ich brauchte nur noch ein paar Statements. Da fing er an: „Die Metarepräsentationen sind ein Surrogat von Cell-Assemblies." Ich unterbrach ihn, weil ich natürlich zu gut wusste, dass es dieses Statement niemals in den Film schaffen würde, aber er war unbelehrbar, das sei ja alles ganz einfach! Das ging ein bisschen hin und ein bisschen her und dann zitierte ich Albert Einstein, der einmal sinngemäß behauptete, dass man etwas nicht wirklich verstanden hätte, wenn man es nicht der Großmutter erklären könne. Daraufhin schmiss uns der Forscher raus. Der Film ist dennoch gelaufen – nur ohne O-Töne. Als Journalist sollte man einfach wissen (ich wusste das damals eben nicht), dass ein Experte vor allem in System 1 denkt und oftmals nicht die Empathie aufbringt, dass sein Fachgebiet für Laien nur über das System 2 erschließbar ist. Für Statements muss man den Experten dann einfach in das System 2 zwingen, auch wenn seine einfach lautenden Erklärungen für das Fernsehpublikum für ihn selbst sehr anstrengend sind. („Herr Friedl, so habe ich das noch nie gemacht!"). Und was die Recherche angeht: Letzten Endes müssen wir das durch unser System 2 mühsam errungene Wissen ins System 1 übersetzen. Das ist eigentlich eine gute Definition von Journalismus. Nur so wird es auch wirklich eine Geschichte.

Tab. 2.6 Das Wichtigste in Kürze: Falscher Experten-Tipp

- „Die Metarepräsentation sind ein Surrogat von Cell-Assemblies"
- 10.000 Stunden bis zur Meisterschaft
- Experte denkt in System 1
- Für alle anderen bleibt das Surrogat in System 2 und daher anstrengend
- Journalistische Arbeit: Übersetzung von System 2 (eigene Recherche) in System 1 (Geschichte)

Uff! Ganz schön harte Materie! Aber wichtig! Man sieht eben, wie wichtig Geschichten für den Menschen sind, und dass er dafür empfänglicher ist als für Fakten. Naja, wir Journalisten sollten ja beides leisten, es muss richtig sein (Fakten), aber auch plausibel (Geschichte).

Wagen wir ein dramaturgisches Fazit: Es geht nichts über sequenzielles Erzählen! Aber denken wir auch an den großen Bogen, vergessen wir nicht die anderen Zutaten. Unabdingbar ist die 3-Akt-Struktur, zwei Wendepunkte, ein guter Anfang, ein Schluss, der seinen Namen verdient! Plausibel – und richtig (logisch)! Das ist mir echt wichtig: Sequenzielles Erzählen ist die eine Sache, den großen Bogen sehen, die andere. Ich möchte das wirklich teilen. Sequenzielles Erzählen ist für mich die Mikroebene, den großen Bogen sehen, also die Aktstruktur, ist für mich die Makroebene. Beides ist wichtig! Folgendes Beispiel hat in beiden Ebenen, in der Makro- und in der Mikroebene vieles richtig gemacht.

Der in meinen Augen sehr gelungene Zeitungsartikel zeigt, wie man gut sequenziell erzählt (Mikroebene), aber auch die 3-Akt-Struktur und die in sie eingewobenen Elemente der Heldenreise im Alltag einsetzt (Makroebene). Was mir wichtig ist: Es geht nicht darum, möglichst viele Heldenreise-Elemente reinzupacken, sondern nur die, die man eben braucht. Ich werde nie vergessen, wie kurz nach der Einführung der Heldenreise in unserer Redaktion eine Autorin in mein Büro stürmte, wie ein gehetztes Reh. „Es ist etwas Schlimmes passiert! Ich habe Punkt 3, die Weigerung, nicht.“ So etwas darf nicht passieren! Vielleicht lag es damals an unserem Seminarleiter, der die Heldenreise wie eine Monstranz vor sich her trug. Da haben dann wohl viele geglaubt, das eins zu eins übernehmen zu müssen. Die Heldenreise ist vielmehr wie ein Werkzeugkasten. Wenn ich zum Beispiel den Toilettenkasten aufschrauben muss, weil wieder einmal der Schwimmer klemmt, benutze ich ja auch nicht die Bohrmaschine, nur weil sie im Werkzeugkasten liegt. Es gibt aber dennoch Dinge, die man natürlich übernehmen sollte: einen tollen Anfang, das auslösende Moment und damit die zentrale Frage, vor allem auch einen zweiten Akt mit Sequenzen, und einen Schluss, einen dritten Akt, der den Namen verdient, Wertung, Analyse. Ich möchte ein Beispiel zeigen, einen wunderbaren Kompromiss zwischen reiner Lehre und journalistischem Alltag. Folgendes hat der Springer-Volontär Adrian Arab für die Welt geschrieben. Adrian war bei mir im Kurs. Deshalb ist die Freude doppelt:

Alle über einen Kamm
Um den Drohnenverkehr zu regeln, möchte der Verkehrsminister eine 100-Meter-Grenze für unbemannte Flugobjekte einführen.

Während Drohnen ungestört weiterfliegen könnten, würde das Gesetz einem anderen Hobby ein Ende bereiten. Die Betroffenen zeigen sich kampfbereit.

Soweit die Überschrift, und dann geht es los:

> *Sie liegt auf der Liege im Garten und sonnt sich. Doch nur ein paar Meter über ihr fliegt die Drohne des Nachbarn – mit Kamera. Der Fall geht vor Gericht. Der Drohnenpilot muss 460 Euro Schadenersatz zahlen, der Eingriff in die Privatsphäre sei nicht gerechtfertigt gewesen. In seiner Urteilsbegründung schreibt der Richter, das Ausspähen habe „bereits Züge von Mobbing". Das war neu: Ein Gerichtsfall, weil eine Drohne die Privatsphäre verletzt hat. Dennoch: eine Bagatelle. Ärgerlich, aber das sind Nachbarstreitigkeiten eben immer.*
> *Das war vor einem Jahr. Aber jetzt wird es gefährlich. Lebensgefährlich. 4. August 2016, Anflug eines Airbus A321 auf den Flughafen München. In 1.600 Metern Flughöhe kreuzt eine Drohne den Flugweg der Lufthansa-Maschine und nähert sich dem Flugzeug bis auf zehn Meter an. Die Piloten entdecken das Flugobjekt rechtzeitig, landen sicher und informieren die Polizei. Die stuft den Vorfall als gefährlich ein, der Drohnenpilot wird bis heute gesucht.*
> *Vielleicht war es ein Dilettant. Aber das ist genau das Problem: Jeder Flugbegeisterte, Fotograf oder Technikfreak kann ein solches Fluggerät ohne Schein durch den Luftraum bewegen. Weniger als 100 Euro kosten die günstigsten Modelle, wie viele es sind, ist nicht erfasst. Erst ab einem Gewicht von fünf Kilogramm müssen Besitzer ihre Fluggeräte beim Luftfahrtbundesamt registrieren. Das Gewicht erreicht freilich keine Drohne im unteren Preissegment.*

Das ist doch ein schöner Anfang. Zuerst die Miniatur, zwei Fälle, vom Gerichtsfall bis zur Lebensgefahr, also sich steigernd. Dann die gewohnte Welt des Mangels. Ein jeder Depp kann eine Drohne steuern. Nun erfolgt der Ruf des Abenteuers:

> *Im Bundesverkehrsministerium sieht man den wachsenden Verkehr mit Sorge. Nach der Sommerpause möchte das Ministerium von Alexander*

Dobrindt (CSU) ein Gesetz einbringen, das den zivilen Drohnenverkehr regelt. Der Haken: Nicht nur sollen künftig alle unbemannten Flugobjekte ab 0,5 Kilogramm eine Kennzeichnungspflicht haben. Eine weitere Beschränkung träfe vor allem die Modellflieger, von denen in Deutschland 87.000 im Modellflugverband DMFV angemeldet sind. Sollte das Drohnengesetz kommen, könnten sie ihrem Hobby künftig nur noch eingeschränkt, vielfach gar nicht mehr nachgehen.

Keine Weigerung, kein Mentor, eben nur die gewohnte Welt und der Ruf, das reicht. Der Ruf ist also das auslösende Moment, eben das drohende neue Gesetz. Die zentrale Frage: Warum können dann die Modellflieger einpacken? Und weiter geht es mit dem zweiten Akt. Und was kommt jetzt? Ja, richtig, die Orientierungsphase. Wir wollen ja noch ein bisschen mehr über den Gesetzentwurf erfahren.

Kern des Entwurfs ist eine 100-Meter-Grenze, die ausnahmslos für alle unbemannten Flugzeuge gelten soll. Während Modellflugpiloten, die im Verein fliegen, Versicherung, Flugschein und Zulassung nachweisen müssen, macht der Gesetzentwurf keinen Unterschied zwischen Modellfliegern und Drohnen, die jeder fliegen darf. Für die Modellflugpiloten ein besonderes Ärgernis: Die günstigsten Drohnen fliegen niedriger als 100 Meter und wären vom Gesetz nicht erfasst.

Das war jetzt noch keine Sequenz. Das ist ja das Typische an der Orientierung, dass man hier nicht unbedingt sequenziell erzählen muss. Die erste Sequenz kommt jetzt:

16 Kilometer südlich vom Flughafen Schönefeld wird klar, was die 100-Meter-Grenze für den Modellflug bedeuten würde. Der Berliner Modellflugverein ist auf dem Flugplatz Ragow zuhause, einem der stadtnächsten Modellfluggelände. Das Fliegen im Kernbereich von Berlin ist wegen der beiden Verkehrsflughäfen Tegel und Schönefeld sowie der Bannmeile rund um das Regierungsviertel verboten. Freilich ignorieren das regelmäßig die Hobbyflieger, die ihre Flugzeuge auf dem Tempelhofer Feld starten.

George Khuri steht in der Landezone des zwei Hektar großen Flugplatzes, hinter ihm eine Vereinshalle und zwei Wohnwägen. Khuri trägt einen Strohhut um sich gegen die Sonne zu schützen, die auf die große Freifläche, fernab jeden Wohngebietes, knallt. Mit einer Fernbedienung, die Khuri sich um den Hals gehangen hat, steuert er einen Sportjet, Marke Eigenbau, 250x280 Zentimeter groß, 16 Kilogramm schwer. Rund 10.000 Euro hat ihn der Flieger gekostet. Der heutige Flug soll beweisen, dass das geplante Gesetz für die Modellfliegerei den Tod bedeutet.

Hier ist der erste Akt der ersten Sequenz zu Ende. Khuri hat allgemein die Herausforderung, einen Sportjet zu fliegen. Heute hat eine besondere Herausforderung, nämlich einen Beweis anzutreten. Die subzentrale Frage lautet: Kann er zeigen, dass das geplante Gesetz für die Modellfliegerei den Tod bedeutet? Sie können sich Ihre subzentrale Frage natürlich auch ganz anders formulieren, aber so ähnlich könnte sie lauten. Dann beginnt der zweite Akt der Sequenz:

Die Maschine überfliegt mit Tempo 300 die Köpfe der Gäste, die zur Sicherheit hinter einem Fangzaun stehen. Mit seichtem Druck auf die Steuerung zieht Khuri seinen Jet nach oben und führt ihn in einen senkrechten Steigflug, der auf 250 Metern Höhe endet. „Kommt das Gesetz, dann sind solche Manöver bald nicht mehr möglich“, sagt er und visualisiert seine Feststellung mit einem Looping.
10.000 Euro hat Khuri in seinen Jet investiert, der jetzt wieder auf 300 Meter Höhe gestiegen ist -- absolutes Maximum. „Bis jetzt haben wir noch nie Probleme gehabt mit anderen Verkehrsteilnehmern. Die Kooperation im Luftraum zwischen Modellfliegern, Piloten und Flugsicherung könnte besser nicht sein. Das Vertrauen besteht seit vielen Jahren.“ Auf seiner Fernsteuerung überwacht Khuri Flughöhe, Geschwindigkeit und Trimmung. Damit der Pilot die Aufmerksamkeit auf sein Flugzeug richten kann, tastet der Flugleiter neben ihm den Luftraum nach anderen Maschinen ab. Am Horizont erscheint ein Wasserflugzeug, kommend aus Treptow-Köpenick. Der Zweistrahler bewegt sich eng an der Modellflugplatzgrenze. Eine Unachtsamkeit könnte in der Katastrophe enden. Die Entfernung vom Boden einzuschätzen braucht Erfahrung, die jeder Flugleiter nach einer Ausbildung nachweisen muss. Der Modellflug,

der nicht im Verein stattfindet, verzichtet meist auf diese Maßnahme, Drohnenpiloten sowieso. „Wenn Sichtflieger kommen, gehen wir runter. Die haben Vorflug und bekommen ihn auch. Wir gehen kein Risiko ein“, sagt Khuri.

Ende des zweiten Aktes der Sequenz. Höhepunkt ist das Auftauchen des Wasserflugzeuges. Nun erfolgt der dritte Akt:

Obwohl noch immer 300 Meter vom Boden entfernt, fährt Khuri jetzt die Landeklappen aus. Sein Flieger ist neu, nach zwölf Wochen Bauzeit testet er die Systeme das erste Mal ausführlich. Solche Tests in niedriger Flughöhe durchzuführen ist für ihn undenkbar -- wer neben dem massiven Flieger steht, ahnt warum. „Im Bereich unter 100 Metern können wir quasi nichts machen, außer geradeaus zu fliegen. Schwierige Manöver, Schulungsflüge oder Systemtests sind zu gefährlich. Die niedrige Höhe lässt keinen Puffer zum Reagieren und könnte Piloten und Zuschauer gefährden.“

Das kennen wir ja schon: Wertung, Analyse. Der Beweis ist erbracht. Die Modellfliegerei wäre wohl wirklich kein Spaß mehr. Es folgt die zweite Sequenz:

Die Modellflieger geben ihr Hobby nicht kampflos auf.

So schnell kann das gehen! Wenn eine Sequenz eingebettet ist zwischen Sequenzen, dann ist das gut, wenn oft nur ein Satz die nächste subzentrale Frage einleitet. Die Behauptung, dass die Modellflieger nicht kampflos aufgeben, generiert ja eine. Etwa, wie sieht Ihr Kampf aus?

Im Internet haben sie eine Petition gegen den Gesetzentwurf gestartet, der sich bis heute mehr als 100.000 Menschen angeschlossen haben. Kurzzeitig sah es so aus, als hätte der Protest Erfolg. Bei einem Treffen in Berlin mit dem Staatssekretär im Verkehrsministerium, Norbert Barthle, und einer anschließenden zweitägigen Gesprächsrunde, konnten der Deutsche Aeroclub (DAeC) und der Modellfliegerverband (DMFV) ihre Argumente vortragen. Ein konkreter Kompromiss ist bei dem

Treffen nicht entstanden, aber offenbar die Bereitschaft kommuniziert worden, Flugplätze von der Höhenbegrenzung auszunehmen. George Khuri wünscht sich einen solchen Kompromiss nicht: „Dann tummeln sich an unseren Flugplätzen all die Drohnenflieger, die uns das eingebrockt haben.“
Verbündete haben die Piloten im Verkehrsausschuss. Die Bundestagsabgeordnete Birgit Kömpel (SPD) möchte darauf hinwirken, dass ein Gesetz die Modellflieger nicht schädigt. Als Kernland in der Modellbauindustrie ist der Modellflug auch ein Wirtschaftsfaktor.

Der letzte Abschnitt ist der dritte Akt der Sequenz. Im Drama könnte man ihn auch den Punkt der letzten Hoffnung nennen. Naja, immerhin haben sie also Verbündete. Und die nächste Sequenz:

Leerer als die Fernbedienung von George Khuri sieht jene von Phillip Winter aus. Der 27-Jährige fliegt einen Segelflieger, daher fehlt der Regler für den Motor. Ihn träfe das Gesetz noch schlimmer als Khuri.

Der letzte Satz führt wieder zu einer subzentralen Frage: Warum trifft ihn das Gesetz noch schlimmer?

In Winters Ohren stecken Kopfhörer aus denen es mal tief, mal hoch piepst. Ein Variometer weist ihn akustisch auf Thermik hin, in der sein Modellsegelflugzeug steigen kann. Fehlt die Thermik, gleitet das Flugzeug zu Boden -- und bleibt auch dort, sollte die 100-Meter-Regel kommen. Heute piepst es selten hoch und meistens tief. Die Thermik ist durchschnittlich, Winters Segelflieger wechselt zwischen Horizontal- und Sinkflug. Richtig an Höhe gewinnen, will er nicht.

Und auch diese Sequenz schließt mit einem dritten Akt, der Wertung:

„Unter 100 Metern macht Modellsegelflug keinen Sinn“, sagt er, während er die Platzrunde fliegt. Für die braucht er je nach Thermik mindestens 200 Meter Höhe, bei 100 Metern ist der Boden erreicht, bevor die Runde komplett geflogen ist.

Jetzt kommt der zweite Wendepunkt der Geschichte, der dritte Akt beginnt. Es ist klug, dass hier die beiden Hauptdarsteller, eben die beiden Modellbauflieger, noch einmal zu Wort kommen:

> *George Khuri hat seinen Sportjet gelandet. Zeit, seinen Frust mit bebender Stimme zu formulieren. „Es kann nicht sein, dass wir bestraft werden, wenn sich Drohnenflieger nicht an Gesetze halten." Nach dem Flug unterzieht Khuri die Systeme einer Nachflugkontrolle. Fast alle sind doppelt vorhanden, damit ein Zweitsystem eventuelle Störungen kompensieren kann. Die Modellflieger legen Wert auf Sicherheit und kritisieren, dass sich viele Drohnenpiloten zu sicher fühlten. „Die Drohnen haben GPS-Empfänger. Wenn das Gerät aus dem Sichtfeld des Piloten gerät, kommt es automatisch zurück. Da ist es verlockend, die Drohne auch aus dem Sichtfeld zu fliegen." Ein besseres Gesetz sähe für ihn so aus: „In der Apotheke kann man manche Medikamente nur mit Rezept kaufen. So sollte das auch mit Drohnen sein. Käufer müssten nachweisen, dass sie fliegen können", sagt er.*
> *Auch Phillip Winter hat sein Segelflugzeug gelandet, die Thermik war zu schwach. Sollte das Gesetz kommen, hat er drei Möglichkeiten: „Entweder ich ignoriere das Verbot und riskiere ein Ordnungsgeld, oder ich gehe im Ausland fliegen". Beide Optionen sind ihm fremd und so nennt er die dritte: „Macht Dobrindt ernst, dann werde ich mir eine Modelleisenbahn kaufen".*
> *(Quelle: Die Welt, 26.09. 2016)*

Natürlich kann man an diesem Artikel auch viel Kritik üben. Der Höhepunkt, also das Ende des zweiten Aktes, eben die entscheidende Prüfung, ist nicht wirklich entscheidend, steht auf schwachen Beinen. Ja, und noch andere Dinge könnte man monieren. Aber: Es gibt keinen perfekten Menschen, also auch keine perfekten Geschichten. Darauf kommt es mir an: Diese Geschichte ist einfach gut strukturiert dank der drei Akte (Makroebene). Man wird geführt. Und man sieht, was sequenzielles Erzählen bewirkt (Mikroebene). Und damit kommen wir jetzt wieder ganz auf die Makroebene der Heldenreise.

2.3 Der Midpoint

Apollo 13: wie aus Ballistik Dramaturgie wird

Wir haben bei Apollo 13 die Katastrophe erlebt. Das war das auslösende Moment: „Kommt die Crew heil zurück?", das ist die zentrale Frage. Inzwischen haben die Astronauten so einiges an Arbeit geleistet, um zu überleben. Fürs erste. Genau in der Mitte des Films passiert nun dies: In Mission Control haben sich die Fachleute dafür entschieden, dass die Crew von Apollo 13 durch Zünden der letzten Stufe nicht einfach umkehrt, sondern das Schwerefeld des Mondes ausnutzt zum „Umkehrschwung". Dabei wird dem Schwerefeld Energie entzogen, das Raumschiff wird beschleunigt und fliegt der Erde entgegen. Das bedeutet: Der Flug hat zwei genau gleich lange Strecken, eine zum Mond und die andere zurück zur Erde. Genau auf der Mondrückseite hat Apollo 13 also „Halbzeit". Was passiert dabei im Film? Ron Howard zeigt alle drei Bildebenen: Mission Control in Houston, die Angehörigen (die Frau von James Lovell, weinend am Radio) und natürlich die Crew. Lovell selbst hat einen Tagtraum, wie er aus dem Landefahrzeug aussteigt und den Mond betritt.

Dann kommt die Erde zum Vorschein, der Funkkontakt funktioniert wieder und Lovell motiviert seine Leute: „Gentlemen, was habt Ihr jetzt vor? Ich würde gerne nach Hause."

Was ist passiert? Die Antwort ist furchtbar einfach: Gar nichts.

Mitten im Film macht der Regisseur eine Vollbremsung. Es ist der totale Stillstand der Handlung. Der Grund dieses Manövers: Man holt noch einmal kräftig Luft vor den schwierigsten Prüfungen. Dazu eignet sich der so genannte „Midpoint". Und man kann die Uhr danach stellen: Es ist wirklich genau die Mitte des Films oder ein paar Minuten danach. Es ist immer besser, wenn die zweite Hälfte nicht länger ist als die erste. Für den journalistischen Film eignet sich der Midpoint genauso: Einfach mal die Luft rauslassen! Dramaturgie bedeutet ja nicht ständige Tempoerhöhung, sondern Tempowechsel (wie in der Musik: nicht immer presto, sondern auch mal adagio oder sogar grave). Die langsameren Teile der Geschichte sind auch deswegen wichtig, um immer wieder die Nähe zu den Protagonisten herzustellen. Wer durch die Geschichte hetzt, kann das nicht schaffen.

Besonders geeignet für den Midpoint als Ruhepol ist im Fernsehen und Radio Musik. Bei einem Film über die bemannte Raumfahrt könnten das einfach Bilder der Erde sein, dazu Musik, kein Text. Bei einem Film über Landwirtschaft vielleicht nette Bilder vom Melken der Kühe, ebenfalls kein Text. Einfach mal 30 Sekunden Ruhe. Ich persönlich kenne im Fernsehen und auch Radio kaum ein Magazinstück oder eine Dokumentation, die ich als zu langsam empfinde, viele aber, die mir zu schnell sind. Man rast da oftmals durch, dass man wie geschlagen ist. Allerdings muss man den Midpoint als Ruhezone oft sehr standhaft verteidigen. Zum Beispiel bei der Abnahme. Plötzlich beginnt der abnehmende Redakteur nervös zu werden. Ich habe das selbst erlebt: „Ist da denn kein Text drauf?". Und zum Kürzen eignet sich der Midpoint in dieser Art ja auch herrlich: Man verändert die Erzählstruktur kaum. Viel schwieriger ist es etwa, einfach eine Sequenz wegzulassen. Wenn der Beitrag gut gebaut ist, geht das gar nicht, weil die Kausalität in sich zusammen fällt. Also ist der Midpoint als Ruhezone eine gern gesehene Kürzungsmöglichkeit. Aber auch da ist Wissen Macht. Auf die Frage, was das soll, antwortet der unwissende Autor, der das aber im Blut hat, und eben aus dem Gefühl heraus in der Mitte einen Clip verankert hat, vielleicht so etwas wie: „Naja, da ist doch mal Raum für Musik." Der wissende Autor beeindruckt dagegen den Redakteur: „Aber Sie wollen mir doch nicht den Midpoint streichen!" Loriot hätte diesen Vorschlag im „Guten Ratgeber" sicherlich gemacht.

Der Midpoint kann aber noch viel mehr als nur eine Ruhezone sein. Wir haben es ja schon angesprochen, dass im Journalismus hier auch Erklärstücke gut kommen. Ideal ist der Midpoint für ein Zwischenfazit. Besonders bei schwierigen Stoffen, das wären für mich zum Beispiel Geschichten über Geldmengenpolitik, ist es gut, wenn vor den immer schwierigeren Sequenzen in der Mitte des zweiten Aktes eine Zusammenfassung für Ruhe und Verständnis sorgt.

Und noch etwas kann der Midpoint leisten: das Kippen der Handlung. Ein gutes Beispiel ist da der erste Harry-Potter-Film. Es ändern sich nicht die Attribute der Hauptpersonen, aber es wird merklich gefährlicher. Jetzt geht es nicht mehr um Quidditch oder Alraunen. Jetzt wird es gefährlich, und die drei müssen einen Troll umnieten. Das schafft Ron mit einem Zauber: Des Trolls eigener Prügel fällt ihm auf den Kopf, er geht, mit Harrys Zauberstab in der Nase, zu Boden.

Bild	Text
Hermine groß	Hermine: Ist er tot?
Ron und Harry	Harry: Sieht nicht so aus.
Harry zieht seinen Zauberstab aus der Trollnase	Er ist nur K.O. gegangen. Ihh, Trollrotz.

Quelle: Harry Potter und der Stein der Weisen, 2001, USA, Großbritannien, Chris Columbus, Warner Bros.

Also auch das kann der Midpoint: Er kündigt an, dass es von nun an immer dramatischer wird.

Vorsicht Missbrauch! Midpoint als zentrale Krise

Die angebliche zentrale Krise (Vogler 1997, S. 277) hat mich Monate gekostet. Ich konnte einfach kein Filmbeispiel finden. Bis ich in anderer Literatur nachlesen konnte, dass es so eine zentrale Krise gar nicht gibt. Hammann 2007, S. 325f. War ich erleichtert! Daher dieser kurze Einschub, um hier Missverständnisse zu vermeiden. Meiner Meinung nach macht es eben einen großen Unterschied, ob man den Midpoint als Scheideweg betrachtet, eben wie beim klassischen Drama, oder, wie teilweise zu lesen, als zentrale Krise. Da wird behauptet, dass der Höhepunkt des zweiten Aktes genau in dessen Mitte liegen könnte. Auch wenn es im Midpoint einen Aktionshöhepunkt geben kann, so ist das in keinem Fall die entscheidende Prüfung. Und die ist der Höhepunkt des zweiten Aktes, oft als Folge der tiefsten Höhle. Inzwischen weiß ich, warum es keinen einzigen Hollywoodfilm gibt, bei dem das so wäre. Um das Missverständnis aufzuklären, möchte ich zwei bekannte Filme miteinander vergleichen, nämlich „Der unsichtbare Dritte“ von Hitchcock und „Fluch der Karibik“ von Verbinski. So sieht das zeitliche Schema der Filme in Tab. 2.7 aus:

Tab. 2.7

Der unsichtbare Dritte	**Fluch der Karibik**
0:38 Ende 1.Akt (Mord)	*0:41 Ende 1.Akt (Entführung)*
1:06 Mordversuch auf freiem Feld	*1:12 Elisabeth auf dem Opferaltar*
1:40 Ende 2. Akt (Rettung)	*1:40 Ende 2. Akt (Rettung)*
2:16 Ende	*2:13 Ende*
Quelle: Der unsichtbare Dritte, USA, 1959, Alfred Hitchcock, Metro-Goldwyn-Mayer	Quelle: Fluch der Karibik, USA 2003, Gore Verbinsky, Disney

Die Länge des ersten Aktes ist vergleichbar; beide Filme setzen also auf eine lange Einleitung. Besonders beim „Fluch der Karibik“ müssen ja auch viele Figuren eingeführt werden, die zunächst nicht zusammen agieren, sondern in Parallelhandlungen. Im Midpoint zeigt Hitchcock die berühmte Szene mit Cary Grant, der auf einem Acker von einem Flugzeug angegriffen wird. Das ist ein Aktionshöhepunkt, keine Frage. Das damalige Werbeplakat baute auf diese Szene. Aber es ist nicht der Höhepunkt des zweiten Aktes, also die entscheidende Prüfung! Die findet bei 1:40 Stunde statt, als Grant alias Roger O. Thornhill sich selbst rettet, indem er auf einer Auktion für Randale sorgt und von der Polizei abgeführt wird. Auf diese sehr phantasievolle Weise (da kommt der Werbemensch durch! Erinnern Sie sich an die gesäten Attribute im 1. Akt?) rettet er sich vor den ebenfalls anwesenden Schergen Phillip Vandamms, seinem Gegenspieler. Daraufhin bekommt er die „Belohnung“: Er wird aufgeklärt, dass die blonde Schönheit, die ihn zu der nicht sehr freundlichen Verabredung mit dem Flugzeug überredet hat, in Wirklichkeit eine Agentin ist. Typisch Hitchcock: Im Midpoint führt er den Helden auf die falsche Fährte, das Publikum aber weiß mehr als der Held. Am Ende des zweiten Aktes weiß der Held dann wieder soviel wie das Publikum. Im dritten Akt erfolgt die tolle Kletterpartie am Mount Rushmore. Also: Höhepunkt der Krise ist nicht die Flugzeugszene, sondern die Rettung mit der darauf folgenden Belohnung (In der Tat Anagnorisis für Cary Grant!). Bei „Fluch der Karibik“ ist der Midpoint ebenfalls bei 1:12 Stunden. Will Turner kann – zumindest kurzfristig – seine Elisabeth aus den Händen der Piraten retten. Das ist oft so: Im Midpoint begegnen sich der Prinz und die Prinzessin. Doch sie haben noch nicht das Potenzial, zueinander zu kommen. Es fehlen noch Entwicklungsschritte, die eben in der zweiten Hälfte des zweiten Aktes sich entwickeln. Beispiel „Robin Hood" mit Kevin Costner: Auch da kommen Robin und Marion kurz zusammen, spazieren miteinander – und gehen dann wieder verlustig.

Aber lassen Sie uns den Vergleich abschließen. Die entscheidende Prüfung bei „Fluch der Karibik" ist erst bei 1:40 Stunden, wie bei Hitchcock. Ebenfalls eine Rettungsaktion. Beide Filme dauern fast gleich lang. Nun kann man sagen, dass bei einer Filmlänge von 2:16 der Midpoint bei 1:06 kurz vor und nicht genau in der Mitte liegt. Aber es handelt sich ja nicht um eine kurze Szene, sondern um eine 10-minütige Sequenz, dauert also bis 1:16 Stunden, genauer platzieren kann man den Midpoint also wohl kaum.

Und nun eine Bitte: Vergessen Sie den Begriff der „zentralen Krise" nun wieder.

Tab. 2.8 Das wichtigste in Kürze: „Der Midpoint" (Teil 1)

- Wendepunkt genau in der Mitte des Films
- Totaler Handlungsstillstand vor den wichtigsten Prüfungen
- Der Midpoint ist keine zentrale Krise (die gibt es gar nicht)

Der Midpoint wird uns noch einmal einholen, nämlich im Kapitel „der 2. Akt – reloaded". Und zwar mit einer noch viel stärkeren Bedeutung. Wir werden sehen, dass der Midpoint eigentlich so etwas wie der zweite Wendepunkt sein kann. Dann hat der Drei-Akter eben drei Wendepunkte. Aber dazu später mehr. Was haben wir im 2. Akt nun bislang geschafft? Ganz schön viel! Wir haben gesehen, dass es Prüfungen gibt, die immer schwieriger werden müssen. Wir haben eine komplette Sequenzanalyse durchgenommen und dabei auch noch Wahrnehmungspsychologie angewendet. Wenn man nach der dramatischen Treppe (nicht zu verwechseln mit der Erzähltreppe) vorgeht, dann besteht der zweite Akt aus einer Reihe von Sequenzen. Das ist in Ordnung, aber die Heldenreise macht es eben besser. Hier fallen zwei Sequenzen, oftmals ist es sogar nur eine, aus der Reihe: die tiefste Höhle und die entscheidende Prüfung. Wie gesagt, in Hollywood sind die beiden oftmals in einer Sequenz vereint. Die tiefste Höhle und die entscheidende Prüfung sind so etwas wie Primus inter Pares im 2. Akt. Sie setzen sich von den Frequenzen davor eindeutig ab. Und deren Eigenschaften sehen wir uns jetzt an.

2.4 Vordringen in die tiefste Höhle

Phönix aus der Asche

Wenn man es einfach halten will, so hat die 3-Akt-Struktur im zweiten Akt aufeinander folgende Prüfungen von leicht bis schwer. Die Heldenreise allerdings webt da noch etwas Spezielles mit ein. Der Punkt Nummer 7 heißt „Vordringen in die tiefste Höhle". Immer wieder gerne hergenommen bei den James-Bond-Filmen. Wer kennt nicht die Szene in Goldfinger? Bond liegt gefesselt auf einem goldenen Tisch. Darüber eine riesige Laserkanone, die mit einem scharfen roten Strahl langsam, aber unerbittlich das Gold zerschneidet, wobei der Strahl zwischen den gespreizten Beinen Bonds Männlichkeit immer näher rückt:

Bild	Text
Nah: Laserstrahl frisst sich zwischen gespreizten Beinen durch das Metall	
Totale: *Bond liegt gefesselt auf dem Tisch, Goldfinger steht daneben* *Goldfinger, groß*	Goldfinger: „Das ist Gold, Mr. Bond. Schon mein ganzes Leben lang habe ich seine Farbe geliebt, seinen Glanz, seine göttliche Schwere. Mir ist jedes Unternehmen willkommen, das meinen Vorrat vergrößert. Der schon recht beträchtlich ist."
Bond, groß	Bond: „Sie haben mich völlig überzeugt, Goldfinger, vielen Dank für die Demonstration."

Goldfinger, beobachtet den Strahl *Goldfinger schickt sich an, den Raum zu verlassen*	Goldfinger: „Überlegen Sie sich Ihre nächste geistreiche Bemerkung sorgfältig, Mr. Bond, es wird vielleicht Ihre letzte sein. Der Zweck unserer vorherigen Begegnung ist mir jetzt völlig klar. Ich habe nicht die Absicht, mich von einer weiteren verwirren zu lassen. Gute Nacht, Mr. Bond."
Bond starrt auf den Strahl	Bond: „Erwarten Sie von mir, dass ich rede?"
Goldfinger dreht sich nochmals um	Goldfinger: „Nein, Mr. Bond, ich erwarte von Ihnen, dass Sie sterben! Es gibt nichts, dass Sie mir erzählen könnten, was ich nicht schon wüsste."
Groß: Bond	Bond: „Sie haben nur etwas vergessen. Wenn ich mich nicht mehr melde, werde ich von 008 ersetzt."
Goldfinger redet mit seinen Leuten *Goldfinger, groß*	Goldfinger: „Ich hoffe zuversichtlich, dass er mehr Erfolg hat."
Bond, groß, Laser	Bond: „Er weiß, was ich weiß."
Goldfinger Bond	Goldfinger: „Sie wissen nichts, Mr. Bond." Bond: „Nur etwas über das Unternehmen Grand Slam zum Beispiel."
Goldfinger bleibt abrupt stehen, dreht sich zu Bond um, Totale des Raumes	
Goldfinger, Laser groß, Bond, schwitzend, Goldfinger denkt nach	Goldfinger: „Zwei Worte, die Sie aufgeschnappt haben, die für Sie nicht geringsten Sinn haben können. Für Sie nicht oder für irgend einen aus Ihrer Organisation."
Laser groß, ist schon fast am Körper angekommen, schnelle Schnitte zwischen Laser, Bond und Goldfinger *Dann Totale des Raumes,* *Laser wird abgestellt*	Bond: „Können Sie sich dieses Risiko leisten?"

Halbtotal:	
Bond im Vordergrund, Goldfinger spricht zu ihm	Goldfinger: „Sie haben vollkommen recht, Mr. Bond. Sie haben für mich mehr Wert, wenn Sie leben."
Mitarbeiter Goldfingers betäubt Bond mit einer Pistole	

Quelle: Goldfinger, USA, Großbritannien 1964, A.R. Broccoli, H. Saltzmann

Das ist also die tiefste Höhle. Es ist der Punkt der vollkommenen Ausweglosigkeit. Man glaubt, die Geschichte geht zu Ende, der Held verliert. Es gibt sie nicht erst seit Joseph Campbell. Wie auch alle anderen Punkte der Heldenreise hat er die tiefste Höhle nicht erfunden, sondern gefunden und sie eben so benannt. Es gibt daher viele sehr alte Beispiele: Im Bauch des Wals (Jonas), im Bauch des Wolfes (Rotkäppchen), im Irrgarten (Theseus), in der Unterwelt (Orpheus). In Hollywood wissen sie um diese starke mythische Aufladung der tiefsten Höhle. James Bond ist des Öfteren in tiefsten Höhlen zu finden, das ist schon fast inflationär eingesetzt. Aber viele gute Filme haben solche tiefsten Höhlen, die meistens vor der entscheidenden Prüfung kommen. Man denke etwa an den verbotenen Wald bei „Harry Potter und der Stein der Weisen". Die tiefste Höhle macht vor der entscheidenden Prüfung größten Sinn: In Umkehrung des Sprichwortes „Je höher man fliegt, desto tiefer fällt man". Erst wenn das Spiel praktisch aus ist, kommt der Held geläutert aus der Krise und steigt auf wie Phönix aus der Asche.

Wenn man die tiefste Höhle – wie übrigens hier bei Goldfinger – weiter vorne im Film einsetzen möchte, läuft man Gefahr, danach an Fahrt zu verlieren. Denn: Wie kann man das noch toppen? Und macht es überhaupt Sinn, den Karren schon zu Beginn scheinbar an die Wand zu fahren? Eine meiner Meinung nach verkorkste tiefste Höhle findet sich bei „König der Löwen". Simba und seine Freundin haben sich mal wieder zu weit fort gewagt und treffen auf dem Elefantenfriedhof auf ein Rudel Hyänen. Simbas letzte Stunde scheint geschlagen zu haben. Es bringt die Geschichte zu diesem Zeitpunkt nicht voran, sie ist im ersten Akt, noch vor dem Tod seines Vaters (Akt-Ende).

Von Inspiration und Transpiration

Für den Journalismus ist die tiefste Höhle ein Geschenk. Zu oft läuft es zu glatt! Scheinbar mühelos erforscht der Wissenschaftler oder gewinnt das Fußballteam. Es ist erfrischend, wenn mal etwas nicht gleich klappt. Folgender Magazinbeitrag ist ein Stück über Bionik. Ich präsentiere Ihnen den Film erst mal ohne tiefste Höhle und füge sie anschließend noch hinzu. Dann kann man sehen, mit welch geringem Aufwand hier zusätzlich für Spannung gesorgt wurde. Es lohnt sich, den Beitrag zu lesen, denn er wird uns noch mal begegnen.

Bild	**Text**
Geschenk, Geschenkpapier, Junger Mann versucht, Geschenk einzupacken, das Klebeband pappt nur an der Hand	Manche Dinge pappen, vor allem da, wo sie es gar nicht sollen. Das ist ärgerlich.
Fahrendes Auto innen, außen, bremst mit Mühe, Reifen groß	Im Verkehr fehlt oft die Haftung, trotz neuer Winterreifen. Das ist gefährlich.
Totale Balkon, fesches, barockes Mädchen lächelt zu einem jungen Mann hinunter, lockt ihn mit dem Zeigefinger	
Mann versucht zu „fensterln", rutscht ab, steht unter dem Fenster mit seinem Geschenk und zuckt die Schultern	Manchmal bräuchte man beides: Gleichzeitig Halt finden und sich bewegen. Das ist unmöglich – zumindest für den Menschen.
Mädchen verschwindet verärgert im Haus	
Fliegen groß	Denn sie können das. Für Insekten, etwa für Fliegen, wäre „fensterln" kein Problem. Sie können haften und sich jederzeit wieder lösen, um weiter zu laufen oder zu fliegen.
Total:	Wie machen die das?
Fliegen, im Hintergrund zwei Forscher	Und: Könnte man von den Tieren lernen?
Forscher, Gesicht groß	Diese Fragen wollen Max-Planck-Forscher aus Stuttgart beantworten.
Totale: Forscherin öffnet eine Schachtel mit Tieren	Die Forschungsprojekte: Fliegen, Spinnen und Käfer.

Drehscheibe, Käfer wird darauf gesetzt	Kleine Füße, große Haftung. Ein Ampferblattkäfer auf der Drehscheibe
Scheibe dreht sich mit Käfer immer schneller, Käfer bleibt haften	Auch bei 3000 Umdrehungen pro Minute verliert er nicht den Halt. Obwohl er gegenüber einem Klebeband scheinbar im Nachteil ist.
O-Ton Forscher	„Ein Klebeband besteht aus einer relativ steifen Schicht und auf der anderen Seite ist eine weiche Klebeschicht und durch diese Weichheit kann dieses Material mit jeder Unterlage eine sehr große Kontaktfläche bilden und dadurch kommen große Haftkräfte zustanden. Wenn wir jetzt die Insekten betrachten, die haben zur Verfügung ein relativ steifes Material, das Außenskelett. Und die sind trotzdem in der Lage große Haftkräfte zu entwickeln. Man fragt sich natürlich: Wie schaffen die das überhaupt?“
Forscher am Mikroskop Petrischale groß Insektenbeine groß Rasterelektronenbilder von Insektenbeinen	Die Vermutung der Forscher: Das Geheimnis liegt in der besonderen Bauweise der Füße. Auf den ersten Blick erkennt man: Die Insektenbeine sind behaart. Bei stärkerer Vergrößerung wird klar: Sie sind geradezu übersät mit winzigen Härchen, nur wenige Millionstel Millimeter dick. Sie vergrößern die Oberfläche der kleinen Füße enorm – und damit die Haftung.
Die beiden Forscher mit Glaskasten Schärfenverlagerung auf darin sitzender Vogelspinne	Das allein erklärt jedoch noch nicht, warum auch schwerere Tiere scheinbar mühelos an glattem Glas haften.
Forscher kippt den Kasten Vogelspinne groß, bleibt haften	Die Forscher suchten das gewisse Etwas, was sogar der Vogelspinne Halt gibt. Immerhin ist sie rund tausendmal schwerer als eine Fliege. Deswegen haben sie noch einmal ganz genau hingeschaut.

Blende: Elektronenmikroskopische Bilder, Härchen mit Verdickung	Und tatsächlich: Jedes Härchen verbreitert sich am Ende zu einer Art Schuh, der die Fläche noch einmal enorm vergrößert.
Animation: *Haar mit „Schuh" auf Oberfläche, wird abgezogen* *Haare werden von Oberfläche heruntergelassen, werden wieder abgezogen*	Die Tiere haften also nur, weil sie Schuhe tragen. Diese Schuhe können sie mühelos vom Boden abziehen. Auf einer Oberfläche knicken sie ab. Die Haftung wird noch verstärkt, weil sie sich leicht verspannen. Bei Zug entspannen sie sich wieder und lassen sich wie ein Klebeband abziehen.
Forscher legen Band auf Glasplatte, nehmen die Platte hoch und hängen ein Gewicht an das Band. Es hält.	Das Haftmaterial der Forscher besitzt diese verbreiterten, schuhartigen Strukturen. Und funktioniert. Ein Klebeband ohne Klebstoff, nach Art der Natur.
O-Ton Forscher	„Das klingt vielleicht verrückt, aber ein Mensch an der Decke laufend ist eigentlich möglich. Dazu müssen wir im Vergleich zu Strukturen, die wir heute haben vielleicht um den Faktor 1000 kleiner werden. Dafür müssen die Materialforscher noch was tun, das heißt, die Strukturierungsmethoden müssen noch verbessert werden, aber möglich ist das alle Male."
Junger Mann packt mühelos Geschenk ein	Die Anwendungen könnten höchst unterschiedlich sein. Geschenkpapier etwa, das klebt, aber wieder entfernt werden kann.
Auto (im Zeitraffer) fährt um die Kurve, Der junge Mann in einem Spiderman- Kostüm steigt aus, hält Geschenk mit der Hand hoch	Winterreifen, mit denen man wie auf Schienen fährt.
Spiderman fensterlt mühelos zum Balkon hoch, zieht die Maske ab. Der junge Mann küsst das Mädchen.	Und: super haftende Schuhe und Handschuhe, die Fensterln zum Kinderspiel machen. Spidermann wird Realität.

Quelle: Bayerischer Rundfunk, Unkraut 2007

Ein ganz netter Film. Es gibt folgende Prüfungen: Erst einmal die „Diagnose", also das Messen der Haftkräfte der Insekten, hier des Ampferblattkäfers. Dann erfolgt die Untersuchung der Beine mittels Licht- und Elektronenmikroskop. Dann der Nachbau. Drei Prüfungen, alles geht glatt.

Nun hat der Autor, den ich flüchtig kenne, bei seiner Recherche jedoch tatsächlich den Forscher gefragt, ob es denn Irrtümer gab, missglückte Versuche – und wurde fündig. Der Forscher war übrigens begeistert von der Idee, endlich mal berichten zu können, wie die Realität aussieht, nämlich so, wie Albert Einstein sie geschildert hat: 10 % Inspiration, 90 % Transpiration.

Und das ist das Ergebnis, das dann auch tatsächlich gesendet wurde, obwohl der Beitrag etwas länger wurde als geplant. Hier abgedruckt ist nur die Stelle nach der zweiten Prüfung, die zusätzlichen paar Sätze sind halbfett gedruckt:

Bild	Text
Elektronenmikroskopische Bilder	… Bei stärkerer Vergrößerung wird klar: Sie sind geradezu übersät mit winzigen Härchen, nur wenige Millionstel Millimeter dick. Sie vergrößern die Oberfläche der kleinen Füße enorm – und damit die Haftung.
Forscher legen Band auf Glasplatte, nehmen die Platte hoch und hängen ein Gewicht an das Band. *Es fällt herunter!*	**Die Forscher haben eine Folie entwickelt, mit winzigen haarähnlichen Strukturen. Der einzige Nachteil: Sie funktioniert nicht.**
O-Ton Forscher	**„Wir waren ganz davon überzeugt, dass, sobald wir ähnliche Strukturen in der Folie erzeugen, können wir solche natürlichen Systeme auch kopieren. Die ersten Versuche sind aber alle gescheitert, das heißt, wir haben überhaupt keine Haftkräfte gemessen und wir waren kurz vorm Aufgeben. Also, wir haben gedacht, die Welt stimmt nicht mehr."**

Die beiden Forscher mit Glaskasten, Schärfenverlagerung auf darin sitzender Vogelspinne *Forscher kippt den Kasten Vogelspinne groß, bleibt haften*	**Die Forscher haben noch einmal genau hingeschaut. Irgendwas mussten sie übersehen haben, das gewissen Etwas, das sogar der Vogelspinne halt gibt. Immerhin ist sie 1000 mal schwerer als eine Fliege.**
Blende: Elektronenmikroskopische Bilder, Härchen mit Verdickung an Unterseite	**Und tatsächlich: Jedes Härchen verbreitert sich am Ende zu einer Art Schuh, der die Fläche ungemein vergrößert.**
Animation	Insekten haften also, weil sie Schuhe tragen. Diese Schuhe können sie mühelos vom Boden abziehen…

Quelle: Bayerischer Rundfunk, Unkraut 2007

Das sind drei zusätzliche Einstellungen und ein sehr emotionaler O-Ton. Beim Dreh praktisch kein Mehraufwand. Aus einem guten Beitrag wird so ein sehr guter. Die tiefste Höhle kommt völlig unvermutet und erzeugt große Spannung – gerade weil man es nicht gewöhnt ist, dass solch ein Scheitern „verraten" wird. Man sieht hier auch, dass die tiefste Höhle vor der entscheidenden Prüfung am meisten Sinn macht. So reiht man nicht Prüfung an Prüfung, sondern hat einen zusätzlichen Wendepunkt geschaffen. Und noch ein Vorteil: Die tiefste Höhle setzt die letzte, entscheidende Prüfung von den anderen ab. Das macht die entscheidende Prüfung zu etwas Besonderem – eben entscheidend. Das zeigt auch der Text: „Die Forscher haben noch einmal genau hingeschaut. Irgendwas mussten sie übersehen haben, das gewissen Etwas, das sogar der Vogelspinne halt gibt. Immerhin ist sie 1000 Mal schwerer als eine Fliege." Beide Punkte verhindern, dass die Geschichte so einen „listing-Charakter" bekommt. Prüfung 1, Prüfung 2, Prüfung 3 und tschüss… Man hat zwar Prüfungen, aber die tiefste Höhle wird anders wahrgenommen und die entscheidende Prüfung dann auch, die Gefahr der Reihung ist gebannt.

Das Auswärtsspiel des Helden

Was dieser Beitrag nicht zu leisten vermag, ist eine andere Regel die tiefste Höhle betreffend. Es sollte sich um ein „Auswärtsspiel" handeln. Der

Held in der Fremde, auf unbekanntem Terrain, ist viel spannender als ein „Heimspiel". Das kann man ebenfalls an den James-Bond-Filmen erkennen: Bond liegt gefesselt bei Goldfinger, nicht in M's Büro. Er muss fremde Inseln aufsuchen, wo etwa ein Profikiller seine Residenz hat (Der Mann mit dem goldenen Colt). Er landet mit einem Wasserflugzeug, das der Schurke Scaramanga ihm gleich einmal zusammenschießt. Die Lage ist denkbar übel: Allein auf der Insel des Bösewichts und das ohne Rückkehrmöglichkeit. So begibt sich Bond immer in die Fremde, auf echte Inseln (Dr. No) oder auf künstliche Inseln (Der Spion, der mich liebte). Warum ist das Auswärtsspiel spannender? Da ist sie wieder, die Verlustaversion! Ich hatte sie schon in der gewohnten Welt des Mangels angesprochen und bei den Sequenzen auch. Ein Verlust zählt mehr als ein Gewinn. Bei Tieren, die ihr Territorium verteidigen müssen, kann man die Verlustaversion beobachten. Bei Kämpfen um ein Territorium gewinnt fast immer der Revierverteidiger. Er müsste einen Verlust verkraften, sein Herausforderer bekäme „nur" einen Gewinn. Das alles ist so, weil System 1 so eingerichtet ist, dass Überleben das Wichtigste ist. Wer die Gefahren schnell erkennt, hat die größeren Überlebenschancen. Daher : Die Gefahr lauert auf fremdem Territorium, also Auswärtsspiel !

Das sollte man auch auf den journalistischen Beitrag übertragen. Ein Interview mit der Bundeskanzlerin würde ich nicht im Bundeskanzleramt führen wollen. Vielleicht ist das auch ein Grund, warum Laborszenen oftmals langweilig sind: Der Wissenschaftler hat ein Heimspiel. Wie im obigen Beitrag kann man das ja nicht immer verhindern. Dann aber gilt: Das Heimspiel muss schwierig sein. Das gilt gerade für den Text. Einmal musste ich eine Geschichte redigieren, die folgende Sätze enthielt: „Der Frosch zieht sich ins sichere Gras zurück, da hat er auch genügend zu fressen." Geht gar nicht! Der Held muss sich immer mühen, und natürlich besonders in der tiefsten Höhle. Zu den psychologischen Hintergründen später mehr. Die tiefste Höhle kann auch weiter hinten, im 3. Akt kommen. „Ben Hur" ist so ein Fall, da ist der Held in der tiefsten Höhle und dann kommt die Auferstehung. Auch diese Reihenfolge macht Sinn, weil im Falle Hurs erst da der Held sich läutert. Wir kommen später noch mal darauf zu sprechen.

Tab. 2.9 Das wichtigste in Kürze: „Tiefste Höhle (Teil 1)"

- Punkt der absoluten Ausweglosigkeit
- Kann die entscheidende Prüfung vorbereiten
- Kann auch Schauplatz des 3. Aktes sein
- Ist meist Auswärtsspiel

2.5 Die entscheidende Prüfung

John Wayne: Und es fiel kein einziger Schuss

Und damit kommen wir zum zweiten großen Höhepunkt der Geschichte (wenn man den Konflikt im 1. Akt als den ersten anerkennt). Es ist, wie wir sehen werden, vor allem für journalistische Kurzbeiträge der Höhepunkt schlechthin. Während Hollywood sich im 3. Akt nochmals steigert zum großen „Showdown", bleibt uns das im Alltag leider oft versagt, zumindest bei Einspaltern und 4-Minuten-Beiträgen. Umso wichtiger also ist die entscheidende Prüfung. Ich möchte mit einem Hollywoodbeispiel beginnen, mit einem Film, der nicht den Bekanntheitsgrad von „Harry Potter" oder „Starwars" hat. Doch zeigt die entscheidende Prüfung so viele typische Merkmale auf, dass ich hier diese 3 Minuten aus John Waynes Film „Alamo" zeigen möchte. Es ist wirklich Waynes Film, weil er nicht nur mitgespielt hat, sondern auch Regisseur und Produzent war. Letzteres hat ihn fast in den finanziellen Ruin getrieben. Der Film aus dem Jahr 1960 zeigt im letzten Akt die Schlacht vom 6. März 1836 um die zum Fort ausgebaute Missionsstation Alamo. Die Geschichte spielt in San Antonio im Jahre 1836. Texas hat gerade seine Unabhängigkeit von Mexiko erklärt. Doch der mexikanische Diktator Santa Anna hat etwas dagegen. John Wayne et al. harren in der Station aus, um Zeit für die Rekrutierung amerikanischer Truppe zu schinden. Da bekommen sie die Nachricht, dass kein Entsatz zu erwarten ist. Das ist die tiefste Höhle. Also stehen sie vor der Wahl: Entweder kämpfen und den Tod wählen – Santa Anna hat 7000 Mann, also etwa 6900 mehr – oder fliehen. Diese Entscheidung ist die entscheidende Prüfung.

Bild	Text
Colonel Travis in der Mission vor den Männern *Männer auf Pferden mit Gewehren hören zu*	„Männer! Bonham hat uns gerade eine traurige Nachricht gebracht. Colonel Fennan ist mit seinen Leuten in eine Falle geraten. Wir haben keine Hilfe zu erwarten. Ich harre hier aus mit meinem Kommando. Aber jeder von Euch, der es wünscht, soll ehrenvoll entlassen werden."
Travis groß *Travis dreht sich zum Tor um und ruft:*	„Ohne Verstärkung kann Fort Alamo nicht gehalten werden. Und wer gehen will, der braucht sich nicht zu schämen. Kein Mensch kann Euch Euren Entschluss übel nehmen. Hier auf diesen Mauern habt Ihr Houston zehn kostbare Tage verschafft. Ihr habt dem Feind große Verluste beigebracht. Eure Tapferkeit verdient höchste Bewunderung." „Öffnet das Tor!" „Gott sei mit Euch."
Colonel Bowie reitet langsam auf das offene Tor zu, bleibt stehen, steigt ab und geht hinüber zu Travis und stellt sich neben ihn. Nach und nach steigen immer mehr Männer ab und stellen sich dazu, schweigend. Schließlich auch Crockett (Wayne). *Ergriffen ruft Travis:*	„Schließt das Tor!"

Quelle: Alamo, USA 1960, John Wayne, Metro-Goldwyn-Mayer

Dazu natürlich viel Musik, also, es ist schon ergreifend. Alle entscheiden sich auszuharren, den sicheren Tod vor Augen. Ein Western, in dessen entscheidender Prüfung kein einziger Schuss fällt! Wayne holt das im dritten Akt natürlich noch sehr bleihaltig nach. Die mexikanische Übermacht metzelt die braven Amerikaner nieder. Aber die entscheidende Prüfung ist eine reine Gewissensentscheidung. Hier „dreht" sich das „Fisch-auf-dem-Trockenen-Attribut" um. Während vorher viel diskutiert wird über den Wahnsinn des Selbstopfers, entscheiden sich alle Männer nun doch dafür. Hier wird nicht gelogen!

- ***In der entscheidenden Prüfung kommt der wahre Charakter des Helden zum Vorschein.***

Auch wird hier die beherrschende Idee des Films deutlich: „Überzeugungen sind erst etwas wert, wenn man dafür bereit ist zu sterben." Das klingt pathetisch, vielleicht typisch amerikanisch, der Spruch stammt aber von einem der Hitlerattentäter vom 21. Juli 1944. Als beherrschende Idee passt er aber zu „Alamo".

Vom Fragezeichen zum Ausrufungszeichen

Wenn man so will, ist die entscheidende Prüfung die Antwort auf die zentrale Frage. Am Ende des ersten Aktes steht ein dickes Fragezeichen. Am Ende des zweiten Aktes ein dickes Ausrufungszeichen. Das gilt sehr oft im Journalismus, nicht immer für Hollywood. Dafür gibt es ja noch die „Auferstehung" im dritten Akt. Zumindest aber hat der Held nach der entscheidenden Prüfung das „Potential", die zentrale Frage zu beantworten. Werden die Männer sich opfern, um den Sieg noch möglich zu machen? In der entscheidenden Prüfung machen sie das ja noch nicht. Das ist Sache des dritten Aktes. Aber sie haben sich dafür entschieden, es zu tun. Und das ist die Voraussetzung – für den Vollzug im 3. Akt. Da gibt es immer noch den „showdown", ob bei „Schweigen der Lämmer" (Starling erschießt im Keller den Serienmörder) oder bei „High Noon" (Will Kane erledigt mit der überraschenden Hilfe seiner Frau die Schurken). Oder eben bei „Alamo", wo Wayne den Bleigehalt der Luft in Akt 3 drastisch erhöht.

Im Journalismus plädiere ich oft dafür, die entscheidende Prüfung sehr wohl als Antwort auf die zentrale Frage aufzubauen. Der Grund ist einfach: Wir haben oft keinen Showdown im dritten Akt, wo der Held nochmals beweist, dass er es wirklich begriffen hat. Ein Beispiel: Ein Autor liest eine dpa-Meldung (neue Operationsmethode bei Oberschenkelhalsbruch erfolgreich getestet). Wir sprachen schon darüber. Die zentrale Frage: Kann Hubert K. (gestürzt, Oberschenkelhalsbruch) geholfen werden? Im zweiten Akt handelt Professor Semmelweis, die entscheidende Prüfung ist die Operation, die Belohnung ist der Erfolg, Ende zweiter Akt. Der dritte Akt ist die Veränderung des Helden (läuft besser als je zuvor) und die Einschätzung der neuen Methode. Der dritte Akt ist der journalistischste Akt. Hier wird analysiert, bewertet. So wie eben auch bei der dramatischen Treppe. Also sollte die entscheidende Prüfung die zentrale Frage beantworten. Wie gesagt: Es gibt Ausnahmen, aber die sind bei kürzeren Beiträgen rar. Der Weinbeitrag ist solch eine Ausnahme. Hier gibt es nach der schwierigsten Prüfung (Trockenheit) die Antwort der Franken auf den Klimawandel: Den Spätburgunder, der ihm trotzen wird, ja, der den Frankenwein noch besser macht als heute. Das passiert im dritten Akt als zusätzlicher Höhepunkt nach den bestandenen Prüfungen.

Der zweite Akt kann übrigens auch mit der tiefsten Höhle aufhören. Entscheidende Prüfung und Belohnung fallen dann weg. Wie das? In Hollywood ist der Aktionshöhepunkt des zweiten Aktes für den Helden eben schief gelaufen. Viele Thriller gehen so vor: Der Held wähnt sich am Ziel und scheitert. Erst im finalen Showdown erringt er den Sieg. Auch in vielen Liebeskomödien ist das so. Ich hatte es schon angesprochen: Oft ist am Ende des zweiten Aktes die Braut weg und der Mann muss sie im 3. Akt mühevoll wieder erobern. Etwa Richard Gere, der bei Pretty Woman seine Höhenangst überwindet und dafür Julia Roberts gewinnen kann. Im Journalismus bietet es sich auch oft an, die entscheidende Prüfung in den dritten Akt auslagern. Das ist also eine „light"-Variante, man hat dann nicht mehr die beiden Paare entscheidende Prüfung/ Belohnung und Auferstehung/ Rückkehr mit dem Elixier, sondern nur noch letzteres. Die Bearbeitung eines Igel-Films geht so vor (Beispiel gegen Schluss dieses Buches). Auch bei Geschichten über Kriminalistik etwa funktioniert das gut, wenn die Dokumentation auf einen „Fall" als roten Faden setzt. Beispiel: Ein Mord soll aufgeklärt werden, im zweiten Akt arbeiten die Ermittler fieberhaft: Obduktion, Phantombild, Fingerabdrücke, Fasern. Anhand des Falls wird also neue Kriminaltechnik erklärt. Es gibt einige Anhaltspunkte, zum Schluss sogar einen Beschuldigten, der ein Sakko besitzt, von dem Fasern stammen könnten, die am Tatort gefunden wurden. Aber das ist zu dünn. Dann die Vernehmung, der Verdächtigte schweigt. Ende, aus. Die Ermittler sind mit ihrem Latein am Ende. Tiefste Höhle. Schluss des zweiten Aktes! Der Verdächtigte ist wieder auf freiem Fuß. Da greifen die Kriminalen noch zum letzten Mittel: Die Tatwaffe, eine Pistole, weist samt Magazin keinerlei Fingerabdrücke auf. Der Täter hat sie also vor der Tat gereinigt.

Aber er hat Tage vorher das Magazin ohne Handschuhe bestückt. Dabei ist eine Hautschuppe hängen geblieben. Heureka! Der DNA-Test überführt den Täter. Das ist der 3. Akt.

Die Geschichte konzentriert sich auf den Fall, da kann man nach der Auflösung nicht mehr viel erzählen, die Spannung ist raus. Das bedeutet: Wäre der DNA-Test die entscheidende Prüfung, würde ein dritter Akt mit Analyse ect. eher wie nachgeschoben wirken, wie ein Appendix. Daher sollte man aus dem Test die Auferstehung machen, den Höhepunkt des dritten Aktes. Man macht das, was ein guter Journalist machen sollte: Bei Bedarf Eindampfen der Heldenreise auf das, was man eben braucht. Da ist das Gespann entscheidende Prüfung/Belohnung und Auferstehung/Rückkehr mit dem Elixier einfach zu viel. Und die Einsparung ist egal: Die 3-Akt-Struktur leidet ja überhaupt nicht darunter: Man hat immer noch 3 Akte – und daher zwei Wendepunkte!

Noch eine wichtige Regel: Die entscheidende Prüfung sollte niemals durch Zufall entschieden werden. Erinnern Sie sich? Beim auslösenden Moment durfte der Zufall sehr wohl eine Rolle spielen (Beispiel Ben Hur: Ein Dachziegel fällt dem römischen Statthalter auf die Birne). Das Fragezeichen darf also durch einen Zufall ausgelöst werden, das Ausrufungszeichen auf keinen Fall. Ist ja eigentlich logisch: Da baut man mühsam die Prüfungen und dann…Ällabätsch! Klar, dass sich der User vergackeiert fühlt, denn alles was er bislang gesehen hat, ist jetzt Makulatur. Und damit zu einem Punkt, der ohne entscheidende Prüfung nicht gedacht werden kann: Der Erfolg der entscheidenden Prüfung ist die „Belohnung". Sie ist der kleine Bruder vom „Rückkehr mit dem Elixier", wenn man so will. Der Held hat sich gewandelt und wird dafür belohnt. James Bond bekommt seine Dechiffriermaschine „Lector" („Liebesgrüße aus Moskau") und Luke Skywalker seine Prinzessin Leia („Starwars"). Bei „Harry Potter und der Stein der Weisen" ist es etwas komplizierter. Die zentrale Frage der sieben Bücher ist eigentlich immer dieselbe: Wer bin ich? Das kann Herne Potter aber nur herausfinden, indem er in jeder einzelnen Geschichte seinen großen Gegenspieler, Lord Voldemort, ein bisschen besser kennenlernt. Warum das so ist, erfährt man sukzessive, zwischen den beiden gibt es eine spezielle Bande. Wie auch immer, der erste Harry-Potter-Film hat eine sehr schön, kure Belohnung. Kurz zuvor war Harry noch im verbotenen Wald (das kann man als tiefste Höhle interpretieren), dort begegnet er Voldemort, der sich gerade einen Schluck Einhornblut gönnt. Er wäre verloren gewesen, hätte ihn nicht der Zentaur Firenze gerettet. Er weiß nun um den Zustand Voldemorts und glaubt, ihn stellen zu können. Was für Luke die Baupläne des Todessterns, ist für Harry dieses Wissen, das er in den Prüfungen ansammeln konnte. Er liegt zwar nicht ganz richtig, aber seine Schlüsse sind zumindest so nah an der Wahrheit, dass er in der Tat dem dunklen Lord heimleuchten kann. Die Belohnung ist noch einmal ein Tempowechsel. Sie wird auch Lagerfeuerszene genannt. Warum? Weil es hier ruhig zugeht, und das muss ja auch so sein. Schließlich wird hier ein Ergebnis gefeiert. Nach der entscheidenden Prüfung holt der Held tief Luft, um zum entscheidenden Schlag wieder bei Kräften zu sein. Dramaturgisch macht dies Sinn, weil man die beiden Aktionshöhepunkte (Entscheidende Prüfung und Auferstehung) nicht unmittelbar hintereinander reiht. Nach der oft spannenden, aktionsreichen entscheidenden Prüfung wird hier auf die Bremse gedrückt. Oftmals ist diese Phase der Ruhe und Entspannung ein Spaziergang, ein gemütliches Beieinander. In unserem Fall treffen sich Hermine, Ron und Harry und besprechen im Gemeinschaftsraum der Gryffindors die Lage. Im Kamin prasselt…genau, ein Feuer.

Bild	**Text**
Totale von oben: *Ron und Hermine sitzen auf Sofas* *Vor dem Kamin* *Harry läuft vor dem Feuer hin und her und doziert:*	Hermine: „Und Du meinst, „Du-weißtschon-Wer“ ist in dieser Sekunde da draußen im Wald?“ Harry: „Aber er ist geschwächt. Er trinkt das Blut der Einhörner. Versteht Ihr nicht, wir haben uns geirrt. Snape will den Stein nicht für sich selbst. Er will den Stein für Voldemort. Durch das Elixier des Lebens wird Voldemort wieder stark.
Harry setzt sich nachdenklich hin.	Er…er kommt zurück.“
Ron spricht Harry an	Ron: „Aber wenn er zurückkommt, dann wird er doch nicht versuchen,
Harry antwortet bestimmt.	äh, Dich zu töten, oder? Harry: „Wenn es ihm möglich gewesen wäre, hätte es bestimmt schon
Ron bestürzt	heute versucht.“

	Ron: „Der Gedanke, dass ich mich von meinen Abschlussprüfungen gefürchtet habe…“
Hermine mischt sich ein	Hermine: „Augenblick mal! Wir vergessen hier etwas. Wer von allen Zauberern, hat wohl den Mord schon immer gefürchtet? Dumbledore! Solange Dumbledore bei Dir ist, Harry, wird dich keiner angreifen. Solange Dumbledore bei Dir ist, kommt keiner an dich ran.“

Quelle: Harry Potter und der Stein der Weisen, 2001, USA, Großbritannien, Chris Columbus, Warner Bros.

Die entscheidende Prüfung und die Belohnung muss man zusammen denken, ähnlich wie die Auferstehung und die Rückkehr mit dem Elixier. Oftmals ist die entscheidende Prüfung die Handlung und die Belohnung das Resultat. Hier ein schönes journalistisches Beispiel, unsere Radio-Dokumentation über Benjamin Disraeli. Die beherrschende Idee und die Belohnung in einem:

Mit Lord Derby hat Disraeli einen Parteifreund, der ihn machen lässt. Ein Segen für die konservative Partei, denn es ist höchste Zeit, die verkrusteten Strukturen aufzubrechen und ein modernes Programm umzusetzen, das unter anderem das Wahlrecht liberalisiert. Disraeli setzt seine reform bill gegen alle Widerstände durch. Von da an gilt er unbestritten als seriöser Politiker. Die Wahlrechtsreform vom August 1867 ist Disraelis größte innenpolitische Leistung. Sie verdoppelt auf einen Schlag die Zahl der wahlberechtigten Briten. In den ländlichen Gebieten, den counties, dürfen nicht nur Großgrundbesitzer wählen, sondern jeder, der Land mit einem Jahresertrag von mindestens fünf Pfund besitzt oder aus gepachtetem Land zwölf Pfund erwirtschaftet. In den Städten dürfen jetzt alle, die ein Haus besitzen und mindestens zehn Pfund Miete pro Jahr zahlen, zur Wahl gehen.
Die Rechnung, dass die Konservativen dank der reform bill automatisch die nächste Regierungspartei bilden, geht nicht sofort auf. Doch auf längere Sicht profitieren sie von der vergrößerten Wählerschaft. Disraeli

wird 1868 erstmals Premierminister, verliert das Amt aber kurz darauf an seinen Erzfeind und Liberalen, William Gladstone. 1874 wird er nach einem erdrutschartigen Sieg der Konservativen erneut Premierminister. Er hat sein Ziel erreicht und kann es all denen zeigen, die ihn über all die Jahre mit antisemitischen Beleidigungen wie Shylock, also Wucherer, oder Kriechtier und Schlimmerem beschimpft haben. Er ist der Mann der Stunde und seine jüdische Abstammung ein Privileg, dass ihn in den Stand setzt, nicht nur Großbritannien, sondern das ganze Empire zu retten. Andreas Fahrmeier: „Die Tatsache, einem auserwählten Volk anzugehören, nicht religiös, sondern kulturell, in gewissem Sinne auch von der Abstammung her, ist eine Begründung für die Rolle, die er spielen kann für ein in die Krise geratenes England. Ein potentiell sich auf dem absteigenden Ast befindendes Land braucht neue Inspirationen, und wo sollen die besser herkommen als aus sozusagen dem gelobten Land und von dem auserwählten Volk. Und das inszeniert er ganz explizit." (Bayerischer Rundfunk, 10.6.2013)

Die entscheidende Prüfung ist also das neue Wahlrecht, die Belohnung das Amt. Dann wird noch einmal explizit ein Attribut besprochen, das am Anfang des zweiten Aktes eingeführt worden ist, seine jüdische Herkunft. Dieses Attribut wandelt sich von einem Fisch-auf-dem-trockenen-Motiv zu einem vorwärtsgerichteten Attribut, zu einem klaren Vorteil. Und darum geht es im Journalismus: Die Autorin oder der Autor hat sich das ja nicht ausgedacht, sondern einfach nur die Fakten klar erkannt und für die Struktur, für die Geschichte, an den genau richtigen Stellen eingesetzt.

Generell gilt: Die Belohnung ist der Mehrwert für den User, der endlich die zentrale Antwort bekommen möchte – und damit Aufklärung. Uhps, da grätscht plötzlich Aristoteles ein: Anagnorisis. Ha! Wir sind wieder 2400 Jahre alt! Ich meine ja nur: Einführung des Stummfilms, ect. Privatfernsehens 1984 (Revolution), Einführung des Internets (Revolution), Einführung von Twitter, Facebook (Revolution!), all das hat Aristoteles überlebt, und immer noch gilt: Geschichten erzählen ist dasselbe geblieben wie damals, außer, dass es jetzt „storytelling" heißt.

Tab. 2.10 Das Wichtigste in Kürze: „Das Ende des zweiten Aktes"

„Entscheidende Prüfung (Teil 1)" Bisheriger Höhepunkt des Films und Höhepunkt des 2. Aktes • In der 3-Akt-Struktur Erlangen der Erkenntnis • Im Monomythos nur „Richtfest" • Zeigt den wahren Charakter des Helden • Oft Auswärtsspiel • Darf niemals durch Zufall entschieden werden
„Belohnung" • Nach Aristoteles Anagnorisis • Belohnung ist entweder die Antwort der zentralen Frage – oder: • Belohnung ist nur „Potential" zur Beantwortung der zentralen Frage • Ruhe vor dem Sturm: „Lagerfeuerszene"

Damit wären wir am Ende des 2. Aktes. Ufff…das ist mehr als Halbzeit.

Prüfungen, dann die tiefste Höhle, dann eine besondere Prüfung, die entscheidende, dann die Belohnung – und tschüss…

Tab. 2.11 Die wichtigsten Merkmale des zweiten Aktes in Kürze

• Der 2. Akt prüft die Attribute des Helden • Und die des Antagonisten • Tiefste Höhle erhöht entscheidende Prüfung • Entscheidende Prüfung bisheriger Höhepunkt • Entscheidende Prüfung führt zu Belohnung (meist Erkenntnis =Anagnorisis) • Erkenntnis ist Voraussetzung zum Vollzug (= 3. Akt)

Erlebnis und Ergebnis

Wir sind also jetzt am Ende des 2. Aktes angekommen. Am Anfang steht ein Fragezeichen, am Ende ein Ausrufungszeichen. Zwischen diesen beiden Polen ergibt sich die größte Spannung. Spannungen, müsste man sagen, denn es gibt zwei verschiedene. Die Ergebnis- und die Erlebnisspannung. Nach der zentralen Frage freut man sich ja auf die Auflösung. Das ist die Ergebnisspannung. Ein Kriminalstück ist so aufgebaut. Es zielt genau auf den Punkt, an dem der Mörder entlarvt wird. Das sind „Who-done-it-Geschichten". Genauso wichtig ist aber die Erlebnisspannung. Sie zielt nicht auf das Ergebnis ab, also etwa, wer der Mörder war. Die Spannung bezieht sich vielmehr aus dem „wie?". Ein Detektivstück ist so aufgebaut. Bei Columbo etwa weiß man ja schon nach einer Viertelstunde, wer der Mörder ist. Die Spannung bezieht sich daraus, wie Columbo den Mörder fasst. Liebesfilme etwa würden ohne die Erlebnisspannung überhaupt nicht funktionieren. Jeder, der für einen solchen Film ins Kino geht, weiß doch schon vorher, dass die beiden ein Paar werden. Spannend ist nur, wie das passiert.

Im Journalismus sollten wir immer beide Arten berücksichtigen. Ergebnisspannung bezieht die Geschichte meist aus der Beantwortung der zentralen Frage. Erlebnisspannung kann man nur erreichen, wenn man sequenziell erzählt. Erlebnis- und Ergebnisspannung sind die wichtigsten Arten, Spannung zu erzeugen. Doch es gibt noch andere Möglichkeiten, die ich hier kurz vorstellen möchte.

Das ist wirklich der Wahn: Insgesamt gibt es nur vier Möglichkeiten, Spannung zu erzeugen! Weil sie so essenziell wichtig sind, haben sie in Hollywood einen eigenen Begriff dafür:

The Fab Four

Damit sind nicht die Beatles gemeint. Diese vier Möglichkeiten möchte ich, nach steigender Bedeutung, kurz vorstellen.

Zunächst einmal gibt es das so genannte „Advertising" (auch „Pointing" oder „Telegraphing"). Wie der Name schon sagt, handelt es sich dabei um eine Art Ankündigung. Es ist einer der großen Fehler im Journalismus, dass davon leider zu wenig Gebrauch gemacht wird. Meist passiert eben alles blitzblatz. Viel spannender ist es aber, wenn man vorbereitet, geführt wird. Ein Satz wie etwa „Na, wir sehen uns dann bei der Hochzeit." kündigt an, dass es in dieser Geschichte eine Hochzeit geben wird. Der Unterschied zwischen „Advertising" und „Planting and Payoff" ist, dass das Erstere vom Leser, Hörer oder Zuschauer ganz bewusst wahrgenommen wird. Zweiteres meist nicht. Für das „Advertising" gibt es den Spruch: Wenn im 1. Akt ein Gewehr an der Wand hängt, muss spätestens im 3. Akt damit geschossen werden.

Nummer zwei der Fab Four ist der sogenannte „Dangling Cause". Man könnte das mit „schwebender Fall" übersetzen. Da hängt also etwas in der

Luft. Im Prinzip ist das ein negatives „Advertising". Ein schönes Beispiel findet sich bei „Moby Dick": „Captain Ahab, erinnert Ihr Euch, was man euch einst geweissagt hat? Drei Tote werden Euren Weg kreuzen, bevor Ihr selbst in die Tiefe steigt!" Oder auch die Warnungen des alten Elias am Vortag der Abreise des Wahlfängers an Ismael. „Ich habe Dich gewarnt!". Oder bei „Lawrence von Arabien", da herrscht Sherif Ali Lawrence an: „Du bist wahnsinnig! Um Akaba vom Land aus zu erreichen, müssten wir die Wüste Nefud durchqueren. Kein Mensch kann die Wüste durchqueren!" Lawrence: „Ich durchquere sie, wenn Du es tust." Antwort: „Du? Dazu braucht man mehr als einen Kompass, Engländer!" Nach diesem Dialog weiß man, dass Lawrence sich auf ein Himmelfahrtskommando begibt. Übrigens ist auch bei „Harry Potter und der Stein der Weisen" ein Dangling Cause. Es ist Hermine, die für einen sorgt: „Augenblick mal! Wir vergessen hier etwas. Wen von allen Zauberern hat Voldemort schon immer gefürchtet? Dumbledore! Solange Dumbledore bei Dir ist, Harry, wird Dich keiner angreifen. Solange Dumbledore bei Dir ist, kommt keiner an Dich ran." Na, ist doch klar, dass Dumbledore natürlich verlustig geht, er weilt während des Showdowns im britischen London.

Nummer drei ist vor allem durch Alfred Hitchcock bekannt geworden: Suspense. Die Spannung dabei entwickelt sich aus der Tatsache, dass der Zuschauer mehr weiß als der Held. Hitchcock selbst benutzte immer das Beispiel mit dem Restaurant. Zwei Menschen sitzen am Tisch, plötzlich platzt unter den Tisch eine Bombe. Viel spannender sei es, so Hitchcock, wenn der Zuschauer vorher sieht, wie die Bombe unter den Tisch angebracht wurde. Erst dann kann er mitfiebern. Passiert es oder haben die beiden Glück? Vielleicht heißt dann ein Dialogsatz etwa: „Was tickt denn da, ist das deine Uhr?" Ein Meisterstück des Suspense ist Hitchcocks Film „Der unsichtbare Dritte" (Ernest Lehman wurde für sein Drehbuch Oscar nominiert). Bis zum Anfang des 2. Aktes weiß der Zuschauer genauso viel wie der Held, bzw. genauso wenig. Es ist nämlich ein einziges Katz-und-Maus-Spiel. Eigentlich schleierhaft, wie bei einem solchen Wirrwarr dennoch Spannung aufkommt. Das kann eben nur ein Hitchcock. Hauptdarsteller Cary Grant hat ihm gebeichtet, dass er den Film nicht verstehe. Hitchcock hat die Drehbuchseiten auch nur einzeln verteilt, er wollte, dass Grant die ganze Geschichte gar nicht versteht. Am Anfang des zweiten Aktes wird der Zuschauer dann Zeuge einer Unterhaltung von FBI-Agenten. Jetzt weiß der

Zuschauer, worum es geht. Der Held, Roger. O. Thornhill, verkörpert von Cary Grant, tappt weiterhin im Dunkeln. Übrigens exakt bis zum Midpoint. Dann sind Held und Zuschauer wieder auf Augenhöhe.

Ein journalistisches Beispiel haben wir weiter hinten im Kapitel „Drama": Es geht um einen Videorucksack namens Fastcast für Journalisten: „Noch ahnt Sandra nicht, dass sie mit dem Fastcast keine Karriere machen wird." Ein anderes Beispiel, in Zeiten des Terrorismus leider gar nicht so selten: „Als wir Ahmet interviewten, wussten wir noch nicht, dass er zwei Tage später bei einem Bombenanschlag sein Augenlicht verlieren würde." Ist ja klar, wenn man diesen Satz vor dem Interview platziert, wird das Interview viel intensiver wahrgenommen.

Statt Suspense wird manchmal auch der Begriff „Dramatic Irony" verwendet. Eben dann, wenn das größere Wissen des Zuschauers, Hörers, Lesers gegenüber dem Helden zu komischen Situationen führt. Ich glaube, der Film heißt „Verrückt nach Mary". Der Zuschauer weiß, dass der männliche Held von der Polizei wegen Mordes verhört wird. Der Held selbst glaubt, dass er verhört wird, weil er eine Anhalterin mitgenommen hat. Sätze wie „Was ist denn schon dabei?" oder „Also ich würde es wieder tun." sorgen dann natürlich für Heiterkeit.

Das vierte und wichtigste Mitglied der Fab Four ist die so genannte „Dramatic Tension". Das ist genau die Spannung, von der ich oben berichtet habe, eben die Spannung, die durch die zentrale Frage entsteht (und auch subzentrale Frage: Erlebnis- und Ergebnisspannung). Die haben wir also schon ausführlich behandelt.

Tab. 2.12 Das Wichtigste in Kürze: „Fab Four"

- Advertising (Telegraphing, Pointing)
- Dangling Cause
- Suspense (Dramatic Irony)
- Dramatic Tension

Bislang haben wir uns vor allem um die Struktur gekümmert. Jetzt möchte ich mein Augenmerk stärker auf die Figur legen. Vor allem auf die Attribute der Hauptfigur. Die Reihenfolge erklärt sich dadurch, dass die Strukturelemente schon noch etwas einfacher zu erklären sind als die Sache mit den Attributen, und für die Figurenzeichnung das Wissen über die Struktur auch sehr förderlich ist. Ich möchte im nächsten Kapitel Dinge bringen, die den 2. Akt der Heldenreise erst zu dem machen, was er wirklich leisten kann: die Läuterung des Helden. Deshalb kehren wir nochmals zurück in den zweiten Akt und reichern ihn mit ein paar nützlichen Zutaten an.

Was ich Ihnen jetzt präsentieren möchte, ist nichts Spezielles. Sie können all das in jedem Artikel, Online-, Radio- oder Fernsehbeitrag nutzen. Aber das liegt nun mal in der Natur der Dinge: Wenn man seine Geschichte regelrecht vergolden möchte, dann muss man eben schon tiefer in die Trickkiste greifen. Soll heißen: Jetzt wird es noch anstrengender…

2.6 Der 2. Akt – reloaded

Der Held ist im ersten Akt mit bestimmten Attributen vorgestellt worden. Diese Attribute werden im zweiten Akt auf Herz und Nieren geprüft. Vereinfacht kann man zwei unterschiedliche Helden ausmachen, die ich kurz vorstellen möchte. Beide Sequenzen sind Teile aus dem zweiten Akt, die zeigen, wie die im ersten Akt gesäten Attribute sich nun bewähren.

Hier eine Sequenz aus dem James Bond „Goldfinger“. Bond ist auf dem amerikanischen Anwesen von Goldfinger gefangen und versucht, dessen engste Mitarbeiterin „rumzukriegen“.

Bild	**Text**
In einem Heuschober: *Bond greift „Pussy“ Galore am Oberarm*	Bond: „Was könnte Sie dazu bringen, die Dinge mit meinen Augen zu sehen?“ Pussy: „Sehr viel mehr, als Sie haben!“
Sie reißt sich los	Bond: „Wissen Sie das so genau?“ Pussy: „Ich will es gar nicht wissen.“
Er lächelt sie charmant an	Bond: „Ist es nicht üblich, einem Verurteilten eine letzte Bitte zu gewähren?“
In gekonnter Judomanier lässt sie ihn ins Heu plumpsen	Pussy: „Wie Sie wünschen! Stehen Sie auf.“
Er steht auf und macht dasselbe mit ihr, reicht ihr dann die Hand	Bond: „Natürlich, gern. Bitte.“

Sie versucht es wieder, er dreht ihr den Arm um und sie landet abermals im Heu, er sofort auf ihr Sie leistet erst heftig Widerstand, dann ein bisschen, dann gar nicht mehr, sie küssen sich…	Bond: „So, und jetzt beginnt das gemeinsame Training!"
Quelle: Goldfinger, USA, Großbritannien, 1964, A.R. Broccoli, H. Saltzmann	

Oftmals reichen zwei Attribute, um einen Helden zu skizzieren. Beide Attribute werden im ersten Akt gesät und im zweiten Akt „geprüft". Diese Bond-Sequenz gefällt mir besonders gut, weil sie die beiden Attribute des Bond, James Bond, zeigt: Er kann gut kämpfen und ist ein so genannter Womanizer. Selten setzt er beide Attribute gleichzeitig ein; hier ist es der Fall. Mehr braucht es nicht. Klar, er hat noch ein paar unwesentliche andere Merkmale. Bond ist wie die meisten Helden Mitte 30, er ist Engländer, trinkt Martini, geschüttelt, nicht gerührt, aber die bringen die Geschichte nicht voran, sind eher Beiwerk.

Ein Fisch auf dem Trockenen

Eine andere Hollywood-Geschichte zeigt ebenfalls einen Helden, den man auf zwei Attribute reduzieren kann – und doch sind diese Attribute ganz anders ausgerichtet. Es handelt sich um den Helden des Films „Findet Nemo", Marlin, Nemos Vater. Der hängt gerade so herum, zusammen mit Dori, nämlich an einer riesigen Zunge im Schlund eines Buckelwals:

Bild	Text
Marlin hängt neben Dori an der riesigen Zunge, Dori will wieder Walisch probieren	Marlin: „Was ist denn jetzt los?!" Dori: „Ich frag' mal nach. Oahuhau.."
Marlin schimpft	Marlin: „Nein, Schluss mit Walisch. Du kannst kein Walisch." Dori: „Kann ich doch!"
Marlin belehrt sie	Marlin: „Nein, kannst Du nicht. Du denkst vielleicht, Du kannst das alles, aber da irrst Du Dich Nemo!"
Dori lässt einfach los, Nemo hält sie fest	Dori: „Ist gut." Marlin: „Dori!"

Dori ist sich sicher	Dori: „Er hat gesagt, es ist jetzt Zeit loszulassen. Wir sollen keine Angst haben.“
Marlin ist entsetzt	Marlin: „Woher weißt Du das? Woher weißt Du, dass nichts Schlimmes passiert?“ Dori: „Keine Ahnung.“
Dann denkt er kurz nach, schließt die Augen und lässt auch los	
Der Wal prustet sie aus, sie landen wohlbehalten im Wasser	Marlin: „Wir leben noch!!!“

Quelle: Findet Nemo, USA 2003, Walt Disney und Buena Vista

Auch hier hat der Held nur zwei entscheidende Attribute: Marlin ist übervorsichtig, aber intelligent – im Gegensatz zu seiner Kollegin. Der große Unterschied zu Bond ist nun folgender: Bei Bond sind die Attribute gleich gerichtet, beide (Womanizer, Kämpfer) bringen ihn voran, beide sind dazu da, die Prüfungen des zweiten Aktes zu bestehen. Nicht so bei Marlin. Er hat ein Attribut, das ihn voranbringt (intelligent), aber eben auch eines, das ihn hindert, seinen Sohn wiederzufinden.

Er ist eben der Schisser vor dem Herrn! Erinnern Sie sich? Feiglinge mag man als Helden gar nicht leiden. Das wussten auch die Autoren dieses Films. Das Attribut „überängstlich“ erträgt man auch nur, weil man in einer Backstory zu Beginn des Filmes sehen kann, wie es entstanden ist. Ein stolzer Vater in spe und Besitzer einer tollen Anemone mit vielen Kubik Wohnraum wird von einem Hai zum Witwer gemacht. Ein einziges Ei lässt der Vielfraß übrig, daraus wird Nemo, sein einziger Sohn. Nicht viel Nachwuchs für einen Clownfisch und eben alles, was Marlin hat. Daher ist er besonders vorsichtig. Nach dieser herzergreifenden Backstory nimmt man Marlin seine übertriebene Vorsicht nicht mehr übel. Und dieses Attribut behindert ihn. Man nennt solche Attribute – passend zu dieser Story – „Fisch-auf-dem-Trockenen-Attribut“. Der Held besitzt also eine Eigenschaft, die ihn gerade hindert, die Prüfungen zu bestehen. Das ist viel spannender als der „Bond-Typ“, bei dem beide Attribute dazu da sind, die Prüfungen zu meistern.

Warum? Weil Marlin sich verändern kann. Seine Ausgangsattribute sind nicht die Endattribute. Er verliert in der entscheidenden Prüfung seine Angst und vertraut im 3. Akt, nachdem er Nemo gefunden hat, dessen Fähigkeiten. Das war vorher nicht der Fall. Unter seiner Übervorsicht litt Nemo so stark, dass er eine Mutprobe vor seinen Klassenkollegen wagt und prompt von einem Taucher eingefangen wird (Ende des 1. Aktes, zentrale Frage: Wird Marlin seinen Sohn wieder finden?). Und eben auch Marlin leidet unter dieser Eigenschaft so stark, dass er sogar projiziert:

„Nein, kannst Du nicht. Du denkst vielleicht, Du kannst das alles, aber da irrst Du Dich Nemo!"

Er spricht dabei aber nicht zu Nemo, sondern zu Dori! Dann erschrickt er sichtlich und beginnt umzudenken. Zum ersten Mal stellt er seine Übervorsicht in Frage und handelt nach der beherrschende Idee des Films („Wenn Kinder erwachsen werden, muss man sie loslassen können, um sie zu behalten") – und lässt tatsächlich los. Die Sequenz im Wal ist also nicht nur biblisch, sondern metaphorisch zu verstehen: endlich loslassen!

Solche Entwicklungsschübe hat Bond nicht, weil er am Anfang des Films ein Kämpfer und Womanizer ist, in der Mitte auch und am Ende eben immer noch. Er kann sich nicht wandeln, weil seine Attribute sich nicht wandeln können.

Im journalistischen Alltag haben wir beide Fälle. Leider zu oft den Bond-Fall, oft in der Politik oder beim Sport. Hier findet die Veränderung nicht bei den Attributen des Protagonisten statt, sondern bei den Attributen der Umwelt. Schöner sind die „Fisch-auf-dem-Trockenen-Motive", weil wir eine echte Verwandlung aufzeigen können. Eine Einschätzung dazu in eigener Sache: Ich hoffe, das die Bond-Macher dabei bleiben. Die Versuche, Bond zu durchleuchten (Wer ist das eigentlich?), würde die Serie beerdigen. Bond ist Comic und bleibt es, will er denn erfolgreich sein. Bond ist der, mit den zwei nach vorne gerichteten Attributen. Alles andere würde den Mythos zerstören.

Tab. 2.13 Das Wichtigste in Kürze: „Der zweite Akt und seine Attribute"

- „Fisch-Auf-Dem-Trockenen-Typ": Entgegen gesetzte Attribute, Veränderung des Helden
- „Bond-Typ": Gleich gerichtete Attribute, keine Veränderung des Helden, aber der Umwelt

Die schönsten Geschichten werden von den Attributen bestimmt

Sie treiben dabei den Plot voran, nicht vice versa. Eine besonders schöne journalistische Geschichte hat hier „LaVita" des Bayerischen Fernsehens gezeigt:

In meinen Augen ein Highlight, ein Vorzeigebeitrag, wie die Attribute den Plot vorantreiben. Bitte beim Durchlesen überlegen, welche Attribute die beiden Hauptpersonen haben – und wie sie sich ändern. Kein Wunder, dass der Autor die Erzählform des Märchens nachahmt. Die Erzählfigur, also die Figur, die den Text erzählt, ist klar definiert. Sie will uns ein Märchen erzählen! Wie schön wäre es, wenn wir öfter über die Person nachdenken würden, die uns den Text erzählt!

Bild	**Text**
Max als Ministrant beim Gottesdienst	Es war einmal ein braver Junge namens Max. Als Ministrant half er immer brav seinem Pfarrer. Er lauschte artig den 10 Geboten und beherrschte das „Vater Unser".
Gemeinsames Gebet	„Und führe uns nicht in Versuchung, sondern erlöse uns von dem Bösen…"
Wertstoffhof, Max und Vater steigen Stufen zu einem Behälter hoch	Doch das Böse wartete auf Max und führte ihn in Versuchung. Auf dem Wertstoffhof in Dingolfing. Vor drei Jahren wollte Max mit seinem Papa wie jeder gute Bürger das Altpapier entsorgen.
Max greift nach einer Tasche Geldscheine werden sichtbar	Da entdeckte er etwas, das dort nicht sein sollte. Eine Tasche mit unglaublichem Inhalt.
O-Ton Vater	„Ja ich habe wirklich gemeint, das ist Spielgeld, das hat einer für den Fasching kopiert oder was, es war ja Fasching, das die das gebraucht haben. Ich habe nicht geglaubt, dass des echtes Geld wäre."
Vater und Sohn vor dem eigenen Haus, betreten den Eingang	Vater und Sohn begaben sich zurück in ihr Heim, das noch viele Jahre mit Schulden belastet sein wird.

Max, Vater und Mutter, Geldscheine flattern aus dem off auf den Tisch (Musik: Freude schöner Götterfunken)	Die Scheine sollten begutachtet werden von Mama Heidi und siehe da: Es waren echte 118.000 Euro!
O-Ton Sohn	„Erst bin ich erschrocken, so viel Geld auf einmal."
Zwischenfrage	Autor: „Wie viel Taschengeld bekommst Du?"
O-Ton Sohn	„Gar keins."
O-Ton Mutter	„Das Geld haben wir wieder in die Mappe rein und ich habe eine Nacht darauf geschlafen. Da macht man sich alle möglichen Gedanken, Reisen, mein Gott, ein neues Auto, noch mal ein Größeres."
O-Ton Vater	„Die Verlockung war natürlich riesig, dass man das behält. Aber was soll man da dem Kind für ein Beispiel geben, wenn man das Geld einsteckt, es wird ja jemandem abgehen. Das vermisst bestimmt jemand."
Vater und Mutter auf dem Weg zur Polizei	Heidi und Ludwig Trippel sind eben brave Leute und bestimmt ist das Geld bei der Behörde besser aufgehoben – dachten sie.
O-Ton Mutter	„Der Polizist ging auf das Nebenzimmer, ich habe ihn dann zurückgehalten, habe gesagt, sie bleiben da, solange das nicht gegengezeichnet ist, weil, ein Polizist ist auch nur ein Mensch. Naja, klar, er legte das Geld wieder hin und hat dann einen Kollegen geholt."
O-Ton Vater	„Am Tag drauf kam dann ein Anruf von der Kriminalpolizei, wir sollen reinkommen und Vernehmung wird gemacht, es könnte ja sein, dass man aus diesem Geld, Schwarzgeld legal machen möchte. Dann wurden wir durchgecheckt, das Bundeszentralregister, ob da Einträge wären."

Gottesdienst, predigender Pfarrer *Vater kommt nach Hause, legt Holz in den Kamin* *Feuer groß*	Und so änderte sich im Leben der Familie Trippel erst mal gar nichts. Sie warteten und beteten zum lieben Gott, dass sich niemand melden möge. Und tatsächlich, kein Mensch fragte nach den 118.000 €. Kein Mensch, aber der Wertstoffhof.
Wertstoffhof, Arbeiter	Der Abfallwirtschaftsverband wollte das Geld nicht hergeben. Die Begründung: Es ist ein Behördenfund.
O-Ton Vater auf dem Wertstoffhof	„Wenn das ein normaler Fund wäre, dann würde das dem Finder ausgehändigt worden. Nachdem beschlossen wurde, dass das Geld ein Behördenfund ist, liegt das Geld noch drei Jahre bei der Behörde und man bekommt auch erst dann den Finderlohn. Und das Geld bleibt auch bei der Behörde. Und man erhält nur den Finderlohn. Begründung war diese, dass sie diese Container damals Geschäftsräume der Behörden betitelt haben und somit wurde es als Behördenfund ausgelegt. Man wird schon wütend und traurig zugleich, weil man erhofft sich ja doch nach Ablauf der Wartefrist, dass man etwas bekommt und wenn man dann nur Bescheid bekommt, dass man dann nur einen läppischen Finderlohn bekommt, da bricht schon eine kleine Welt zusammen."
Tisch: *Scheine fliegen nach oben aus dem Bild*	1675 Euro Finderlohn, nur 1,5 % der Gesamtsumme, das kann nicht rechtens sein.
O-Ton Beamter Ordnungsamt Dingolfing	Die letzte Klärung kann da ein Gerichtsverfahren bringen. Und da haben wir mit Herr Trippel gesprochen, ob er eine Rechtschutzversicherung hat, weil wir gesagt haben, er soll darum kämpfen um diesen Betrag, vielleicht sagt dann das Gericht doch, das Gesetz ist von 1900, da könnten heute die Umstände doch anders ausgelegt werden."

Aktenordner wird umgeblättert, Schrift: Klage wird abgewiesen Wenige Scheine fallen aus dem off auf den Tisch, Musik: Freude schöner Götterfunken verstummt langsam In Max Zimmer: Bett, Computer, Papa und Max	Ein weiteres Jahr ging ins Land und nach zwei Gerichtsverhandlungen stand es endgültig fest: Die Behörde bekam recht und Familie Trippel nur 1675 Euro. Der brave Max hat von seinem braven Papa als Belohnung für seine Ehrlichkeit einen Computer geschenkt bekommen – vor drei Jahren. Den Finderlohn erhält Familie Trippel nächstes Jahr. Und die Moral von der Geschicht':
O-Ton Vater	„Das Geld zu finden hat sich eigentlich nicht gelohnt, weil man nur Ärger und Scherereien gehabt hat, was ich Laufereien mit dem Anwalt und mit dem Gericht dann hatte, das wäre mir alles erspart geblieben. Ich würde es wohl schon wieder abgeben, aber ich hätte den Fundort ein bisschen anders beschrieben."
O-Ton Max	„Ja, ich würde es schon behalten."
Predigt in der Kirche	„Und vergibt uns unsere Schuld, wie auch wir vergeben unseren Schuldigern."

Quelle: Bayerischer Rundfunk, LaVita, 2006

Ein tolles Heldenpaar! Für mich steht aber der kleine Max im Vordergrund. Seine Ausgangsattribute sind „brav", was man auch als „ehrlich" beschreiben kann – und „wenig Geld"; er bekommt ja nicht einmal Taschengeld! Auch die Familie hat wenig finanziellen Spielraum. So erfährt man, dass sie noch eine Hypothek auf ihr Haus abstottern müssen. Und so jemand bekommt auf einen Schlag über 100.000 Euro! Was für eine Versuchung. Das Attribut „brav" lässt sie dieser Versuchung widerstehen. Das andere Attribut ist ein klares „Fisch-auf-dem-Trockenen-Attribut". Wenn Multimillionäre den Geldsack gefunden hätten, wäre die Fallhöhe bei weitem nicht so hoch. Beide, besonders aber der Sohn, verändern sich. Die Bravheit, herrlich ausgedrückt durch die Rahmenhandlung in der Kirche, ist beim Sohn zum Schluss völlig verschwunden („Ja, ich würde es schon behalten.").

Ich finde es wunderbar, wie der Autor mit diesen beiden Attributen spielt. Die ganze Geschichte ist auf ihnen aufgebaut. Die Attribute treiben den Plot voran. Die beherrschende Idee („Der Ehrliche ist der Dumme") wird klar.

Man sieht also, dass zwei Attribute oftmals reichen, wenn sie dann auch wirklich vorantreiben. Mehr braucht es nicht! Die Veränderung ist dann das Umdrehen des „Fisch-auf-dem-Trockenen-Attributs". Wie der Schriftsteller und Dramaturg Lajos Egri sagt, dass eine Figur „von einem Pol zum anderen wachsen" solle. Der Held hat am Ende zwei Attribute, die ihn voranbringen. Das bremsende, störende Attribut ist verwandelt worden. Im Falle Marlins ist dieses Attribut übrigens sein Grundantagonismus. Denn durch seine übervorsichtige Art droht er Nemo dauerhaft zu verlieren. Hier ist also der Grundantagonismus ein „Fisch-auf-dem-Trockenen-Attribut". Ich bin aber sicher, dass die Autoren zuerst die Geschichte mit dem Wegfangen des Kindes hatten. Dann haben sie nachgedacht, wie der Vater gestrickt sein müsste. Es muss ein „Ausgerechnet-Der-Typ" sein. Und so sind sie auf die Backstory mit dem Eierraub gekommen – und damit auf die Übervorsicht. Sie haben die Story von hinten her gedacht. Und das ist der richtige Weg: Bedenke das Ende – und zwar als Erstes!

Von der hellen zur dunklen Seite

Ich hatte ja schon angekündigt, dass der Midpoint noch eine größere Rolle spielen wird. Das hat eben mit den Attributen zu tun und das passiert jetzt. Im Midpoint ändert sich oft die Sichtweise des Helden. Bei „Der unsichtbare Dritte" hält der Held die blonde Retterin aus dem Zug für blondes Gift, ob-wohl sie ihn vor der Polizei versteckt gehalten hat. Oftmals fängt der Held auch an, über sich selbst nachzudenken. Das meint man, wenn man von der „hellen" und der „dunklen" Seite des zweiten Aktes spricht. Bislang war die Heldenreise für ihn ein reines Kinderspiel, er musste also gar nicht viel Energie investieren, die Prüfungen erledigte er glatt – scheinbar. Denn in Wirklichkeit kommt der Held bei so mancher Heldenreise bis zur Mitte des zweiten Aktes überhaupt nicht voran, er merkt es nur nicht. Auf der dunklen Seite wird es härter. Nun muss er die Attribute einsetzen, die bei ihm eher die schlechten Seiten repräsentieren. Das ist der Witz: Er muss oft tief in sich selbst schauen, um sich zu verändern. Diese Veränderung ist Vorraussetzung dafür, dass er die entscheidende Prüfung schafft.

Animus und Anima

Hier muss ich nun die Attribute des Helden etwas erweitern, genau gesprochen deren Zahl verdop-peln. Für die Entwicklung des Helden – und Connors wird zum Helden – benötigt der Film nicht zwei, sondern vier Attribute. Es wäre ein sonderbarer Zufall, wenn die Autoren des Hollywood-Klassikers da nicht auf C.G. Jung zurückgegriffen hätten. Jung (1865 – 1961) war ein Schweizer Psychiater und begründete die analytische Psychologie. Unsere Attribute lassen sich gut mit dem von ihm erdachten „Animus/Anima"-Prinzip erklären. Ich möchte nun nicht in Psychologie dilettieren. Nur so viel, wie für unsere Dramaturgie wichtig ist: Anima ist die unbewusste „weibliche" Seite des Mannes, Animus die unbewusste „männliche" Seite der Frau. Ob bewusst oder unbewusst, wichtig ist, dass das Prinzip dem Menschen vier Attribute – oder Funktionen, wie man will – verleiht: Ein wenig anders formuliert sind es Körper, Geist, Herz und Seele. Jung selbst spricht von Empfinden, Denken, Fühlen und Intuieren. (Stevens 2004, S. 92) Im Kapitel „Grundantagonismus" sprach ich schon darüber. Der Dramaturg Joachim Hammann (Hammann 2007, S. 85) spricht der Zahl vier eine große Bedeutung zu: Vier Himmelsrichtungen, vier Evangelisten, früher wurde gevierteilt, das vierblättrige Kleeblatt als Glücksbringer, ja sogar vier Bremer Stadtmusikanten. Auch die drei Musketiere sind erst richtig gut, als D'Artagnon als Vierter hinzukommt. Ich möchte die vierdimensionale Raumzeit noch hinzufügen. Man könnte hinter den Begriffspaaren Körper/Geist und Herz/Seele auch die apollinischen und dionysischen Seiten des Menschen sehen. Sie passen nicht zusammen, der Mensch zwischen Ordnung und Rauschhaftigkeit.

Der Witz der Heldenreise ist, dass ein oder mehrere Funktionen des Helden nicht intakt sind, man spricht von den inferioren Funktionen. Der Held hat nun eine bestimmte Aufgabe und geht sie logischerweise mit seinen Stärken an, also den intakten Funktionen, den superioren Funktionen. Das geht bis zu einem gewissen Punkt – dann muss er auch seine kaputten Funktionen einsetzen. Das funktioniert natürlich nicht. Die Läuterung des Helden ist die Heilung der kaputten Funktionen. Das klingt jetzt sehr theoretisch und deswegen möchte ich gleich ein Beispiel bieten.

Tab. 2.14 Das Wichtigste in Kürze: Animus und Anima

Marlin	Dorie
Bewusst (Animus): • Körper • Geist	Bewusst (Anima): • Herz • Seele
Unbewusst (Anima): • Herz • Seele	Unbewusst(Animus): • Körper • Geist

Das Spiel mit diesen Attributen sowie das Kippen der Handlung im Midpoint kann man in der Komödie „Und täglich grüßt das Murmeltier" aus dem Jahr 1993 sehr gut sehen, und damit kommen wir auch zur psychologischen Deutung des Midpoints. Der zynische TV-Wettervorhersager Phil Connors kann sich selbst nicht leiden und andere noch weniger. Er hat sich verloren, der Beruf macht ihm keinen Spaß, er hasst seine Kolleginnen („Betonfrisur"). Außerdem ist seine Herzfunktion in Mitleidenschaft gezogen. Das ist oft so: Ist die Seele kaputt, dann leidet das Herz und umgekehrt. Welche Funktion in diesem Fall kaputt und welche nur beschädigt ist, möchte ich nicht entscheiden. Ich glaube auch, dass es nicht sehr wichtig ist, sie sind eben nicht mehr intakt. Jedenfalls behandelt Phil seine Umgebung mies und ist unfähig zu lieben. Er erträgt seine Mitmenschen nur aus der Distanz. Das ist die Ausgangssituation. Nun ist er in dem kleinen Provinznest Punxsutawney in einer Zeitschleife gefangen. Immer wieder erlebt er den" Murmeltiertag", einen Tag, an dem ein Wetterritual mit einem Murmeltier stattfindet. Zu Beginn des zweiten Aktes erfolgt eine kurze Orientierungsphase. Der Zuschauer weiß, dass Connors in einer Zeitschleife steckt, er selbst noch nicht. Er muss sich erst noch orientieren („Die Abreisewahrscheinlichkeit liegt bei 100 % „). Dann rafft er es langsam („Die Abreisewahrscheinlichkeit liegt bei, ähm, 80 %). Zuerst ist er natürlich entsetzt, doch dann begeistert. In den ersten Sequenzen des zweiten Aktes macht er sich ein schönes Leben – mit seinen intakten Funktionen: Er besitzt gesunde Körper- und Geistfunktionen. Zunächst probiert er seine Geistfunktion aus. Eine seiner ersten Taten ist eine Verfolgungsjagd mit zwei eben kennengelernten Saufbrüdern mit der Polizei:

Bild	**Text**
Phil fährt mit dem Auto auf den Eisenbahnschienen und weicht im letzten Moment einem Zug aus	
Phil hinterm Steuer, groß	Phil lacht: „Ich habe keine Lust mehr, nach deren Pfeife zu tanzen, versteht ihr?“
Einer der Saufbrüder geschockt	„Ist mir grad aufgefallen.“
Phil, groß	Phil:“Du triffst Entscheidungen und lebst mit ihnen. Ahoo!“
Er biegt von der Straße ab, fährt ein Murmeltierplakat um und crasht in ein Auto. Zwei Polizeiwagen fahren vor, die Beamten steigen aus und kommen heran, Connors spricht den einen Beamten durchs offene Autofenster an:	Phil: „Lasst mich das machen.“
	Phil: „Ja, äh, drei Cheeseburger, drei Tüten Pommes, drei Schoko-Shakes und eine große Cola.“
Saufbruder mischt sich ein	Saufbruder: „Und zwei Pfannkuchen!“
	Phil: „Noch zu früh für Pfannkuchen?“
Connors lächelt den Beamten an	
Connors hinter Gittern im Gefängnis, schweigend, ein wenig unsicher blickend	
Hotelzimmer (die immer gleiche Musik ertönt – „I got You, Babe“), Connors Kopf schnellt aus den Laken in die Höhe, er schaut und jubelt, geht zum Fenster, schaut raus:	Phil: „Jaha!!! Raus aus den Federn, Kumpels!“
Quelle: Und täglich grüßt das Murmeltier, USA 1993, Harold Ramis, Sony Pictures Entertainment	

Connors genießt die Freuden der Zeitschleife sichtlich. Es gehört ja auch nicht viel dazu. Es strengt ihn nicht an. Auf der hellen Seite des zweiten Aktes werden seine „intakten“ Attribute oder Funktionen geprüft. Das macht eben Spaß. Im Falle der Verfolgungsjagd ist es also die Geistesfunktion. Dann ist die Körperfunktion an der Reihe. Die prüft er in der folgenden Sequenz. Zum Verständnis der Story sei gesagt, dass er ja den gleichen Tag immer wieder erlebt. Das benützt er dazu, Leute auszufragen und das Wissen über sie am „nächsten“ Tag anzuwenden.

Bild	Text
Phil Connors spricht in seinem „Stammcafé“ die hübsche Nancy an	Phil: „Bei wem hatten Sie in der 12. Klasse Geschichte?“ Nancy lacht: „Soll das ein Scherz sein?“ Phil: „Nein, nein, nein, Sie hatten in der 12. Klasse Geschichte bei…“ Nancy: „Mrs. Walsh.“ Phil: „Mrs. Walsh. Nancy. Lincoln. O.K., danke vielmals!“ Nancy: „Hey!? Hey!“
Connors steht auf und geht Nancy bleibt verdutzt zurück	
Wecker groß: Es wird 6:00 Uhr, Connors erwacht, geht durch die kalte Stadt zum Festplatz und trifft dort (er weiß ja wo) Nancy Taylor und bleibt vor ihr stehen, spricht sie scheinbar ungläubig an:	Phil: „Nancy? Nancy Taylor! Lincoln Highschool! Ich saß neben Dir in der Geschichtsstunde von Mrs. Walsh.“
Nancy lacht irritiert	
Nancy macht eine entschuldigende Handbewegung	Nancy: „Oh, tut mir leid, ich..“ Phil: „Phil Connors!“
Eine Minute später im Film:	Nancy: „Oh, Phil!“ Phil: „Oh, Rita!“
Beide küssen sich in seinem Hotelzimmer	
Sie hält inne und knipst die Stehlampe an	Nancy: „Wer ist Rita?“ Phil: „Woher soll ich das wissen?“ Nancy: „Was soll das hier werden? Einmal und nie wieder?“ Phil: „Ganz im Gegenteil. Ich liebe Dich, habe Dich immer geliebt. Das kommt jetzt vielleicht ein bisschen plötzlich, aber willst Du meine Frau werden?“ Nancy: „Ohhh, Phil….“ Phil: „Oh, Rita.“ Nancy: „Nancy.“ Phil: „Wie auch immer.“

Und nun küssen sie sich, bevor…
Quelle: Und täglich grüßt das Murmeltier 1993, Harold Ramis, Sony Pictures Entertainment

Nun hat Connors also auch seine gesunde Körperfunktion geprüft. Das ist alles leicht für ihn, er muss nichts dazulernen, muss sich nicht verändern. Und so genießt er sein hedonistisches Dasein. Das ist die „helle" Seite des zweiten Aktes. Es gibt hier nur eine scheinbare Entwicklung des Helden, keine wirkliche. Er will nicht einsehen, dass es seine kaputte Seelenfunktion und die lädierte Herzfunktion sind, die ihm zu schaffen machen. Er geht sogar zum Psychiater, das Gehirn wird durchleuchtet, verdammt, es muss doch irgendeinen fassbaren Grund geben für die Zeitschleife! Auch dieser Gang zum Arzt bezeugt, dass Phil noch nichts begriffen hat. Er hat eine kaputte Seele und lässt seine Geistesfunktion checken!

Dann, nach einer Stunde Film, kommt der Midpoint. Connors hat das Leben in der Zeitschleife inzwischen ziemlich satt und ist frustriert, dass er trotz vieler Anläufe nicht bei seiner Produzentin Rita landen kann. Nun kippt die Handlung: Phil versucht, sich das Leben zu nehmen; tot ist er aber immer nur bis 6 Uhr früh. Er wacht auf, erinnert sich, was passiert ist, und sagt nur „Oh, shit". Der Midpoint kommt reichlich spät, da der Film selbst nur etwas über 1:40 Stunden lang ist. Aber das erklärt sich dadurch, dass in der hellen Seite deutlich mehr humoristisches Potential steckt als in der dunklen. Dennoch kippt der Film nun. Phil sieht ein, dass es so nicht weitergehen kann. Er beginnt sich zu ändern. Er muss nun an die nicht intakten Funktionen ran, an seine kaputte Seelenfunktion und die in Mitleidenschaft gezogene Herzfunktion. Jetzt wird es für den Helden anstrengend; im Film beginnt nun seine wahre Entwicklung:

Bild	**Text**
Rita und Phil liegen zusammen im Bett, kurz vor dem Einschlafen. Phil spricht zu Rita, die die Augen geschlossen hat	Phil: „Ich habe jemanden wie Dich nicht verdient. Aber wenn ich es irgendwie könnte, ich schwöre, ich würde Dich lieben. Bis ans Ende meines Lebens."

Rita öffnet müde die Augen	Rita: „Entschuldigung, hast Du was gesagt?" Phil: „Gute Nacht, Rita." Rita: „Gute Nacht, Phil."
Schwenk von klingelndem Wecker (6 Uhr) über Phil auf die andere Seite des Bettes. Sie ist leer.	

Quelle: Und täglich grüßt das Murmeltier, USA 1993, Harold Ramis, Sony Pictures Entertainment

Phil arbeitet also erfolgreich an der beschädigten Herzfunktion. Er ist auf dem Weg zur Selbstfindung. Wenn er lieben will, muss er das „Ich" aufgeben, und das schafft er hier: Zum ersten Mal empfindet er Liebe, nicht einmal körperliche. Dazu kommt es hier gar nicht. Wenn man so will: In der dunklen Hälfte arbeitet der Held an sich selbst und ist dabei erfolgreich. Er versucht, seine „schlechten Seiten" zu überwinden – oder zumindest anzuerkennen, also sie nicht zu verdrängen. So wird aus der Hauptfigur langsam tatsächlich ein Held. Phil Connors hat die Herausforderung endlich angenommen. Er ist auf Heldenreise. Wobei die Reise keine örtliche Veränderung sondern eine charakterliche ist. Es ist die Reise tief in die eigene Persönlichkeit. Und da tun sich bei Phil Connors wahre Abgründe auf. Der Blick in den Abgrund, das ist der Blick auf die kaputte, die inferiore Funktion, Phils Seelenfunktion. Bislang war er egoistisch, egozentrisch, andere Leute haben ihn nicht interessiert. Nun beginnt er zum ersten Mal, seinem Leben einen Sinn zu geben, indem er anderen Leuten hilft. Aus dem selbstsüchtigen Zyniker wird ein warmherziger Altruist. Aber Altruismus ist ja eine gesunde Form des Egoismus, wie der Dalai Lama sagt. Und tatsächlich: Phil lernt, das Leben zu lieben, indem er anderen hilft und darin einen tiefen Sinn erkennt:

Bild	Text
Phil auf dem Bürgersteig, schaut auf die Uhr, erschrickt und fängt das Rennen an, ruft: *Ein auf einen Baum gekletterter Junge verliert den Halt und fällt,* *Phil fängt ihn auf*	Phil: „Hey, warte!

Der Junge lacht nur und läuft weg	Phil: „Was sagst Du jetzt? Was sagst Du jetzt? Was sagst Du jetzt? Nicht einmal hast Du kleine Mistkröte Dich bei mir bedankt."
Phil reibt sich den schmerzenden Rücken	Phil: „Na, wir sehen uns dann morgen. Ich meine, vielleicht."

Quelle: Und täglich grüßt das Murmeltier, USA 1993, Harold Ramis, Sony Pictures Entertainment

Kurz darauf rettet er einen Restaurantgast vor dem Ersticken, nachdem dieser sich am Essen verschluckt hat, gibt einer Frau im Hinausgehen Feuer. Er lernt Klavier und Eisschnitzen. Vor allem aber: Er legt seinen Zynismus ab und lernt Demut. Jetzt ist er ein Held. In der entscheidenden Prüfung erkennt Rita die Werte Phils. Auf einem Fest (am Klavier: natürlich Phil) gibt es eine nicht ganz ernst gemeinte Auktion, wo Frauen Männer „ersteigern" können. Als Phil angeboten wird, ersteigert ihn Rita mit allem Geld, das sie dabei hat. Sie verbringen die Nacht miteinander und am nächsten Tag – sieh da! – wachen sie gemeinsam auf, die Zeitschleife ist durchbrochen. Sie werden ein Paar und bleiben in dem Provinznest – was vorher für den Zyniker das Ende der Welt gewesen war.

Der Midpoint als großer Wendepunkt in der Mitte des zweiten Aktes ist oft der Beginn der Läuterung. In vielen Fällen begeht der Held dabei ein Ritual, etwa eine Waschung. In „der unsichtbare Dritte" zieht sich der Held des Films, der Werbefachmann Roger O.Thornhill, zum ersten Mal um und nimmt eine Dusche. Im Film „The Wall" der Rockgruppe „Pink Floyd" rasiert sich die Hauptfigur, der Musiker Pink. Ein schönes Beispiel aus dem Journalismus ist die Radio-Dokumentation über den britischen Premierminister Benjamin Disraeli. Und die geht so:

> *Aber seine erste Rede vor dem Unterhaus wird zum Desaster. Ausgerechnet er, bei dessen Reden sich das Parlament später bis auf den letzten Platz füllen wird, kommt kaum zu Wort. Vor lauter Buhrufen und störendem Lärm des irischen Abgeordneten Daniel O'Connor samt Anhängern. O'Connor ist seit Disraelis erster Kandidatur für das Unterhaus ein erbitterter Feind, der ihm bereits zwei Jahre zuvor Niedertracht, Egoismus, Verworfenheit und Prinzipienlosigkeit vorge-*

worfen und ihn in einer antisemitischen Hetzrede übelst beschimpft hat. Disraeli kapituliert schließlich mit den berühmten Worten: „Ich setze mich jetzt. Aber die Zeit wird kommen, dass Sie mich anhören werden". Um in der Politik ernst genommen zu werden, muss Disraeli sein exotisches Image als Salonlöwe abstreifen. Nach seiner Antrittsrede tritt er nie wieder bunt gestylt im Parlament auf, sondern in angemessener, dunkler Kleidung. Auch seine Vortragsweise ändert er. Statt eines dramatischen schlägt er einen ruhigen, eindringlichen Ton an.
(Quelle: Bayerischer Rundfunk, 10.06. 2013)

Aha! Das also ist die Waschung Benjamin Disraelis.

Tab. 2.15 Das wichtigste in Kürze: „Der Midpoint" (Teil 2), zusätzliche Merkmale

- Die Sichtweise des Helden ändert sich
- Teilt helle und dunkle Seite des 2. Aktes

Der Blick in den eigenen Schatten

Helle Seite, dunkle Seite, Midpoint: Ja, was Hollywood alles kann! In einem Zweistünder ist das ja möglich, aber im Journalismus doch wohl nicht, gerade im Magazinbereich. Dieses Argument höre ich immer wieder. Und versuche es zu entkräften. Mit Beiträgen wie diesem aus der Servicezeit vom WDR. Eine helle Seite und eine dunkle Seite des zweiten Aktes, dazwischen ein klassischer Midpoint. Es geht durchaus, auch unter 6 Minuten:

Bild	Text
Ein Arzt-Patientengespräch (die Gesichter sieht man nicht) *Schreibtafel groß, Ärztin schreibt*	Freizeit hat Petra S. nur noch selten. Die 39-jährige Ärztin und dreifache Mutter arbeitet als Anästhesistin im Krankenhaus. Ein anstrengender Fulltimejob. Doch die Arbeit bereitet ihr auch große Freude.

Ehemann (auch nur im Anschnitt zu sehen, ohne Gesicht) schneidet Äpfel *Spielende Kinder*	Zuhause unterstützt sie ihr berufstätiger Ehemann im Haushalt und bei den Kindern. Doch vieles bleibt bei der Mutter hängen. Anfang kam sie mit der Doppelbelastung klar.
Shuttereffekt: *Mutter räumt Spielsachen auf Mutter befüllt Waschmaschine*	Nun hat sie manchmal Angst, dem Stress nicht mehr gewachsen zu sein. Warum also nicht einmal ein leistungsförderndes Mittel zu sich nehmen? Immer öfter denkt sie über das Thema Neurodoping nach. Andere machen es doch auch.
O-Ton Prof. Mundle	O-Ton: „Neurodoping ist die Einnahme einer Substanz, um leistungsfähiger zu sein, ganz simpel. Und das Thema in unserer heutigen Gesellschaft ist, dass wir immer mehr Stress haben, so dass das Gefühl entsteht, ich muss immer mehr leisten können (…). Und dann gibt es eben Menschen, die sagen, ich nehmen eben Substanzen, um mehr und vor allem auch länger arbeiten zu können."
Mutter malt mit einem Kind *Arzneischränkchen geht auf, Ritalin groß* *Hände drücken eine Pille aus der Plastik, Hand nimmt Glas der Pille, Mund trinkt das Wasser*	Im Januar dieses Jahres entscheidet sich Petra S. für Neurodoping. Eines ihrer Kinder leidet an ADHS, dem Zappelphilipp-Syndrom. Das rezeptpflichtige Medikament Ritalin soll das Syndrom bei Kindern unterdrücken. Bei erwachsenden hingegen wirkt die Substanz aufputschend.
OP-Tür geht auf, Ärztin in grünem OP-Kittel *Händewaschen groß*	Und heute steht der Ärztin ein langer Tag bevor. Vormittags OP's, danach etliche Gespräche mit Patienten. Und dann noch der Nachtdienst. Ein 24-Stunden-Tag. Den sie diesmal ohne Erschöpfung beendet. Die Ritalintablette zeigt Wirkung.

O-Ton Prof. Mundle	„Richtig gefährlich wird es bei Medikamenten, die wir für Krankheiten einsetzen, die natürlich auch Nebenwirkungen haben können und wo wir heute noch nicht wissen, welche Nebenwirkungen haben sie bei Gesunden."
Pillen groß, Scherenschnitt gegen Fenster:	Die aufputschende Wirkung der Ritalintablette ist für Petra S. eine verlockende Hilfe. Heimlich nimmt sie
Ärztin schluckt weitere Pillen *Ärztin geht den Klinikflur entlang*	nun vor Nachtdiensten jedes Mal eine Tablette. Sie fühlt sich dadurch wie mit Energie geladen und bewältigt ihre Arbeit mit scheinbarer Leichtigkeit.
Akten unter dem Arm, angeschnittener Arzt wirft der telefonierenden Ärztin das Bündel auf den Tisch.	Doch im März ändert sich plötzlich die Arbeitssituation. Ein neuer Oberarzt tritt an, das Klima wird rauer. Oberarzt: „Das muss morgen bis um eins fertig sein. Ist das klar!" Ärztin: „Jawohl Herr Mayer." Oberarzt: „Dr. Mayer, ja?"
Auf der Krankenhaustoilette: offenes Täschchen steht auf Waschbecken, *Ärztin nimmt Tablette* *Infusionsbeutel groß Klinikatmo*	Der persönliche Stress mit dem Kollegen wächst Petra S. über den Kopf. Nun beginnt sie im Krankenhaus regelmäßig Tabletten einzunehmen, ob Nachtdienst oder nicht, spielt längst keine Rolle mehr. Scheinbar hilft es ihr. Mittlerweile sind seit der Einnahme der ersten Tablette vier Monate vergangen. Jetzt kann sich die Ärztin einen Tag ohne Ritalin nicht mehr vorstellen. Ihre Arbeit bewältigt sie immer noch problemlos. Offensichtlich merkt im Krankenhaus niemand etwas von ihrem Doping.

O-Ton Wissenschaftler	„Wir wissen, dass das zu Persönlichkeitsveränderungen führt, dass die Menschen angespannter werden, aggressiver werden, mehr streiten, das kann hingehen bis zu Depressionen oder auch paranoiden Zuständen. Und das ist den Menschen heute eben nicht wirklich bewusst."
Groß: *Tabletten auf Tisch werden genommen*	Mittlerweile schluckt Petra S. fünf Tabletten täglich. Die hohe Dosis bleibt nicht ohne Folgen.
Mutter räumt Spielsachen auf, schimpft:	„Das kann doch nicht sein, ist überhaupt nicht aufgeräumt hier!" Den Kindern gegenüber wird sie zunehmend aggressiver, es gibt kaum noch liebevolle Umarmungen.
Ehepaar hinter Milchglasscheibe, streitet	Sie: „Was willst Du von mir?" Es kommt zu heftigen Auseinandersetzungen mit dem Ehemann. Dass sie Ritalin nimmt, verschweigt sie. Sie: „Das ist doch Blödsinn! Lass mich einfach in Ruhe!"
Tisch im Krankenhaus, Hände wühlen verzweifelt in einer Handtasche, schüttet den Inhalt aus	Auch im Krankenhaus verliert sie die Kontrolle. Eines Tages vergisst sie die Tabletten, gerät in Panik und fährt überstürzt wieder nach Hause.
Zu Hause: *Vergräbt den Kopf in den Händen* *Hände packen Reisetasche auf dem Bett*	Im Juni erleidet sie einen totalen Zusammenbruch. Und beichtet ihrem Mann ihre Ritalinsucht. Um die Ehe und ihre Arbeit zu retten entschließt sich Petra S. zu einer stationären Suchttherapie.
Wissenschaftler auf Klinikgang, spricht mit Kollegen *Beide groß*	Sechs Wochen ist sie in Behandlung bei Professor Mundle. Während des Aufenthaltes lernt Petra S. andere Patienten kennen, die ebenfalls durch Neurodoping süchtig geworden sind.

O-Ton Prof. Mundle	„Die Risikobereitschaft steigt, das ist ein ganz wichtiger Aspekt. Dass die Menschen viel eher bereit sind, Substanzen einzunehmen als früher. 50 % der heutigen Bevölkerung sind bereit, solche Substanzen einzunehmen, wenn sie nur keine Nebenwirkungen hätten. Das heißt, da gibt es eine generelle Bereitschaft in der Gesellschaft. Das halte ich für ein sehr alarmierendes Signal. Viel wichtiger als eine Substanz einzunehmen ist erst mal zu sich zu kommen und erst mal zu klären, wo steh' ich denn, wer bin ich denn, was kann ich wirklich, was entspricht mir?“
Malerpinsel groß, *Herd mit Töpfen, groß* *Groß: Ein Arm wird durch Bild bewegt* *Ärztin von hinten bei Übungen im Sitzen*	Die Behandlung in der Klinik und eine anschließende ambulante Therapie helfen Petra S. in ein normales Leben zurückzukehren. Statt Neurodoping macht sie heute meditative Übungen. Mit Erfolg. Mittlerweile arbeitet sie wieder als Anästhesistin.

Quelle: Westdeutscher Rundfunk, Servicezeit 2009

Alles drin: Helle Seite, dunkle Seite, Midpoint, vier Attribute nach dem Animus/ Anima-Prinzip, tiefste Höhle. Ein glasklarer Aufbau. Zunächst die gewohnte Welt, die sie (noch) meistert, nämlich die Doppelbelastung, das ist die Ausgangssituation, dann aber kommen erste Zweifel, das sie das nicht mehr schafft (Ruf des Abenteuers). Ihre Lösung: Ritalin. Die erste Einnahme („Im Januar dieses Jahres entscheidet sich Petra S. für Neurodoping...“) ist das auslösende Moment, das bringt sie auf die Nachtseite, zentrale Frage: „Wie gefährlich ist Neurodoping?“ Dann beginnt der zweite Akt. Und damit die scheinbare Entwicklung: Es geht ihr ja gut dabei! Der Körper wirkt sogar gestärkt, darum ging es ihr ja auch. Sie hält die 24-Stunden-Tage scheinbar spielend durch. Dann der Midpoint: Bei 2:50 knallt ihr Herr Mayer, pardon Herr Dr. Mayer, die Akten auf den Tisch – während sie telefoniert. Toller Chef! Bei einer Gesamtlänge von 5:48 ist das praktisch genau in der Mitte. Die Situation kippt nun. Hat sie bislang mit intaktem Körper und Geist hantiert, treten nun die Defizite der gestörten Seele und des immer mehr in Mitleidenschaft gezogenen Herzens hervor. Sie ist der Situation nicht mehr gewachsen, nimmt immer mehr Pillen und gerät zunehmend aus dem Gleichgewicht (Seele). Zuhause streitet sie mit den Kindern und ihrem Mann (Herz). Das ist typisch für den Helden einer guten Geschichte: Er verweigert sich der einzigen Person, die ihm wirklich helfen könnte. In der tiefsten Höhle befindet sie sich, als dann auch noch der Körper aussetzt. Der totale Zusammenbruch. Dennoch ist nicht der kaputte Körper der Knackpunkt, sondern die kaputte Seele. Das ist für sie der Blick in den eigenen Schatten: Sie muss ihre Seele heilen, sonst gehen Ehe und Beruf verloren. Man sieht hier gut, dass es meist ein Attribut ist, was geändert werden muss, alle anderen Attribute, die zusätzlich gestört werden, sind nur Folgeerscheinungen, die dann ebenso wieder genesen.

Der Blick in den eigenen Schatten: Das ist die eigentliche Definition der tiefsten Höhle!

Man sieht seine schlechteste, seine schwächste Seite – und kann sie nicht reparieren. Das ist der Punkt der absoluten Ausweglosigkeit. Die besten Heldenreisen sind solch „innere" Reisen. Nach C. G. Jung ist es die Reise vom „Ich" zum „Selbst". (Stevens 2004, S. 64) Man spricht auch vom „Innenkampf". Beim WDR-Stück benennt der Professor das sogar in einem O-Ton („…erst mal zu klären, wo steh' ich denn, wer bin ich denn, was kann ich wirklich, was entspricht mir?") Alle anderen, eben äußeren Konflikte sind so genannte Schattenprojektionen. Das sind also gewissermaßen Ersatzhandlungen – die wir aber spannend finden. Dies soll kein Plädoyer gegen äußere Konflikte sein. Dennoch gilt: Äußere Konflikte mit dem miesen Schurken wie etwa Goldfinger sind nur der Spiegel innerer Konflikte, der Schatten Goldfinger steht stellvertretend für den Schatten des Helden. Solche Geschichten kann man also als Allegorien verstehen.

Frau Petra S. jedenfalls überwindet ihre schadhafte Seele tatsächlich. Sie wendet sich an ihren Mann und macht (entscheidende Prüfung) eine Therapie. Hier kann man nochmals erkennen, warum es sinnvoll ist, die tiefste Höhle vor die entscheidende Prüfung zu packen. So folgt der Katastrophe (durch kaputte, inferiore Funktion) die Überwindung (Heilung der inferioren Funktion). Die entscheidende Prüfung ist demnach der Sieg über den eigenen Schatten – oder wie Jung es etwas barock ausdrückt: die Überwindung des Dunkelkeitsungeheuers. Der Sieg des Bewusstseins über das Unbewusste. (Jung 1971, S. 122) Oder, das kann auch passieren: Der Held hat nun das Potential, den eigenen Schatten zu überwinden. Das erledigt er dann im 3. Akt (Auferstehung). Nach Jung besteht das „Selbst" aus bewusster und unbewusster Seite. Erst aus der Verschmelzung dieser beiden Seiten entsteht die Persönlichkeit. Eine Heldenreise muss also über die unbewussten Schattenseiten führen.

Im dritten Akt funktionieren bei Petra S. Körper, Seele und Herz wieder. Sie macht meditative Übungen, ein Zeichen, dass sie dauerhaft Ersatz gefunden hat für das teuflische Ritalin. Die Ausdehnung der Attribute (oder Funktionen) auf 4 ist also auch unter 6 Minuten Beitragslänge durchaus möglich.

Tiefste Höhle reloaded

Jung bringt uns also auf eine psychologische Deutung der tiefsten Höhle. Das ist wichtig, denn die tiefste Höhle ist eben nicht einfach nur die objektiv größte Gefahr für den Helden. So wird sie aber gerne gedeutet. Man redet im Brainstorming über die Prüfungen des zweiten Aktes, hat eine besonders schwierige und sogleich kommt der Ausruf „Ah, das ist meine tiefste Höhle!". Das kann zwar sein, muss aber eben nicht. Ein gutes Beispiel, dass sogar Lebensgefahr nicht die tiefste Höhle sein muss, die Gefahr, sich selbst in blindem Hass zu verlieren aber schon, zeigt das Epos „Ben Hur". Eine Heldenreise pur. Ben Hur ist zwar der reichste Bürger Jerusalems, aber seine Stadt ist wie das ganze Land von den Römern besetzt (Gewohnte Welt des Mangels). Da kommt unverhofft sein bester Freund aus der gemeinsamen Kindheit, Messala, zum Befehlshaber der Stadt ernannt. Dieser Ruf des Abenteuers ist zweischneidig, weil er mit Hoffnungen Judas verknüpft ist, aber auch ein großes Problem aufwirft: Messala verlangt von ihm die Liste der Rädelsführer auszuhändigen. Judah verweigert das (Weigerung). Nun kommt die Szene mit dem Dachziegel, die ich schon erwähnt hatte – und Judah wird auf die Galeere verbannt. Hier ist er in größter Lebensgefahr und dennoch nicht in der tiefsten Höhle. Denn er verfügt über einen gesunden Körper und einen intakten Geist. Im Roman (Wallace 1880) bittet er sogar darum, immer mal wieder die Seiten wechseln zu dürfen, damit das „Fitnesstraining" nicht einseitig ist! Aber der Hass gegenüber Messala im Speziellen und gegenüber Rom im Allgemeinen sitzt tief. Wie so oft ist Herz und Seele verletzt. Auf der Galeere am Anfang des zweiten Aktes kommt der Befehlshaber (Konsul Arrius) unter Deck und prüft die beiden Attribute Körper und Geist: Er fragt Judah, wie lange er denn an Bord sei. Auf die Antwort „3 Jahre" staunt er, denn solange halten die Galeerenhäftlinge normalerweise nicht durch. Dann schlägt er ihn überraschend mit der Peitsche. Judah beherrscht sich und bleibt zitternd vor Wut und Hass sitzen. Darauf der Römer: „Ich sehe, Du hast Mut genug, um Dich zu wehren, aber auch genug Verstand, Dich zu beherrschen." Er spricht explizit Körper (Mut) und Geist an. Hier haben es die Attribute also sogar in den Dialogtext geschafft. Erst im dritten Akt befindet sich Ben Hur in der tiefsten Höhle. Zwar hat er in der entscheidenden Prüfung das Wagenrennen gegen Messala gewonnen und somit Rache geübt. Dennoch ist er blind vor Hass. Da kommt es zu folgendem Dialog mit Esther, seiner ehemaligen Sklavin und späteren Geliebten:

Bild	**Text**
Im Haus Judas: Esther lehnt an der Wand, Judah sitzt auf einem Stuhl *Er steht auf, geht auf sie zu, die Arme an der Wand, den Kopf an ihrem Hals, sie will ihn umarmen, er nimmt den Arm weist ihn ab* *Er dreht sich von ihr weg, zeigt ihr den Rücken*	Esther: „Gibt es nichts, was uns gemeinsam ist. Nicht einmal Liebe?" Judah: „Ich kann kaum mehr einen Atemzug tun, ohne Dich in meinen Armen zu wünschen. Trotzdem weiß ich, dass alles, was ich von nun an tun werde, Dir mehr Schmerz zufügen wird, als Du jemals erlitten hast. Es ist besser mich nicht zu lieben."
Sie geht einen Schritt auf ihn zu und verstärkt ihre Stimme:	Esther: „Es war Judah Ben Hur, den ich liebte, aber den gibt es nicht mehr. Was Du bekämpft hast, was Du überwinden wolltest, das willst Du nun auch tun. Böses mit Bösem vergelten. Dein Hass verwandelt Dich zu Stein. Es ist, als lebte in Dir der Geist von Messala."

Groß: Judah fährt erschrocken herum, Musikeinsatz,	
Zweier-Einstellung: Beide Esther geht ab, Judah lehnt sich erschrocken und nachdenkend an die Wand	*Esther: „Ich habe Dich verloren, Judah."*

Quelle: Ben Hur, USA 1959, William Wyler, Metro-Goldwyn-Mayer, Vertrieb: Warner Home Video

Der Geist von Messala… Das ist die tiefste Höhle! Der Regisseur wusste genau, was er tat: Schnitt auf Judah, der fährt erschrocken herum, starrt Esther an, Musikeinsatz. Judahs Hass wird von seiner eigenen Lebensgefährtin angesprochen – und das in einem Vergleich mit dem Todfeind. Judah hat zu Ende des zweiten Aktes zwar die zentrale Frage klären können („Kann Judah sich rächen?"), aber seine inferiore Seelenfunktion hat er nicht wieder heilen können. Daher ist bei diesem Film die tiefste Höhle im dritten Akt. Der Dialog zeigt ja, dass er genau weiß, wie schlimm es um ihn steht („dass alles, was ich von nun an tun werde, Dir mehr Schmerz zufügen wird, als Du jemals erlitten hast."). Und kann es doch nicht ändern. Bis er auf Jesus trifft – am Tage dessen Kreuzigung. Und in ihm seinen Retter (er gab ihm mal Wasser auf dem Weg in die Gefangenschaft) wiedererkennt. Der letzte Satz des Films lautet: „Er hat mir das Schwert aus der Hand genommen", das sagt er zu Esther, die am Fuße einer Treppe steht. Und dann geht Judah die Treppe (sic!) hinauf, wo seine Mutter und seine Schwester stehen. Beide sind vom Aussatz geheilt.

Übrigens sieht man zwischen Petra S. und Ben Hur durchaus Gemeinsamkeiten: Sie streiten jeweils mit der Person, die eigentlich am besten helfen könnte.

Eine der schönsten neueren Heldenreisen ist „Gran Torino". Die tiefste Höhle ist ergreifend. Walt sitzt im Nachbarhaus, also bei den Hmong, und wartet zusammen mit der Großmutter und Thao auf dessen Schwester Sue, die verschwunden ist. Dann kommt sie endlich, Blut beschmiert und am Ende ihrer Kräfte. Sie wurde von der Gang zusammengeschlagen und vergewaltigt. Walt merkt, dass sein Verhalten zu der Eskalation beigetragen hat. Er bereut zutiefst und ist extrem wütend auf sich selbst. Er geht in sein Haus zurück und schlägt mit den bloßen Fäusten in die verglasten Türen der Schränke. Kraftlos singt er auf einem Stuhl zusammen. Man kann eine Träne erkennen. Das ist die tiefste Höhle. Er muss jetzt etwas ändern. Nun folgt eine scheinbare entscheidende Prüfung und dann eine wirklich entscheidende Prüfung. Das ist meisterhaft! Die scheinbare Prüfung: Er begibt sich zu dem Priester in die Kirche und lässt sich die Beichte abnehmen. Er beichtet aber nur ein paar Dinge, dass er als verheirateter Mann einmal eine andere Frau geküsst hätte, dass er einen Gewinn nicht versteuert hätte – und dass er seine Kinder nicht wirklich kenne. Das war es. Seine Backstorywound, die der Zuschauer zu diesem Zeitpunkt noch gar nicht kennt und die zu seinem Grundantagonismus, seinem Rassismus, geführt hat, verschweigt er. Dann kommt die wirkliche entscheidende Prüfung, in seinem Haus im Keller. Scheinbar bereitet er sich mit Thao darauf vor, es der Gang zu zeigen. Doch dann sperrt er den Jungen plötzlich ein. Ein unglaublicher Moment! Der Junge brüllt und hämmert gegen die eiserne Tür, da erscheint Kowalski auf der anderen Seite und beginnt seine wahre Beichte. Das Tolle dabei ist, dass die eiserne Tür durchbrochen ist, das Gitter der Tür sieht fast genauso aus wie der Beichtstuhl kurz davor in der Kirche. Und nun erfährt der Zuschauer seine Backstorywound. Kowalski zum Jungen: „Du willst wissen, wie es ist, jemanden umzubringen? Ich will Dir sagen, wie es ist, es ist grauenvoll. Nur eines ist schlimmer, wenn Du einen Orden dafür kriegst, dass Du einen kleinen Jungen getötet hast, der sich eigentlich gerade ergeben wollte. Ja, ein verängstigtes, kleines Schlitzauge wie Du. Ich habe ihm mit dem Gewehr, das Du gerade in der Hand hattest, mitten ins Gesicht geschossen. Es vergeht kein Tag, an dem ich nicht daran denke, das willst Du Dir nicht aufs Gewissen laden. An meinen Händen klebt Blut, ich bin schon beschmutzt. Aus diesem Grund gehe ich heute Nacht allein dahin." Was für eine Beichte!

Tab. 2.16 Das Wichtigste in Kürze: „Tiefste Höhle" (Teil 2)

• Totalversagen der inferioren Funktion • Held wird sich seines Versagens bewusst… • … und kann dennoch nicht anders handeln • Inferiore Funktion beschädigt andere Funktionen • Tiefster Blick in den eigenen Schatten
„Entscheidende Prüfung" (Teil 2) • Sieg über den eigenen Schatten (= „äußerer Feind") durch Reparieren der inferioren Funktion • Entweder ist inferiore Funktion schon geheilt… • …oder die Vorraussetzungen sind dafür gegeben

2.7 Psychologische Deutungen

Der Mythos

Bevor wir in den dritten Akt gehen, möchte ich hier einen Einschub wagen. Es geht um die wichtigen Begriffe des Mythos und der beherrschenden Idee, deren jeweilige Festlegung für einen Beitrag eigentlich unerlässlich sind. Vor allem eben für das Ende, für den dritten Akt, daher der Einschub hier.

Fangen wir mit dem Mythos an. Mythos heißt eigentlich nur Erzählung, also etwa die griechischen Heldensagen. Aber es steckt mehr dahinter. Ich bin mir nicht sicher, ob mir Wissenschaftler, die über C.G. Jung forschen, vielleicht widersprechen würden. Etwa in der Nomenklatur. Aber Mythos ist kein geschützter Begriff. Ganz im Gegenteil, die Definition ist schwierig.

Die, die mir am besten gefällt, habe ich bei Thomas Mann gefunden:

- ***Mythos ist zeitlose Immer-Gegenwart.***

Herrlich! Damit ist eigentlich alles gesagt. Thomas Mann bezieht sich dabei auf Schopenhauers Ubiquität. Gesagt hat er das bei einer Lesung im Jahr 1928. Gute Geschichten funktionieren nur über den Mythos. Die Menschen interessieren sich nun einmal für Dinge, die sie verallgemeinern können, aus denen sie eine Lehre ziehen können, die sie persönlich nutzen können. Oder, wie es bei wikipedia steht: Mythen sind „Geschichten, mit der Menschen und Kulturen ihr Welt- und Selbstverständnis zum Ausdruck bringen“[8]. Auch O.K.. Das deckt sich in etwa mit der Definition von James N. Frey, einem bekannten amerikanischen Schriftsteller und „creative writer“: „Mythos ist die Matrix, auf der Kultur aufbaut.“ (Frey 2000, S. 240)

Das ist eindeutig das Erfolgsrezept der Bibel. Es sind zwar einzelne, konkrete Geschichten. Aber sie stellen Allegorien dar. Die Geschichten könnten zu jeder Zeit und an jedem Ort spielen, ohne an Wert zu verlieren. Vielleicht wären heute Kain und Abel nicht Ackerbauer und Hirte, sondern Banker und Software-Entwickler (Kain wohl der Banker…).

Aber der Konflikt ist zeitlos. Eine Geschichte, die Mythen bemüht, macht sich dadurch größer, als sie ist. Man erzählt eine spezielle Geschichte und

8 http://de.wikipedia.org/wiki/Mythos Stand: 6.10.2012

zielt dabei auf das Allgemeine. Der Physiker und Philosoph Carl Friedrich von Weizsäcker bringt das akademisch genau auf den Punkt:

- ***Das Besondere ist nur das jeweils spezialisierteste Allgemeine.***

Der Redaktionsleiter Naturwissenschaften vom BR hat es rein aus dem Gefühl heraus erklärt: „Da schwingt was in uns mit." Genau! Man kann es sich wie Saiten vorstellen, die durch den Mythos zum Schwingen gebracht werden. Die Saiten des kollektiven Unbewussten, wenn man so will. Dieses kollektive Unbewusste macht uns eigentlich erst zu Menschen. Da sind die Wertvorstellungen untergebracht, ohne die wir keine sozialen Wesen wären. Ohne Anspruch auf Vollständigkeit möchte ich ein paar dieser Ebenen des Mythos, wie ich sie nenne, vorstellen. Ein sehr bekannter TV-Trainer hat diese Ebenen einmal „Dramaelementarebenen" genannt. Daran sieht man, dass die Nomenklatur vielfältig ist. Der dramaturgischen Bedeutung tut dies keinen Abbruch. Wichtig ist, dass jeder versteht, was gemeint ist.

Ebenen des Mythos

Ich möchte die Ebenen anhand des Films „Titanic", anderer Filme und journalistischer Themenbereiche vorstellen. Je mehr Ebenen ein Film nutzt, je mehr Saiten er zum Klingen bringt, umso tiefer berührt er uns. Hier wird schnell klar, dass auch gute journalistische Geschichten eher vom Gefühl leben, denn von der Information.

Liebe etwa ist ein starker Mythos. Eine wichtige Ebene für Titanic. Und welcher Hollywoodklassiker kommt nicht ohne sie aus? Auf jeden Fall gibt es Filme die ausschließlich darauf setzen, Liebesfilme eben. Im Journalismus: Gerade für den Boulevard ein gefundenes Fressen. Brangelina: Ehe kaputt! Hass wäre zu nennen. Da fällt mir natürlich gleich Ben Hur ein. Aber auch bei Titanic spielt Hass eine Rolle. Rose' Verlobter schießt ja sogar auf sie und Jack. Im Journalismus spielt Hass meines Erachtens keine so überragende Rolle. Dafür aber Wut. Wut über die Bankster, Wut über Stuttgart 21, das jetzt gebaut wird. Wut über die Lügenpresse, über Merkel und Migranten. Wut und Gerechtigkeit sind sicherlich oft eingesetzte Mythen von Sendungen wie etwa „Monitor".

Sex! Wer erinnert sich nicht an die Szene unten im Schiffsbauch der Titanic, im Auto? Im Journalismus muss man nicht nur den Boulevard bemühen. Über Sex gibt es ganze Dokumentationsreihen.

Hybris: Unsinkbar! Ja, genau. Hochmut kommt vor dem Fall. Hybris führt bei Titanic zu einem anderen Mythos: Apokalypse. Wird immer wieder gerne genommen. Zahlreich sind die Filme über Erdbeben oder Meteoriteneinschläge, Armageddon aus dem Jahr 1998 mit Bruce Willis ist vielleicht der bekannteste. Hybris im Journalismus: Politiker, die glauben, sich alles leisten zu können. Erdogan ist ein besonders krasser Fall von Hybris. Vielleicht spielt sogar zu recht dann die Schadenfreude keine geringe Rolle.

Ein starker Mythos ist Gerechtigkeit. Die drei Klassen auf der Titanic sind vielleicht noch verständlich, nicht aber der unterschiedliche Umgang mit ihnen nach der Kollision mit dem Eisberg. Das hat auch mit einem anderen Mythos zu tun: Würde. Ein toller Film mit dem Mythos Gerechtigkeit ist „Die 12 Geschworenen" von Sidney Lumet aus dem Jahr 1957. Und im Journalismus: Ist es gerecht, wenn ein Politiker sich von Millionären, die er Freunde nennt, aushalten lässt? Gerade in der Politik ist Gerechtigkeit eine starke Ebene. Etwa in der Sozialpolitik. „Die Kleinen hängt man und die Großen lässt man laufen." Der Begriff „Soziale Gerechtigkeit" wird oft diskutiert.

Innerer Friede. Wie oft hört man den Satz „Ich kann nicht eher ruhen, bis…"

Rose gewinnt eigentlich erst in der späten Aufarbeitung der damaligen Geschehnisse auf der Titanic ihren inneren Frieden – im Alter von hundert Jahren. Als Symbol dafür wirft sie das Diamant-Collier von Bord und ist in den letzten Einstellungen wieder mit Jack vereint zu sehen. Auch Ben Hur findet erst spät seinen inneren Frieden. Im Journalismus? Wohl weniger gefragt. Vielleicht bei Portraits, etwa über ältere Politiker. Äußerer Frieden setzt ja oft einen inneren Frieden voraus. Sadat hat erst seinen inneren Frieden mit Israel gemacht und dann Camp David.

Obsession: Die Titanic machte mächtig Dampf und es gibt Hinweise darauf, dass man eine schnellere Durchschnittsgeschwindigkeit erreichen wollte als das Schwesterschiff „Olympic". Eine tolle Geschichte über Obsession bis hin zur Selbstzerstörung ist „Moby Dick". Ich glaube, dass auch im Journalismus Obsession eine Rolle spielen kann. Im negativen etwa die Sexsucht (von Michael Douglas zum Beispiel). Im positiven über etwas, ja, missionarisches („Ich muss den Tuberkel finden!" rief Otto als

Wissenschaftler in einem Gag.). Wenn jemand alle Achttausender der Erde besteigen muss, ist das auch interessant.

Apropos Achttausender: Das Unbekannte. Reinhold Messner ist gefragt worden, warum er auf den Mount Everest gestiegen ist. Die Antwort: „Weil er da ist." Aus demselben Motiv bin ich sicher, dass die Menschheit zum Mars fliegen wird. Das Unbekannte spielt gerade bei Abenteuerfilmen eine große Rolle. Es zieht uns magisch an. Es gibt viele Arten von Märchen, bei denen es verschlossene, verbotene Türen gibt. „Das Märchen von Adschib dem Einäugigen" aus 1001 Nacht: Adschib darf da in einem Schloss mit 40 Türen übernachten. Ihm wird gesagt, er dürfe alle Türen öffnen, nur nicht die Vierzigste. Und was macht der? Ja, genau…

Bei Titanic gibt es den Satz: „Kleiner! Haben Sie die leiseste Ahnung, worauf Sie sich da einlassen?" Für Jack ist die erste Klasse das große Unbekannte.

Ohne den Mythos des Unbekannten gäbe es wahrscheinlich kaum Wissenschaftssendungen oder Filme über Medizin, Natur und Tiere. Terra incognita!

Die Gruppe. Ein ganz starker Mythos. Durch den Gewinn der Schiffskarten gehört Jack eindeutig zu einer vermeintlich glücklichen Gruppe, die ins Land der unbegrenzten Möglichkeiten aufbrechen darf.

Wer darf den Sucher spielen? Harry Potter! Überhaupt gehört Harry in Hogwarts zum ersten Mal zu einer Gruppe. Apropos Quidditch: Pünktlich zu Fußballeuropa- und -weltmeisterschaften werden 80 Millionen Deutsche zu Bundestrainern. Es ist einfach spannend, wer nominiert wird und wer nicht. Wer gehört zur Gruppe und wer wird ausgeschlossen? Gerade im Sportjournalismus also sehr wichtig.

Neid. Ich erinnere nur an Kain und Abel. Oder an die „Neiddebatten" während der Bankenkrise.

Die Liste ist sicherlich noch viel länger. Mordmotive etwa sind Mythen: Habgier, Heimtücke, Grausamkeit. Der Reiz der zahllosen Hitler-Dokumentationen ist wohl vor allem mit dem Mythos der Grausamkeit zu verstehen.

Einen, vielleicht den wichtigsten Mythos möchte ich aber noch benennen: Häutung. Die verschiedenen Häutungen eines Menschen bilden ja sein Leben ab, seine Lebensabschnitte. Es sind Zäsuren. Wie viele Häutungen es gibt? Manche sprechen von sieben Häutungen, ich komme auf fünf. Da wäre erst einmal die Geburt. Dann das Alter bis etwa 4 bis 7 Jahren. Da glaubt man an das Christkind und den Nikolaus. Die Pubertät ist die nächste wichtige

Zäsur. Viele Märchen handeln vom Erwachsenwerden, etwa der Froschkönig. Da verliert die Prinzessin ihr Spielzeug, also ihr Kindsein, die goldene Kugel. Viele Tierfilme nehmen sich dieses Themas an. Immer nett zu sehen, wenn dann die Mütter ihre Kinder davonjagen und die Armen endlich für sich selbst sorgen müssen. Familie bekommen ist eine Zäsur. Alt werden leider auch. Und die, die uns am meisten beschäftigt, ist die Zäsur des Todes.

„Story is about life and death!"

Warum braucht jeder Tatort eine Leiche?

Interessant ist, dass diese Häutungen immer einen Verlust mit sich bringen. Ich will mal auflisten in der Tabelle „Häutungen":

- Geburt = Verlust der Höhle
- Ab 4 – 7 Jahren = Verlust der Märchenwelt
- Pubertät = Verlust der Kindheit
- Familie = Verlust der Ungebundenheit
- Altern = Verlust der Jugend
- Tod = Verlust des Lebens

Verlustangst scheint uns also sehr zu beschäftigen.

Diese Häutungen kann man auch Initiationen nennen. Die Übergänge zwischen den einzelnen Lebensstationen werden sehr oft durch Initiationsriten begangen. Man denke nur an die Firmung oder die Bar Mizwa.

▸ ***Geschichten sind Nachbildungen von Initiationen. (Hammann 2007, S. 43)***

Das mag der Grund sein, warum wir Geschichten über genau diese Übergänge so gerne haben.

Und dann gibt es natürlich die kleinen Initiationen:

- Das erste Mahl
- Das erste Mal
- Kindergarten, Schule, Studium, Lehre
- Rente
- Nestbau
- Heirat, Scheidung

Figuren des Mythos

Mythen haben aber nicht nur Ebenen. Es gibt auch mythologische Figuren, nach C.G. Jung so genannte Archetypen. Das sind universelle Urbilder, die ebenfalls im kollektiven Unbewussten stecken. Ich will ein paar nennen:

Da gibt es natürlich erst mal den Helden, aber auch den Antihelden. Der Mentor ist eine mythologische Figur, das können Eltern sein, Großeltern (etwa bei Heidi), Trainer oder Dozenten (Dumbledore bei „Harry Potter"), Diener (Passpartout bei „In 80 Tagen um die Welt"), Forscher und Erfinder (Daniel Düsentrieb, „Q" bei Bond), Schamanen („Der mit dem Wolf tanzt").

Dann wären da die Schwellenhüter: Portier, Rausschmeißer, Leibwächter (kann auch Mentor und Held sein, etwa bei „Bodygard"), Türsteher, Nebenbuhler. Dann gibt es den Herold, der eine Nachricht bringt oder auch warnt: Hannibal ante portas! Ein bekannter Herold des klassischen Altertums ist Hermes, der Götterbote. Ein Herold muss aber nicht immer eine Person sein, es kann auch die Nachricht selbst sein.

Gestaltwandler sind interessant: Hexen, Zauberer, Riesen (alle bei Harry Potter vertreten), die femme fatale (etwa bei „eine verhängnisvolle Affäre"), Götter (allen voran Zeus, der wohl ein Faible für Stiere hatte).

Trickster! Man weiß nie genau, auf welcher Seite sie stehen. Ohne die Figur des Tricksters wäre „Fluch der Karibik" nie so erfolgreich geworden. Jonny Depp hat ihn in der Figur des Jack Sparrow herrlich verewigt. Fragt doch gegen Ende des ersten Teils Elisabeth ihren Will: „Auf welcher Seite steht Jack eigentlich?" Antwort: „Im Moment?" Und Will zuckt die Schultern.

Wenn man so will ist auch David im alten Testament ein Trickster. Urplötzlich zieht der Kleine da die Steinschleuder aus der Tasche!

Eine mythologische Figur noch, die sehr wichtig ist: Der Schatten. Das sind in Märchen oft Riesen oder Ungeheuer. In Hollywood gibt es Schurken und Verführer. Der Schatten ist aber auch eine Metapher für den Helden selbst. Ein Spiegel gewissermaßen. Wie schon erwähnt, wir sprechen dabei von Schattenprojektion. Der eigene Schatten wird auf eine fremde Figur projiziert. Natürlich ist damit jede Art von Antagonist gemeint.

Die beherrschende Idee

Ob Ebenen oder Figuren: Bevor man eine Geschichte erzählt, sollte man sich die möglichen Mythen, die man einsetzen kann, bewusst machen.

Umso klarer werden etwa die Attribute der Hauptfigur und die Botschaft als Ganzes. Diese Botschaft nennt man „Beherrschende Idee". Ohne die geht gar nichts.

Was ist eine beherrschende Idee? Eine Definition ist: Behauptung, die zu einer Schlussfolgerung führt. (Egri 1946, S. 20) Falls Sie Fachliteratur lesen und auf den Begriff „Prämisse" stoßen, ist damit meist dasselbe gemeint. Aber Vorsicht! In der Logik ist der Begriff der Prämisse eine Voraussetzung oder Annahme (Im Storytelling etwa: „Was wäre, wenn…). Das wäre also etwas anderes. Für James N. Frey (Frey 1987, S. 72) wiederum ist die Prämisse das gleiche wie für Robert McKee die beherrschende Idee (McKee 1997, S. 130f.). Der wiederum definiert die Prämisse in ihrer ursprünglichen Art. Da soll man sich noch auskennen! Ich möchte beim Begriff der beherrschenden Idee bleiben, weil das genau das ausdrückt: Die Idee der Geschichte. Man könnte auch „Motto" dazu sagen. Es gibt Fachleute, die meinen, dass die beherrschende Idee einer Geschichte über dem Plot steht, andere behaupten, sie sei sehr wohl an den Plot gebunden. Dann gibt es wieder andere, die sagen, eine beherrschende Idee im Journalismus wäre universell, weil immer und überall beweisbar. Im fiktiven Film aber nicht, weil eine ausgedachte Geschichte eben nicht beweisfähig sei. Ich gehöre zu denen, die nicht zwischen Fiktion und „Realität" unterscheiden und zum anderen die beherrschende Idee klar über den Plot stellen. Meine Argument dazu ist ganz einfach: Wäre sie an den Plot gebunden, dann bräuchte man sie gar nicht. Meines Erachtens ist gerade der Witz der beherrschenden Idee, dass sie dafür sorgt, die Geschichte über den Plot zu stellen. Sie sorgt für allzeitliche Immer-Gegenwart, wie Thomas Mann geschrieben hat.

Ob beherrschende Idee, Prämisse, Motto. Ich möchte ein paar Beispiele nennen, die meines Erachtens auch zeigen, dass die beherrschende Idee über dem Plot steht:

Beherrschende Ideen bei Shakespeare (Egri 1946, S. 20f.)

- Die große Liebe trotzt sogar dem Tod „Romeo und Julia". Muss das in Verona spielen?
- Blindes Vertrauen führt zur Vernichtung „König Lear". Ist diese beherrschende Idee nicht beweisbar, nur weil es King Lear nie gegeben hat?
- Skrupelloser Ehrgeiz führt zur eigenen Vernichtung „Macbeth"
- Eifersucht vernichtet den Eifersüchtigen „Othello"

Hier noch einige beherrschenden Ideen von Spielfilmen: (Frey 1987, S. 74)

- Übertriebene Loyalität gegenüber der Familie führt zu einem kriminellen Leben „Der Pate".
- Selbst größte Grausamkeit vermag den menschlichen Geist nicht zu brechen „Einer flog über das Kuckucksnest"
- Verbotene Liebe führt zum Tod „Madame Bovary"
- Mut führt zur Erlösung „Der alte Mann und das Meer"

Schlechte beherrschende Ideen sind Banalitäten:

- Krieg tötet Menschen, Armut ist schlecht, Liebe ist gut (Frey 1987, S. 77f.)

Aber selbst da kann man etwas reparieren. Aus der ersten könnte man zum Beispiel machen: Krieg macht auch aus dem liebevollsten Menschen ein Untier.

Ich habe mal ein paar beherrschende Ideen im Wissenschaftsjournalismus zusammengetragen. Wissenschaftsjournalismus deshalb, weil ich an den Produktionen beteiligt war und wir explizit über die beherrschende Idee nachgedacht hatten:

- Gier führt zu Armut
  Glühende Landschaften – Verwüsten unsere Urlaubsländer
- Übersteigerte Hoffnung führt zu Enttäuschung
  Die Erde – einsam im All?
- Übermut führt ins Verderben *Der größte Damm der Welt*
- Willst Du das Ganze erblicken, so musst Du das Ganze im Kleinsten erblicken
  Das Nano-Schnitzel (Nanotechnologie also)

Ich finde es gut, wenn man sich vor der Produktion Gedanken über eine beherrschende Idee macht. Eigentlich sollten das die ersten Gedanken sein. Das heißt, die Reihenfolge der Prioritäten wäre wie folgt:

Im Journalismus kommt sicherlich das Thema zuerst. Ohne Thema kein Exposé. Dann aber gleich mal überlegen, welche Mythen man streift. Dann die beherrschende Idee formulieren. Dann erst geht es um den Plot. Schließlich um Kamera, Schnitt, Text, Mischung, Musik.

Ich möchte Mythen, beherrschende Idee, Thema und zentrale Frage mal für „Harry Potter und der Stein der Weisen" angeben. Ich sehe das so: Der Mythos ist hier in erster Linie Liebe und Würde. Es ist eine Aschenputtel-Erzählung. Dann spielen aber auch Grausamkeit und Gerechtigkeit mit. Das Motto könnte frei nach den Beatles heißen: „With a little help from my friends". Bei den Dursleys war Harry immer auf sich allein gestellt. In Hogwarts hat er erstmals Unterstützung. Ohne Ron und Hermine könnte er Voldemort nicht aufhalten. Das Thema ist Phantasy. Es folgten auf „Harry Potter" eine ganze Flut von Phantasy-Büchern und -Filmen. Die zentrale Frage lautet meines Erachtens: Wer bin ich? In allen sieben Büchern und acht Filmen geht es um einen Selbstfindungstrip. Nichts über sich zu wissen, ist sein Grundantagonismus. Harry weiß immer mehr über sich, auch durch Voldemort, seinen großen Gegenspieler.

Literatur

Aristoteles (1982) Poetik. Reclam, Stuttgart
Egri L. (1946) Dramatisches Schreiben. Autorenhaus, Berlin
Frey J.N. (1987) Wie man einen verdammt guten Roman schreibt. Emons
Frey J.N. (2000) The Key. Emons
Freytag G. (2003) Die Technik des Dramas. Autorenhaus, Berlin
Gulino P.J. (2004) Screenwriting – The Sequence Approach
Hammann J. (2007) Die Heldenreise im Film. Zweitausendeins, Frankfurt a. M.
Jung C.G. (1971) Archetypen. Deutscher Taschenbuch Verlag, München
Kahneman, D. (2012) Schnelles Denken, langsames Denken
Krützen M. (2004) Dramaturgie des Films. Fischer, Frankfurt a. M.
McKee R. (1997) Story. Alexander Verlag, Berlin
Stevens A. (2004) Jung. Panorama, Wiesbaden
Vogler C. (1997) Die Odyssee des Drehbuchschreibers. Zweitausendeins, Frankfurt a. M.

Der dritte Akt 3

3.1 Das „finale Prätreatment“

Der dritte Akt ist anscheinend der schwerste für Journalisten. Zumindest ist das meine Erfahrung auch in der Betreuung von Autoren. Warum? Eigentlich dürfte das nicht so sein, weil man sich dort doch richtig austoben kann. Wer Journalist wird, der möchte doch auch ein wenig Meinung bilden. Und dazu ist der dritte Akt da: Analyse, Haltung – ja und auch Motto. Die beherrschende Idee muss spätestens im dritten Akt klar werden.

Doch oft sehe ich eher rudimentäre Gebilde. Man hat den Eindruck, dass viele Autoren hinten so schnell wie möglich aus der Nummer raus wollen. Dabei bietet gerade die Heldenreise jede Menge Möglichkeiten, den dritten Akt bedeutend zu machen.

Zunächst einmal: Eine Geschichte muss von hinten her gedacht werden. Man kann den ersten Akt kaum schreiben, ohne den dritten im Kopf zu haben. Der dritte und der erste Akt korrespondieren. Was man im ersten an Attributen sät, erntet man im letzten ab. Sogar die beiden Eckpunkte der Heldenreise bedingen sich. Die „Rückkehr des Elixiers“ ist die Antwort auf die „gewohnte Welt“. In der „Gewohnten Welt“ setzt man die Ausgangsattribute, in „Rückkehr des Elixiers“ setzt man die Endattribute. Und die sind eigentlich die ersten, die man definiert. Die Geschichte vom Ende her denken heißt dann, dass man erst mal an die Endattribute denkt, also: Wo will ich eigentlich hin? Und dann an die Ausgangsattribute, die am besten dazu passen, um eine möglichst gute Verwandlung hinzubekommen. Was das Fernsehen betrifft, gilt der Spruch frei nach Kierkegaard:

- ***Eine Geschichte wird von vorne geschaut, aber von hinten gebaut***

Das muss sich natürlich mit der Recherche decken, aber die Wahl der Endattribute hat großen Einfluss auf den Beginn. Daher ist es völlig unverständlich, was mir eine Redaktionsleiterin beim BR im Seminar erzählt hat: „Ich rufe dann im Schnitt an, da sagt die Autorin, sie wären praktisch fertig, sie hätten nur noch keinen Schluss, aber sie denken sich was aus." Geht gar nicht!

Ich persönlich gehe gerne so vor: Zunächst definiere ich End- und dann Ausgangsattribute, danach baue ich die Prüfungen des 2. Aktes, dann entwickle ich den dritten Akt. Und ganz zum Schluss baue ich den ersten. Also erst, wenn der ganze Rest fix und fertig ist. Ich benutze dafür zunächst mein Prä-Treatment, man kann es auch Struktur nennen, das ich am Ende des ersten Aktes schon vorgestellt habe.

Allerdings ist es jetzt etwas komplexer. Es sieht dann so aus in Tabelle 3.1:

Tab. 3.1 „Prä-Treatment oder Struktur"

Mythos: Beherrschende Idee: Thema: Und der Plot… Zentrale Frage: Held und seine (2 oder mehr) Ausgangs-Attribute („Fisch auf dem Trockenen" oder „Bond"?): Antagonist und seine jeweiligen Attribute: Held und seine Schluss-Attribute: Erstes Bild: Letztes Bild:	
1. Akt	
Miniatur	
Gewohnte Welt	
Ruf des Abenteuers	
Weigerung	
Mentoren	
Auslösendes Moment und Überschreiten der Schwelle	
2. Akt	
1. Prüfung	Subzentrale Frage: Subzentrale Antwort:
2. Prüfung	Subzentrale Frage: Subzentrale Antwort:

3. Prüfung	Subzentrale Frage: Subzentrale Antwort:
4. Prüfung (tiefste Höhle)	Subzentrale Frage: Subzentrale Antwort:
5. Prüfung (entscheidende Prüfung)	Subzentrale Frage: Subzentrale Antwort:
Belohnung	
3. Akt	
Rückweg	
Auferstehung	
Rückkehr mit dem Elixier	

Das mit dem letzten und ersten Bild gilt natürlich nur fürs Fernsehen. Aber auch der schreibenden Zunft würde ich raten, an den ersten und letzten Satz zu denken. Korrespondieren sie?

Jedenfalls fülle ich das so aus. Aus dem Prä-Treatment wird dann irgendwann das Treatment und zum Schluss der Text zur Mischung. Hier ein ausgefülltes Beispiel der oben stehenden Punkte anhand einer Doku über Trinkwasser:

Mythos:
Tod, Apokalypse, Hybris, Ungerechtigkeit
Beherrschende Idee: positiv: Wer vorbeugt, gewinnt negativ: Gier führt zu Armut

Hierzu eine Bemerkung: Ich benutze gerne zwei unterschiedliche beherrschende Ideen, weil jeder ja anders tickt. Der eine spürt eher die positive, der andere die negative Idee. Im Kopf des Users entstehen eben unterschiedliche Dinge. Wie einer die Story wahrnimmt, nennt man deswegen „Second Story".

Thema:
Wasserökologie
Und der Plot…
Zentrale Frage:
Wie gefährdet ist das Trinkwasser in Bayern?
Held und seine (2 oder mehr) Ausgangs-Attribute („Fisch auf dem Trockenen" oder „Bond"?):

Das Wasser, das sehr gute Qualität hat, aber begrenzt vorkommt und durch einen Wassertropfen vertreten wird.
(dahinter steht der Mensch)
Antagonist und seine jeweiligen Attribute:
Anthropogene Gefahren
(auch dahinter steht der Mensch, er bekämpft sich also selbst): Pestizide, Nitrat, Medikamente (Attribute: fies, hinterhältig, unauffällig, schleichend, schwer zu stellen, lange wirksam)
Unwissen über Wasser
Held und seine Schluss-Attribute:
Das Wasser, das nicht immer gute Qualität hat, aber praktisch unbegrenzt vorkommt

Interessant: Die Ausgangsattribute drehen sich also um. Das Wasser ist zuerst quantitativ gut, aber qualitativ schlecht. Zum Schluss ist es umgekehrt!

Der Rückweg

Wie aus dem Skript ersichtlich ist der erste Punkt im dritten Akt der Rückweg.

Hier wird in Hollywood oft wieder das Tempo angezogen. Nachdem die Belohnung so etwas wie ein Durchatmen war. „Flucht statt Jagd" ist das Motto. James Bond hat seine Dechiffriermaschine erbeutet, jetzt heißt es nichts wie weg. Den Rückweg kann man durchaus auch örtlich sehen. Oft geht der Held zurück in seine Welt, wo er nochmals eine große Prüfung zu meistern hat. Bestes Beispiel: Odysseus. Er kommt nach Ithaka zurück und muss nochmals kämpfen, nämlich gegen die Freier.

Man nennt den Helden hier auch „Herrscher der zwei Welten", weil er zwischen der Nacht- und der Tagseite steht. Viel öfter ist der Rückweg aber nicht als Heimkehr zu betrachten, sondern als Entscheidung zur finalen Schlacht – oder eben nicht. Harry Potter entscheidet sich für den Kampf gegen Voldemort und leitet damit den dritten Akt ein, indem er mit Ron und Hermine durch die Falltür geht und schließlich gegen den Fiesling antritt. Und das geht so:

Ron, Hermine und Harry laufen mit den anderen Schülern durch einen Säulengang. Die anderen gehen raus, die drei bleiben zurück, argwöhnisch beobachtet von Snape.

Bild	Text
Harry *Snape dreht sich um und verschwindet mit wehendem Umhang.*	Harry: Es war kein Fremder, den Hagrid getroffen hat, es war Snape. Das bedeutet, dass Snape nun weiß, wie man Fluffy (den vierköpfigen Hund) austrickst.
Hermine groß	Hermine: Und wenn Dumbledore nun in London ist…
Harry groß *Snape sieht auf die drei hinunter*	Snape: Guten Tag, meine Herrschaften. Was könnte drei junge Gryffindors, wie Ihr es seid, wohl veranlassen, drin zu sein. Heute ist ein herrlicher Tag.
Hermine und Ron, sie stammelt: Snape, groß	Hermine: Wir…wir wollten nur… Snape: Hütet Euch lieber. Womöglich denkt noch einer… Ihr brütet etwas aus…
Harry groß, *Snape dreht sich um und geht mit wehendem Umhang*	
Hermine und Ron, Hermine wütend: Harry groß	Hermine: Na toll, und was machen wir jetzt? Harry: Wir steigen durch die Falltür. Heute Nacht.

Quelle: Harry Potter und der Stein der Weisen, 2001, USA, Großbritannien, Chris Columbus, Warner Bros.

Gut zu sehen, dass der Regisseur für Harry jeweils Großeinstellungen wählt, während er bei Hermine Ron mit ins Bild nimmt. Die Botschaft: Harry ist der Wichtigste, er trifft die Entscheidung..

Was dem einen sein Darth Vader ist dem anderen sein Voldemort. Es kommt zum Showdown in den Katakomben des Schlosses.

Der Rückweg ist auch dafür da, langsam die Rampe für die „Auferstehung" zu bauen. Die sollte ja nicht gleich nach Aktwechsel hereinplatzen, sondern sich sorgsam entwickeln. Und seien es in einem 5-Minüter nur zwei Sätze. Zudem sollte man wie beim ersten Aktwechsel den Übergang optisch, musikalisch und textlich gestalten, also den Wendepunkt klar herausstellen.

Tab. 3.2 Das Wichtigste in Kürze: „Rückweg“

- Flucht statt Jagd
- Wiederaufnahme des Tempos
- Entscheidung zum Showdown (Exodus), Herr der zwei Welten

3.2 Auferstehung

Der Punkt „Auferstehung“ klingt ein wenig religiös. Und die Jesusgeschichte betreffend ist das ja auch genauso gemeint. In Hollywood ist es der Showdown, die letzte große Anstrengung des Helden. Und zwar meist allein! Bei „Harry Potter und der Stein der Weisen“ etwa: Harry ist zwar mit Ron und Hermine losgezogen, um die letzte Schlacht zu schlagen, aber es gab Schwund. Ron ist beim Zauberschach ausgefallen, Hermine etwas später. Harry aber merkt auch, dass er Voldemort alleine gegenübertreten muss. Er kann nicht ahnen, dass Voldemort nicht allein ist, sondern, jetzt kommt es erst raus, im Körper eines anderen lebt. Professor Quirrell ist quasi sein Wirt. Der geht Harry in den Katakomben des Schlosses an die Gurgel. Harry versucht, mit seinen eigenen Händen den Würgegriff zu lockern, da geschieht beim Kontakt etwas Sonderbares. Die Hände des Feindes zerbröckeln. Quirrell weicht entsetzt zurück und starrt auf seine rechte zerbröckelnde Hand. Harry auf dem Boden liegend, starrt auf seine eigenen Hände. Voldemorts Gesicht (im Hinterkopf des Professors) schreit wütend, er solle den Stein holen. Harry kapiert den Zauber, der von seinen Händen ausgeht, schnellt hoch und hält seine Hände in Quirrells Gesicht. Der weicht zurück und zerbröckelt gänzlich, sackt zu Boden und hinterlässt eine Staubwolke. Voldemorts Geist flieht. Harry wird bewusstlos.

Genauso allein muss Walt Kowalski zum Showdown antreten. Er steht einer ganzen Schar bewaffneter Asiaten gegenüber. „Hat jemand Feuer?“ ist seine Frage. „Nein? Aber ich habe Feuer!“ Und zack, reißt er die Hand aus der Seitentasche seines Sakkos. Die Meute meint, er ziehe eine Waffe, und ballert drauf los. Naja, Walt stirbt einen schnellen Tod. Er hat einem Asiaten im Koreakrieg das Gesicht weggeschossen, jetzt stirbt er eben von asiatischer Hand. Ein Selbstopfer, die größte Sühne.

Ein Blick zurück in die Filmgeschichte. Ich möchte die Auferstehung eines Films abdrucken, der ohne diese Szene niemals so unsterblich geworden wäre, wie er es nun mal ist: „Casablanca“. Und das spielt sich wie folgt ab:

Bild	**Text**
Rick mit Ilsa und Capt. Renault am Flughafen, im Vordergrund Renault, dann Rick, im Hintergrund Ilsa	Rick: „Wenn Sie nichts dagegen haben, dann tragen Sie die Namen ein, das macht die Sache sogar noch amtlicher.“
	Renault: „Sie denken aber auch an alles.“
Rick wendet sich an Renault:	Rick: „Und die Namen lauten Mr. und Mrs. Victor Lázló.“
Ilsa geht auf Rick zu	Ilsa: „Aber warum mein Name, Richard?“
	Rick: „Weil Du mit der Maschine fliegen wirst.“
	Ilsa: „Ich verstehe nicht. Und was ist mit Dir?“
	Rick: „Ich bleibe hier bei Renault, bis die Maschine in der Luft ist.“
Zweier-Einstellung, Rick rechts, Ils links	Ilsa: „Nein, Richard, nein, gestern Abend…“
Rick groß	Rick: „Gestern Abend haben wir eine ganze Menge gesagt. Du hast gesagt, wir müssen für uns beide denken. Das habe ich getan und bin zu dem Schluss gekommen, dass Du in das Flugzeug steigst. Mit Victor, denn Du gehörst zu ihm.“
	Ilsa: „Nein, Rick, nein.“
	Rick: „Du musst jetzt auf mich hören. Hast Du eine Ahnung, was Dir bevorsteht, wenn Du hier bleibst?
Rick sieht in Renaults Richtung	Es ist so gut wie sicher, dass wir beide in einem Konzentrationslager enden, habe ich recht, habe ich recht Louis?“
Renault, groß	Renault: „Ich fürchte, Major Strasser würde darauf bestehen.“

Fahrt aus Totale mit Renault auf die beiden zu, wieder Zweier-Einstellung Overshoulder auf Ilsa Overshoulder auf Rick	Ilsa: „Das sagst Du nur, damit ich gehe." Rick: „Nein, das sage ich, weil es wahr ist. Im Grunde wissen wir beide genau, dass Du zu Victor gehörst. Du bist ein Teil seiner Arbeit, Du gibst ihm Kraft weiterzumachen, wenn Du jetzt nicht mit ihm gehst, wirst Du es bereuen." Ilsa: „Nein." Rick: „Vielleicht nicht heute, vielleicht nicht morgen, aber bald und dann bis an Dein Lebensende."
Overshoulder auf Ilsa *Overshoulder auf Rick*	Ilsa: „Und was wird aus uns?" Rick: „Uns bleibt immer Paris. Wir hatten es nicht bis zu dem Moment, als Du nach Casablanca kamst. Wir haben es gestern Abend zurück gewonnen."
Overshoulder auf Ilsa Overshoulder auf Rick Groß: Ilsa mit Tränen in den Augen	Ilsa: „Da habe ich Dir gesagt, ich würde Dich nie mehr verlassen." Rick: „Das wirst Du auch nicht. Aber ich habe auch etwas zu erledigen. Und wo ich hingehe, kannst Du nicht mitkommen. Dabei kannst Du mir nicht helfen. Ich passe nicht in eine noble Rolle. Aber zu der Erkenntnis, dass die Probleme dreier Menschen in dieser verrückten Welt völlig ohne Belang sind, gehört nicht viel. Eines Tages wirst Du das verstehen." Rick: „Nein, nein, nein, nein… Ich seh' Dir in die Augen, Kleines."
Sie senkt den Kopf Seine Hand hebt ihr Kinn an Overshoulder auf Rick Ilsa, nah *Overshoulder auf Rick*	

Quelle: Casablanca, USA 1942, Michael Curtiz, Warner Brothers

Schluchz…

Was für eine Szene! Obwohl sie geradezu trashig produziert ist: Ziemlich banale Schnitte, eine Kamerafahrt, geschüttelt, nicht gerührt, ein Pappflugzeug im Hintergrund mit kleinwüchsigen Darstellern, damit die Kleinheit des Models nicht auffällt – und dann so ein Erfolg! Da kann man sehen, was gutes Storytelling ausmacht. Dabei war das alles nicht so recht geplant. Während des Drehs wurde noch am Drehbuch geschrieben. Es wurde auch über die Lösung nachgedacht, Rick in den Flieger zu setzen. Dann wäre „Casablanca" heute ein vergessener Film. Erst das Opfer Ricks macht den Film groß.

In der „Auferstehung" verinnerlicht der Held die beherrschende Idee des Films

Er sagt das sogar im Text: „Aber zu der Erkenntnis, dass die Probleme dreier Menschen in dieser verrückten Welt völlig ohne Belang sind, gehört nicht viel." Die beherrschende Idee könnte lauten: „Liebe ist erst dann wahre Liebe, wenn man bereit ist, sie für eine höhere Sache zu opfern." Das klingt so ähnlich wie bei Alamo mit den Werten und ist auch so. „Alamo" und „Casablanca" haben ähnliche, wenn nicht sogar identische beherrschende Ideen. Für mich ein guter Beweis, dass die beherrschende Idee tatsächlich unabhängig ist vom Plot. Rick hat in einer entscheidenden Prüfung, die der Zuschauer gar nicht mitbekommt, für sich entschieden, es so zu tun. Er, der als zynischer und tief verletzter Mensch nach Casablanca kam und dann ausgerechnet auf Ilsa trifft, wandelt sich. Er ist wieder fähig, zu leben und zu lieben. Seele und Herz sind wieder gesund. Wäre er zusammen mit Ilsa in den Flieger gestiegen, hätte es diese Verwandlung nicht gegeben und der Film wäre mit einem mediokren Ende in den Archiven gelandet. Diese Auferstehung ist hier fast wörtlich zu nehmen, denn jetzt ist Rick wieder der Alte. Mehr sogar noch, er hat seine Selbstfindung erfolgreich abgeschlossen. Um mit Jung zu sprechen: Er hat die Abwehrstrategien des „Ich" hinter sich gelassen, seinen Schatten kennen gelernt und ihn als Teil seines „Selbst" anerkannt – anstatt ihn auf andere zu projizieren. „Werde, der Du bist!" Er hat seine Lebenskrise dank der dafür Verantwortlichen gelöst. Toll!

Der Höhepunkt ist das Ende, für das der Anfang gemacht wurde. (Frey 1987, S. 107)

Auch an dieser Aussage sieht man, dass der Anfang Dienstleister für das Finale ist. Wie zu Beginn angekündigt, möchte ich jetzt noch mal etwas über die Wertigkeit des Beginns und des Endes einer Geschichte loswerden. Wir brauchen einen guten Anfang, aber ein guter Schluss ist wichtiger. Für den Beweis möchte ich mal wieder die Wahrnehmungspsychologie bemühen. Also ein ganz kurzer wissenschaftlicher Ausflug:

Es gibt zwei „Selbst" in uns: Das „erlebende Selbst" und das „erinnernde Selbst". Das „erlebende Selbst" beschäftigt sich zum Beispiel mit der Frage „Tut es jetzt weh?", das „erinnernde Selbst" beschäftigt sich hingegen mit der Frage „Wie war es im Großen und Ganzen?"

Wir glauben oft, dass das „erlebende Selbst" viel wichtiger ist, weil es ja die Gegenwart, also unser aktuelles Hier und Jetzt repräsentiert. Wer kennt das nicht: Man hört sich auf einer CD eine Symphonie an, und dann ist das Ende zerkratzt. Wie oft fällt dann der Satz „Der kaputte Schluss hat mir das ganze Erlebnis verdorben!" Aber das stimmt ja gar nicht, nicht das Erlebnis wurde ruiniert, sondern die Erinnerung daran. Aus dem Auswurf spricht also nicht das „erlebende Selbst", sondern das „erinnernde Selbst". In Wirklichkeit hat das „erlebende Selbst" nichts zu sagen. Das „erinnernde Selbst" kann sich natürlich sehr wohl irren, aber es ist dasjenige, das bestimmt, was wir im Leben lernen, und es ist auch dasjenige, das Entscheidungen trifft. Zum Beispiel ist gut belegt, dass das „erinnernde Selbst" den Urlaub bucht. Ich bin daher fest davon überzeugt, dass es auch entscheidet, welche Fernsehsendung man wieder einschaltet oder welche Zeitungen man wieder kauft. Die Geschichten in unseren Medien sollten also vor allem das „erinnernde Selbst" ansprechen. Und jetzt kommt's: Für das „erinnernde Selbst" ist der Schluss viel wichtiger als der Anfang! In der Wahrnehmungspsychologie gibt es die so genannte Höchststand-Ende-Regel. Ob Urlaub oder Zahnarzt: Wir erinnern uns in erster Linie an den Höhepunkt und an das Ende! Das hat man zum Beispiel mithilfe von Schmerzexperimenten herausfinden können. Ein Zahnarzttermin wird demnach umso fürchterlicher erinnert, wenn vor allem das Ende schmerzhaft war. Probanden waren bereit, viel längere Schmerzattacken zu ertragen, wenn nur das Ende nicht so schmerzhaft war. Ein Urlaub war dann gut, wenn er einen Höhepunkt hatte und einen guten Schluss. Übertragen auf die Medien bedeutet das: Sie werden erfolgreicher sein, wenn ihre Geschichten einen Höhepunkt und ein tolles Ende haben. Na, und dann sehen Sie sich doch einmal die Heldenreise an! Der Höhepunkt am Ende des zweiten Aktes ist die entscheidende Prüfung, der Höhepunkt am Ende der Geschichte die Auferstehung. Für das „erinnernde Selbst" ist die Heldenreise ein gefundenes Fressen.

Wer Näheres zu den hier nicht beschriebenen Experimenten wissen will, den verweise ich gerne auf die Literatur (Kahneman 2012, S.470 ff.). Nur so viel: Probanden wurden zwei Lebensläufe einer Frau präsentiert. Der erste war ein schönes Leben. Der zweite war ein genauso langes schönes Leben mit zusätzlichen fünf durchschnittlichen Jahren. Der zweite Lebenslauf wurde deutlich schlechter bewertet als der erste. Eigentlich ein Wahnsinn, oder? Aber das ist eben die Regel: Kein gutes Ende, kein gutes Leben!

Dass der Schluss bei „Casablanca" so gut werden konnte, war lange gar nicht klar. Es wurde schon gedreht, da stand das Ende des Drehbuchs noch gar nicht fest. Dann wurden drei Schlüsse gedreht und einem Probepublikum vorgeführt. Und so schrieb der Film dann Geschichte. Wohl eben auch wegen der Höchst-Stand-Ende-Regel: Der Schluss macht den Film historisch. In den USA gilt er als der meistgespielte Film im Fernsehen, nach wie vor. Und da weint am Ende nicht nur Ingrid Bergmann, sondern wohl so mancher Zuschauer. Das ist Katharsis!

Der Begriff geht auf Aristoteles zurück und bedeutet Reinigung. Oftmals wird er aber falsch eingesetzt. Unter Katharsis ist nicht die Katharsis des Helden gemeint, sondern die des Zuschauers. Wo wäre auch sonst die Katharsis in der Tragödie? Der Held ist tot, wie soll er sich da einer Reinigung unterzogen haben? Nein, auch da lernt der Zuschauer – aus den Fehlern des Helden nämlich. Das ist Reinigung, eben Katharsis.

Was die Überraschung angeht: Mir passiert es oft so bei guten Thrillern. Ich komme einfach nicht auf das Ende und werde dann überrascht. Ist der Film aus, denke ich mir oft, dass das ja gar nicht anders geht! Ich komme nur nicht drauf. Anscheinend ist das schon Aristoteles (mal wieder) aufgefallen mit dem berühmten Spruch:

- ***Das Ende – unerwartet und doch unausweichlich!***

Das Elixier für Rick ist sicher die Wiedererlangung der Würde und die Möglichkeit, wieder zu lieben. Oder nach Jung: Sein „Ich" ist zu seinem Selbst geworden. Andere Storyteller sehen in der neuen Freundschaft zu Louis das

Elixier, der „Beginn einer wunderbaren Freundschaft“, wie der letzte Satz des Films lautet (Vogler 1997, S. 366). Das glaube ich nicht. Er hat Ilsa verloren und bekommt Capt. Renault dafür? Das kann es doch nicht gewesen sein. Sicher ist das ein Ausblick auf sein weiteres Leben und Handeln, ein Zeichen des Neubeginns. Aber als Elixier der Geschichte, in der er wahrlich viel opfert, sollten doch eher innere Werte als Elixier herhalten dürfen.

Einen schönen dritten Akt hat auch die Radio-Dokumentation über Benjamin Disraeli. Sie erinnern sich? Am Ende des zweiten Aktes ist er endlich Premierminister Großbritanniens. Klare Sache: Die zentrale Frage war ja „Wie konnte Benjamin Disraeli dennoch Premierminister werden?“. Das erfahren wir in einem spannenden zweiten Akt und die Belohnung für unsern Benjamin ist natürlich das Amt selbst. Der dritte Akt beschäftigt sich nun mit dieser Arbeit im Amt. Was hat Disraeli überhaupt erreicht? Disraeli verhilft Königin Victoria zum Kaisertitel von Indien. Aber den Höhepunkt (Auferstehung) schildert die Doku so:

> *Berlin im Juni 1878. Beim Balkankongress treffen sich die führenden Staatsmänner Europas, um auf neutralem Boden, also im Deutschen Reich, die Zukunft des Balkans neu zu verhandeln. Die Gebietserweiterungen, die das Zarenreich im Vertrag von Sankt Stefano in Kleinasien erhalten hat, sind vor allem für Großbritannien nicht hinnehmbar. Das britische Empire empfindet sie als Bedrohung seiner Vormachtstellung. Mit viel diplomatischem Geschick verhindert Disraeli, dass Russland aus seinem Sieg gegen das osmanische Reich Vorteile ziehen kann. Er handelt ein Vertragswerk aus, dass für Großbritannien sehr günstig ist. Großbritannien bekommt Zypern als Stützpunkt gegen weitere russische Expansionsbestrebungen. Das von Russland geschaffene Bulgarien wird geteilt. Damit ist der russische Plan von einem bulgarischen Satellitenstaat erst einmal geplatzt. (Quelle: Bayerischer Rundfunk, 10.6.2013)*

Der ehemalige Dandy und Romancier als Meisterdiplomat auf internationaler Bühne! Gleich danach beschreibt die Dokumentation das Elixier, also den letzten Punkt der Heldenreise:

> *Disraeli ist der Mann der Stunde. Der deutsche Reichskanzler, Otto von Bismarck und er verstehen sich spontan so gut, dass Bismarck bewun-*

dernd schreibt: „Der alte Jude, das ist der Mann!" Zurück in London wird Disraeli von jubelnden Menschenmassen vom Bahnhof bis zur Downing Street begleitet. Dort tritt der ans Fenster und dankt für den Empfang: „Lord Salisbury und ich haben Euch den Frieden mitgebracht. Aber einen, wie ich hoffe, ehrenhaften Frieden, der unsere Herrscherin zufriedenstellen und zum Wohlergehen unseres Landes beitragen wird. (Bayerischer Rundfunk, 10.6.2013)

Das ist Heldenreise pur. Aber die Dokumentation setzt noch einen drauf, nämlich die beherrschende Idee. Auch an diesem Beispiel sieht man, dass die beherrschende Idee vom Plot unabhängig ist:

Bis zum April 1880 bleibt er als Premierminister im Amt. Danach schreibt er seinen letzten Roman, Endymion. Am 19. April 1881 stirbt er in seinem Haus in Mayfair. „Es sind nicht die Umstände, die den Menschen schaffen. Der Mensch ist es, der die Umstände schafft!" Ein Zitat von Disraeli. Von wem auch sonst. Er hat schließlich bewiesen, dass jedes Ziel erreichbar ist, wenn man nur beständig darauf hinarbeitet und so intelligent, wortgewandt, kreativ, charmant und lernfähig ist wie der talentierte Mr. Disraeli. (Bayerischer Rundfunk, 10.6.2013)

So endet die Doku. Es sind nicht die Umstände, die den Menschen schaffen. Der Mensch ist es, der die Umstände schafft. Ein wunderbares Motto! Und so könnte die beherrschende Idee auch lauten: Jedes Ziel ist erreichbar, wenn man nur will. Eine sehr tröstende beherrschende Idee, wie ich finde.

3.3 Rückkehr mit dem Elixier

Die ominöse Seite 48

Die Rückkehr mit dem Elixier ist der letzte Punkt der Heldenreise. Typische Handlungen sind Feste oder Preisverleihungen (siehe „Harry Potter" oder „Starwars"). Die Preise sind dabei nur Symbol für etwas Größeres. Bei „Harry Potter" ist es die Zugehörigkeit (Mythos Gruppe), die Würde und die Liebe: Nach dem Kampf mit Voldemort wacht er im Krankenflügel auf und Dumbledore, sein zweiter, viel wichtiger Mentor (auch mit Bart), klärt ihn auf: Es war die Liebe seiner Mutter, die ihn auch dieses Mal den Sieg beschert hat. Der zweite Teil des Elixiers ist dem von „Starwars" ziemlich ähnlich, aber besser. Statt einer ollen Ordensverleihung, gewinnt das Haus Gryffindor auch noch den Hauspokal – und zwar durch Korrekturen Dumbledores am Punktestand. Harry ist mitten drin im jubelnden Getümmel und hat das, was er bei den Dursleys nie hatte: Würde und Anerkennung.

Auch Asterix setzt fest auf ein solches Symbol. Auf Seite 48 gibt es immer ein großes Fest mit viel Wildschwein und einem gefesselten Barden. Wie bei „Starwars" ist das Elixier der Frieden. Auch im journalistischen Film kann man mit „Abendmahlszenen" nichts falsch machen. Der Weinfilm, bei dem in einem großen Weinkeller unter Kerzenlicht angestoßen wird, ist so ein Beispiel.

Asterix beweist übrigens, dass auch Geschichten ohne Veränderung spannend sein können. Man feiert die Wiederherstellung der gewohnten Welt. Verwandlung ist bei solchen Reihen auch anders schwer möglich: Nach der Geschichte ist vor der Geschichte. Neue Serien aus den USA versuchen dennoch, bei jeder Folge eine Veränderung zu zeigen. Diese Serien nennt man Arc-Serien, sie spannen einen Bogen über die gesamte Staffel. Das gab es früher so nicht, siehe Alf oder Dallas. Der Grund mag auch im Zuschauerverhalten liegen. Bei Dallas musste der Zuschauer immer die Möglichkeit haben, wieder einzusteigen – auch wenn er mehrere Serien verpasst hat. Die heutige Zielgruppe sind vorwiegend junge Zuschauer, die sich diese Serien auf Netflix ansehen oder auf DVD kaufen und dann eben keine verpassen.

Dennoch gilt: Veränderung ist immer besser. Bei dem Meisterwerk „Gran Torino" verändert sich nahezu alles. Natürlich der Held selbst, zu Beginn ein Misanthrop und Rassist, der lernt, Menschen zu mögen, ja zu lieben und für sie sogar zu sterben. Auch Thao verändert sich: vom unsicheren, von schweren Jungs leicht manipulierbaren Jugendlichen zu einem jungen Mann mit festen Werten. Das Auto, der Gran Torino, verändert sich! Zuerst wird er von Walts Enkelin fast schon eingefordert, dann von Thao fast gestohlen, später von ihm blitzblank geputzt. Zum Schluss vererbt der Alte dem Jungen das Auto sogar, die Enkelin geht leer aus. Und noch etwas verändert sich. Walts Einstellungen gegenüber der Kirche. Sein erster Satz im Film ist „Mein Gott!", aber despektierlich gemeint wegen der öligen Predigt des jungen Pfarrers. Später sagt er zu dem: „Ich habe mir noch nie viel aus der Kirche gemacht." Seine letzten Worte, bevor er sich hinrichten lässt, gelten der Jungfrau Maria, und diesmal überhaupt nicht despektierlich gemeint: „Gegrüßet seist Du Maria, voller Gnade." Am Ende des Films, bei der Vorlesung des Testaments, geht seine Familie leer aus, die Kirche nicht: „Und ich vermache mein Haus der Kirche, weil Dorothy das gefallen hätte." Whow!

Aber im Journalismus ist es oft schwer. Bei Themen wie „Gesundheitsreform blockiert" oder „Streit um Maibaum beigelegt" liegt eine Veränderung nicht gerade auf der Hand. Aber selbst da könnte der Autor danach suchen. Haben sich die Streithälse nun endlich ganz versöhnt? Ist durch die Blockade der Gesundheitsreform sogar die Chance da für den ganz großen Wurf? Man muss einfach suchen!

Korrespondenz

Wie sehr Anfang und Ende die Geschichte bestimmen, kann man mit einem kleinen Test veranschaulichen: Oftmals reicht es bei journalistischen Filmen, den Anfang und das Ende anzusehen, um die Qualität zu bemessen. Beispiel Weinfilm: Am Anfang gibt es einen guten Wein, am Ende einen sehr guten. Übrigens gilt das anscheinend auch in anderen Bereichen. Der berühmte Physiker Werner Heisenberg sah sich bei Arbeiten seiner Schüler immer zuerst das Ende an. Gefiel es ihm (vor allem in seiner Schönheit), dann hat er sich den Anfang angesehen. Und dann, wenn die Arbeit immer noch schön war, dann erst den Mittelteil. Die Korrespondenz von Anfang und Ende ist entscheidend für die Qualität des Films. Das geht bis zur Auswahl des letzten Bildes. Ein Film über Zugvögel mit der Aussage, dass immer mehr Vögel im Winter hier bleiben, hört auf mit einer Totalen vom Bodensee mit hunderten von schwimmenden Vögeln auf. Und wie wird das erste Bild dann sein? Genau! Gleiche Einstellung mit einem einzigen Vogel. Das letzte und erste Bild wird einfach viel zu wenig gewürdigt. Diese Korrespondenz hat etwa „Findet Nemo" auf die Spitze getrieben. Nach der Backstory beginnt der Film mit dem ersten Schultag Nemos. Und Nemo ist in der Anemone, sicher und geborgen. Der Vater ist übervorsichtig, ja ängstlich. Er bremst den Tatendrang seines Sohnes, wo es geht. Er bittet den Herrn Rochen, ja auf seinen Sohn aufzupassen. Und am Ende? Da macht der Vater dem Sohn Beine (Flossen), jagt ihn förmlich zur Schulklasse. Nemo kuschelt sich bei seinem Vater noch einmal ein („Ich hab' Dich sehr lieb"), der genießt und schließt die Augen. Darauf der Sohn: „Äh, Paps, Du kannst jetzt loslassen." Noch mal ein kleiner Wink in Richtung beherrschende Idee. Antwort Marlin: „Entschuldige. Los! Geh' die Welt entdecken!" Und das letzte Bild: Nemo schwimmt in die Ferne. Was für ein Unterschied zu der sicheren Anemone zu Beginn.

Tab. 3.3 Das Wichtigste in Kürze: „Auferstehung"

- „Showdown": Letzte größte Prüfung
- Höhepunkt der Geschichte
- Prüfung der Attribute, die der Held bis zur entscheidenden Prüfung angenommen hat
- Held verändert sich äußerlich oder innerlich je nach Konflikt
- Held verinnerlicht die beherrschende Idee
- Manche Helden verändern nicht sich, sondern die Umwelt
- Wichtigstes Planting and Pay Off: Der Höhepunkt ist das Ende, für das der Anfang gemacht wurde

„Rückkehr mit dem Elixier"

- „Siegesfeier"
- Besinnung auf die gewohnte Welt
- Optimal: Der Mangel der gewohnten Welt ist beseitigt
- Ausreichend: Die gewohnte Welt ist wieder hergestellt
- Das Elixier als Symbol für die beherrschende Idee
- Das Ende: unerwartet und doch unausweichlich

3.4 Das Drama nach Gustav Freytag

Ist die Heldenreise meist so zu beschreiben: „Es war mittel, dann super schlecht und schließlich besser als gedacht.", So sind wir jetzt beim „Es war mittel, dann super gut und schließlich katastrophal."

Wie oft wir im Journalismus diese Form der Erzählung brauchen! Es ist die Erzählform „Aufstieg und Fall". Die hohe Literatur hat sich aus der Erzählstruktur bedient, Julius Cäsar, Wallenstein. Auch Hollywood-Filme dürften sehr bekannt sein: „Citizen Cane" und „Titanic" zum Beispiel. Und im Journalismus? Man muss gar nicht so hoch greifen. Aktuell fällt mir da zum Beispiel die Geschichte des Thomas Middelhoff ein. Oder Martin Winterkorn. Oder der SPIEGEL: „Aufstieg und Fall der Deutschen Bank." Ich kann nur raten, warum das Drama so wenig angewendet wird. Vielleicht, weil diese Technik zumindest unter Journalisten nicht sehr bekannt ist. Ich weiß es einfach nicht. Ich finde, sie ist leichter realisierbar als so manche Heldenreise. Also habe ich schon zwei Gründe, die Häufigkeit und die Einfachheit, um hier für das Drama nach Gustav Freytag zu werben.

Ich habe den Namen Freytags gleich in die Überschrift genommen, um Missverständnisse gar nicht erst entstehen zu lassen. Ich weiß schon, dass das Wort „Drama" in der Literaturwissenschaft meist eine andere Bedeutung hat. Man muss ja nur bei Wikipedia nachschauen, da steht einleitend folgendes:

> ***Drama*** *(altgriechisch δρᾶμα dráma „Handlung") ist ein Oberbegriff für Texte mit verteilten Rollen. Die Dramatik ist neben Epik und Lyrik eine der drei grundlegenden literarischen Gattungen.*

Gustav Freytag war ein deutscher Schriftsteller, der im Jahre 1863 das Buch „Die Technik des Dramas" schrieb. Auch er beruft sich auf Aristoteles und sein „geschlossenes Drama", aber auch auf Schiller. Schon bei Aristoteles ist die Symmetrie der Akte erkennbar. Ich weiß, dass die Literatur-Wissenschaftler zwischen Aristoteles, Shakespeare und Schiller große Unterschiede sehen. Daher ist das, was ich Ihnen hier schreibe, eine grobe Vereinfachung. Aber ich sehe den Printjournalisten vor mir, der seine Geschichte schreiben möchte, oder den Fernsehfuzzi, der womöglich mit einem Kamerateam in einem Bus sitzt und auf der Rückbank sein Treatment nochmals durchgeht. Da muss einfach Vereinfachung her! Und eine Diskussion halte ich aus: Falsch ist das nicht! Der Einfachheit halber nenne ich „Gustav Freytags Drama" jetzt nur noch „Drama".

Mir geht es vor allem um den Aufbau, der einer Pyramide gleicht. Den ersten Akt des Dramas kann man gleichsetzen mit dem ersten Akt der 3-Akt-Struktur. Den letzten ebenfalls. Im Drama ist nur der mittlere Akt in drei Teile „zerstückelt", macht also zusammen fünf. Der pyramidale Aufbau hat da in der Mitte die Spitze, den Höhepunkt mit Peripetie. Danach geht es abwärts, erst mit Hoffnung (retardierendes Moment), dann ohne (Katastrophe). Und dieses Umkippen der Handlung nennt man in der

3-Akt-Struktur den Midpoint. Da ist er schon wieder! Zum dritten Mal! Mit dem Unterschied, dass es bei der guten alten Heldenreise am Schluss wieder bergauf geht, beim Drama nicht. Dennoch ist der Wendepunkt bei beiden Gattungen besonders wichtig: Zum Sieg (Heldenreise) oder zur kompletten Niederlage (Drama). Mit der kleinen Einschränkung, dass es auch Heldenreisen gibt, die nicht gut enden. Ein Beispiel wäre hier „Lawrence von Arabien", ein Meisterwerk.

„Titanic" hatte ich schon erwähnt: Hier verspricht Rose Jack an Bord, bei ihm zu bleiben. Rose: „Wenn das Schiff anlegt, werde ich mit Dir von Bord gehen." Jack: „Das ist verrückt!" Rose: „Ich weiß, es ist völlig verrückt. Deswegen will ich es ja auch." Das ist beim Drama der Höhepunkt, da hat Herr Cameron eindeutig bei einem gewissen Herrn Shakespeare abgeschrieben. Das ist „Romeo und Julia" in Reinform! Gustav Freytag nennt den Midpoint ja auch „das tragische Moment", denn „dieser Anfang der sinkenden Handlung wird am besten mit dem Höhepunkt verbunden" (Freytag 2003, S. 107). Und genau das macht Cameron: Genau 36 Sekunden nach dem Liebesgelübde kommt der Eisberg. Und das ist Drama pur: Sie fliehen in den Schiffsbauch, Liebe im Auto, wer kennt die Szene nicht, die Hand an der Autoscheibe, Jack ist zum letzten Mal warm, er schwitzt sogar, dann eben der Wendepunkt, Eis an Deck, sie spielen damit... und wie immer: Der Held bekommt den Wendepunkt nicht mit. Bei Romeo und Julia, bei Wallenstein doch auch, übrigens nicht nur bei Schiller, sondern auch geschichtlich. Noch schlimmer: Der Held hilft oft, wie Wallenstein, bei seiner eigenen Beseitigung.

Ich will den Spielfilm „Operation Walküre" etwas ausführlicher darstellen, um die einzelnen Aspekte des Dramas genauer zu beleuchten. Der Film zeigt die Ereignisse um den 20. Juli 1944. Die Hauptfigur ist mit Tom Cruise erstaunlicherweise ziemlich gut besetzt. Danach möchte ich zwei im Bayerischen Fernsehen gesendete Magazinbeiträge zeigen und vor allen deren Umarbeitung durch Volontäre des Hauses. Besser kann man kaum beweisen, wie man im Journalismus Beiträge verbessert, wenn man die Technik des Dramas beherrscht.

Der Spielfilm beginnt, wie ein Drama beginnen soll, mit der Einleitung. Das ist der Beginn des ersten Aktes. Es ist Krieg. Stauffenberg ist in Afrika stationiert, sitzt in einem Zelt und schreibt sich seinen Kummer von der Seele. Seinem Tagebuch vertraut er an: „Die Versprechen des Führers von Frieden und Wohlstand sind verfälscht worden. Und haben nichts als Verwüstung hinterlassen. Die von Hitlers SS verübten Gräueltaten sind eine Schande für die Ehre der deutschen Wehrmacht. Im Offizierscorps herrscht weit verbreitete Abscheu über die Verbrechen, die von den Nazis begangen werden, die Ermordung von Zivilisten, die Folter, das verhungern lassen der Gefangenen, Massentötungen der Juden. Meine Pflicht als Offizier besteht nicht mehr darin, mein Land zu retten, sondern Menschenleben. Ich finde keinen einzigen General, der in der Position ist und den Mut hat, Hitler entgegenzutreten."

Dann kommt das so genannte erregende Moment, das ist der Übergang in den zweiten Akt. Wenn der erste Akt der Heldenreise nur aus gewohnter Welt und dem Ruf des Abenteuers besteht, dann ist das erregende Moment dem Ruf des Abenteuers gleichzusetzen. In dem Sinne sind beide dann nach meiner Nomenklatur das auslösende Moment. Klingt bei Gustav Freytag ja auch sehr ähnlich.

Nun wird die zehnte Panzerdivision aus der Luft angegriffen. Stauffenberg will sich mit einem Jeep retten, gerät aber in den Kugelhagel eines alliierten Flugzeuges.

Nun beginnt der zweite Akt, die „Steigerung". Stauffenberg alarmiert das Ersatzheer, das ist der Trick, um Berlin unter Kontrolle zu bekommen. Das misslingt, und Stauffenberg bekommt von hoher militärischer Stelle einen Satz heiße Ohren. Dabei wird ihm der Führergruß abverlangt. Stauffenberg brüllt sein Heil Hitler, während er seinen rechten Armstumpf in die Luft reckt. Seinen Unterarm und ein Auge hatte er bei dem Angriff in Afrika verloren. Echt ergreifend.

Die Gruppe der Verschwörer trifft sich und überträgt Stauffenberg volle Entscheidungsfreiheit. Mit Stauffenbergs Worten „Ich werde handeln!" endet der zweite Akt. Nun kommt der dritte Akt, der Höhepunkt mit Peripetie. Er besteht vor allem aus dem Attentat auf Hitler am 20. Juli 1944. Man sieht die ungeheure Explosion. Stauffenberg ist vom Tod Hitlers überzeugt. Zu Beginn des vierten Aktes kommt Stauffenberg in Berlin an. Wir sind ja schon auf der Seite der fallenden Handlung, und tatsächlich, Operation Walküre läuft nicht rund. Schon auf dem Flugplatz ist es merkwürdig ruhig. Es stellt sich heraus, dass der abgesprochene Alarm in der Reichshauptstadt viel zu spät ausgelöst worden ist. Dann kommt raus, dass Hitler überlebt hat. Stauffenberg glaubt es nicht und zieht seine Aktion durch. Es kommt zum „Moment der letzten Spannung", noch einmal keimt im Drama die Hoffnung auf ein gutes Ende auf. Stauffenberg appelliert an die Gruppe der Verschwörer: „Meine Herren, ich erwarte, dass in drei Stunden das gesamte Regierungsviertel gesichert ist und sämtliche SS Führungszentralen komplett geräumt sind. Sie wissen nun, worauf es ankommt. Bis Sonnenuntergang will ich die Gewissheit haben, dass es für Hitlers Deutschland kein Morgen mehr gibt."

Und so ist das im Drama: Jetzt kommt der Wendepunkt zum fünften Akt. Ab jetzt gleitet die Handlung langsam aber sicher ab in die Katastrophe. Stauffenberg selbst hört über den Rundfunk, dass Hitler das Attentat tatsächlich überlebt hat. Es herrscht Fassungslosigkeit. „Ich habe die Explosion gesehen!" Am Ende wird Stauffenberg standrechtlich erschossen. Seine letzten Worte sind: „Es lebe das heilige Deutschland."

Drama, das können wir eben auch! Folgender Beitrag ist so im BR gelaufen. Es geht um einen Videorucksack, mit dem man sehr schnell als Videojournalist arbeiten kann. Bitte mal durchlesen oder überfliegen. Danach gibt es die Umarbeitung. Sie werden staunen!

Kurzer Clip: Auge, Schrift: Fastcast, Auge, Schrift Fastcast	
O-Ton Sandra Raunigg (FastCast Pionierin) *Sandra nah mit Rucksack*	Sandra aus dem off: „Bei uns auf der Journalistenschule haben sie immer gesagt, hängt's euch an die neuen Sachen dran."
Großeinstellungen des Rucksacks	Fastcast ist neu und soll die Welt des Bewegtbild-Journalismus verändern.
Sandra totaler, dreht sich mit Rucksack um die eigene Achse *Sandra nah, seitlich, gehend*	Denn Fastcast ist schnell, billig und Sandra Raunigg ist als eine der ersten Fastcasterinnen unterwegs in Wien. Ihre Videos über die Gasexplosion
Geräusch: Explosion, Schutt, dann sehr schneller Clip: Ausschnitte des Kurier auf Bildschirm	brachte der KURIER ganz groß. Der KURIER, eine der österreichischen Boulevardzeitungen, ist einer der Hauptabnehmer der 70-sekündigen Fastcast-Beiträge. Sandra Raunigg war als erste mit der Story im Netz:
Dann Video angeclickt, Schrift: „Hauseinsturz in Wien"	Sandra: „Heute Vormittag ist ein Haus eingestürzt auf der Mariahilfer Straße, Ecke Denglergasse. Und Sie sehen jetzt hier sehr schön, wie die Feuerwehr und

Video Bildschirm füllend, Sandras Stimme kommentiert	die Polizei versucht, aus den Trümmern nach Verletzten zu suchen.“
Feuerwehrleute mit Spaten räumen Trümmer weg	Der Grund für den Einsturz stand noch nicht fest, als das Video kurz nach der Explosion im Netz war. Das interessierte anscheinend auch nicht wirklich. Auch nicht, dass die Feuerwehrleute im Bild nicht nach Verschütteten suchten, sondern nur den Dreck wegräumten.
Video	Was zählt: Die Fastcast-Videos waren als erste im Internet – und vier Stunden lang „Google toprated“. Im hart umkämpften Onlinegeschäft schlägt Aktualität den Inhalt. „Mein Name ist Michaela Heumann. Ich bin beim Kurier verantwortlich für Business Development.“
Bilder von Straße vor Kurier Zeitungsgebäude, clipartig	Business Development heißt: „alternative Erlösquellen“. Und die finden im Netz statt. Klicks sind bares Geld.
O-Ton Michaela Heumann (Leiterin Marketing und Business Developmen, KURIER) *Clip: Michaela Neumanns Gesicht in allen Variationen* *O-Ton Michaela Heumann*	Heumann: „Wir hatten eine Gasexplosion in der Nähe des Verlags. Und da war dann sofort unser Team dort. Und das war – also – die Klickrate hinauf ohne Ende. Ja und da war es egal, wie verwackelt das Ganze daher gekommen ist. Weil, wir waren die Ersten, wir waren unmittelbar draußen, und das interessiert dann den Leser und den User.“
BILD: „Video“ verpixelt – im Anschluss Ausschnitte von Zeitungs-Websites aus Deutschland	Als die Ursache für die Explosion feststand – Selbstmord aus Liebeskummer-war der User bereits beim nächsten Video. Denn die sind Klick-Magneten und deshalb überall. Doch bei Online ist das Geld knapp. Das Ergebnis: auf jeder Seite dieselbe, standardisierte Massenware.
O-Ton Harald Hackenberg (Geschäftsführer F5 GmbH – FastCast), im Auto sitzend	Hackenberg:“Wir können das ändern. Wir können selbst vielen Kunden ihre speziellen, individualisierten und exklusiven Inhalte liefern, weil wir

	Nachrichten praktisch am Fließband produzieren.“
Rote Ampel *Hackenberg im Auto* *Kurze Straßenbilder*	Harald Hackenberg hat den Kamera-Rucksack für diese Marktlücke entwickelt.
Sandra mit ihrem Chef vor einem Tisch, der Chef hantiert am Computer *Sandra lächelt*	Hackenberg: „Ja, Frau Raunigg. Die letzten Tage sind gut gelaufen – 30 Clips im Schnitt produziert. Also echt fesch!“
Sandra nimmt Rücksack vom Schrank, läuft durch ihre Wohnung	Die Vorteile von Fastcast liegen auf der Hand: Der knapp 7 Kilo schwere Rucksack mit Kamera erledigt das Filmen fast von selbst. Eine Zeit raubende Kamera-Ausbildung entfällt. Der Schnitt ebenfalls. Denn die 70-sekündigen Clips werden in einer Einstellung aufgenommen, live kommentiert und ins Netz gestellt. Nach einer kurzen Einführung kann jeder Fastcast.
Sandra im Auto *O-Ton Sandra Raunigg (FastCast Pionierin), im Auto*	Sandra: „Also reizen tut mich vor allem, dass man gerade als junger Journalist viele Menschen kennenlernt in diesem Job. Man ist ja auf zig Veranstaltungen und kennt gleich jeden aus der Medienbranche.“
Sandra bewegt sich auf einer Open-Air-Feier	Für sie ist FastCast ein schneller und auffälliger Einstieg ins Mediengeschäft. Sandra: „Wir sind meistens die Damen mit dem Rucksack.“ Und für Online ist Fastcast billiges Futter für die Masse.
Aus dem off: *Sandra spricht Gäste an*	O-Ton Sandra Raunigg: „Ok. Läuft aber so: Ich filme erst woanders hin, schwenke dann zu Euch. Und dann schwenke ich wieder weg. Weil ich habe 70 Sekunden.“
Sandra tippt mit Fingern aus Display	Nach dem Dreh gibt Sandra Raunigg die Eckdaten des Videos ein. Per GPS ist der Ort bereits vermerkt. Zusammen mit dem Video versendet sie die Metadaten über das Mobilnetz oder verfügbaren WLAN. Die redaktionelle Abnahme ihres Public Viewing Beitrags

	passiert mobil.
Chef läuft auf der Straße nah, checkt sein Display	Harald Hackenberg holt sich das Video aus der Cloud. Er bewertet es. Die Scala reicht von 0 bis 100. Alle Beiträge, die von ihm mehr als 50 bekommen, landen beim Endkunden. Das Ganze dauert nur wenige Minuten.
O-Ton Harald Hackenberg (Geschäftsführer F5 GmbH – FastCast)	Hackenberg:“Die Story ist jetzt beim Kurier zu sehen.“
Clip: Reisebilder: Flughafen, Gepäckträger	Das nächste Ziel: Deutschland, der Axel Springer Verlag. Raunigg und Hackenberg haben einen Termin mit
Axel-Springer-Haus	Karsten Heller, Head of Video bei der WELT-Gruppe.
Durch Glasscheibe: Blick in den Newsroom.	Heller: „Kann ich denn jetzt, wenn sie ein Experiment macht, das direkt live in meinen Blog, oder fast live in meinen Blog reinpacken?“ Hackenberg: „Im Prinzip: ja!“
Sandra mit Fastcast, ihr Chef im Gespräch mit dem Video-Chef der Weltgruppe	Für Sandra Raunigg eine Herausforderung. Und für Fastcast eine riesige Chance. Denn auch Springer setzt seit Langem auf Bewegtbild und Online.
Sandra dreht sich mit dem FastCast um die eigene Achse	Sandra: „Etwas andere Dreharbeiten heute beim Axel Springer Verlag. Nämlich wir von FastCast sind in Berlin angekommen und hier mitten im Newsroom und jetzt hier vor mir der Herr Heller. Sagen Sie mal, Sie haben jetzt Fastcast zum ersten Mal gesehen, mich mit diesem Rucksack am Rücken
Hält Heller Mikro hin	– was sagen Sie denn?“
O-Ton Karsten Heller (Head of Video, WELT Gruppe)	Heller: „Ist interessant. Ich frage mich wie praktikabel es ist. Weil ich muss ja erst mal das Ganze wirklich irgendwie aus dem Schrank holen, wenn ich einen eiligen Einsatz habe. Das Ganze dauert ein bisschen länger, als wenn ich nur mein Smartphone dabei habe, mit dem ich auch schon Videos machen kann.“ Manöverkritik.

	Heller: „Wenn ich mir das jetzt technisch anschaue, dann ist das zum Beispiel ein Schwenk. So einen 180-Grad-Schwenk hätte ich meinen Videoredakteuren nie im Leben abgenommen.“
Heller sieht sich auf Monitor	Heller: „Und jetzt zeige ich ihnen doch noch das Projekt kurz, was wir mit Handys gedreht haben. Da geht es um Subkulturen. Das habe ich dann auch gerne hier bei WELT gesendet. Weil
Heller beugt sich zu einem Bildschirm vor, begutachtet Bild	die technische Qualität für mich völlig in Ordnung ist.“
Heller zeigt Aufnahmen der „Welt“	
	Hier konnte Fastcast weder technisch, noch stilistisch mit seinen Beiträgen – in einem Schwenk, ungeschnitten, ohne Veränderung der Einstellungsgrößen – gegen das Handy punkten. Sandra Raunigg ist wieder in Wien unterwegs. Für sie ist Fastcast eine Chance auf einen Job in den Medien.
Donau nachts	Für die Branche ist Fastcast die Möglichkeit, billig an aktuelle, bewegte Bil-
Sandra mit Rucksack	der zu kommen. Auf der Strecke bleibt dabei oft nur die Geschichte und: der
In einer Bar unterwegs	Journalismus.

Quelle: Bayerischer Rundfunk, Einblick 2013

Da geht es schon ziemlich durcheinander zu. Keine wirkliche zentrale Frage, ich kann nicht erkennen, warum wann welche Attribute gesät werden. Immerhin: Ein Höhepunkt ist auszumachen, der Besuch beim Springer-Verlag. Aber was für ein Stoff für ein Drama! Für die Umbearbeitung bedeutet das vor allem: Höhepunkt in die Mitte, alles Gute davor, alles Schlechte dahinter, eigentlich ist das wirklich so einfach. Eine Gruppe von Volontären des bayerischen Rundfunks hat das daraus gemacht:

Bild	Text
Zwei Einstellungen: ein Auge groß, dann Sandra von vorn mit Rücksack	Das ist Sandra, Österreichs erste Fastcasterin.
Sandra nah, laufend von der Seite	Sandra: „Bei uns auf der Journalistenschule haben sie uns immer gesagt,
Sandra nimmt Rücksack vom Schrank	hängt Euch an die neuen Sachen dran."
Sandra bewegt sich auf einer Open-Air-Feier	Ihr ständiger Begleiter: ein ganz spezieller Rucksack mit Kamera, der Fastcast. Damit will sie im Journalismus Karriere machen.

Schon der Anfang ist viel besser. Vorstellen der Heldin, kurzes Statement, Vorstellen des Fastcasts, noch ohne viele Attribute, das würde nur stören – und dann die Herausforderung, was zu der zentralen Frage führt: „Kann Sandra mit dem Ding Karriere machen?

Sandra spricht Gäste an	Sandra: „O.k., läuft so: Ich filme erst woanders hin, dann schwenke ich zu euch und dann schwenke ich wieder weg, weil ich habe 70 Sekunden." Nach dem Dreh gibt Sandra die
Sandra tippt mit Fingern aus Display	Eckdaten des Videos ein. Per GPS ist der Ort bereits vermerkt. Das Video versendet sie über das Mobilnetz oder WLAN. Nach einem kurzen Check durch den Chef ist das Video schon
Chef nah, checkt sein Display	online, das Ganze dauert nur wenige Minuten.
O-Ton Harald Hackenberg (Geschäftsführer F5 GmbH – FastCast)	Hackenberg: „Die Story ist jetzt beim Kurier zu sehen."

Das ist der Anfang des zweiten Aktes. Die Orientierungsphase zeigt, wie das Ganze funktioniert. Der zweite Akt heißt ja auch die Steigerung, und tatsächlich funktioniert alles. Zudem besticht die Technik durch Schnelligkeit.

Groß auf Bildschirm: Der Kurier *Mehrere Einstellungen des Kuriers, man erkennt Artikel* *Dann Video angeklickt, Schrift: „Hauseinsturz in Wien“* *Video Bildschirm füllend, Sandras Stimme kommentiert*	Journalismus fast in Echtzeit. Wird Sandra damit Erfolg haben? Der Kurier, eine österreichische Boulevardzeitung. Er ist einer der Hauptabnehmer der 70-sekündigen Fastcastbeiträge. Denn Sandra ist immer da wo es brennt.
Feuerwehrleute mit Spaten räumen Trümmer weg	Sandra: „Heute Vormittag jetzt ein Haus eingestürzt auf der Mariahilferstraße, Ecke Denglergasse. Und Sie sehen jetzt hier sehr schön, wie die Feuerwehr und die Polizei versucht, aus den Trümmern nach Verletzten zu suchen. Was der Grund für den Hauseinsturz ist, weiß man nicht. Vermutlich eine Gasexplosion und es soll angeblich auch nur fünf Verletzte geben, was einem Wunder gleichkommen würde.“
Video	Die Fastcast-Videos waren im Internet und vier stundenlang Google toprated.
O-Ton Michaela Heumann (Leiterin Marketing und Business Developmen, KURIER)	Heumann: „Wir waren die Ersten und wir waren draußen und das interessiert dann den Leser und User.“
Sandra mit ihrem Chef vor einem Tisch, der Chef hantiert am Computer	Darauf setzt Fastcast. Der Chef glaubt an das Konzept und an Sandra.
Sandra lächelt	Atmo: „Die Tage sind gut gelaufen, 30 Clips im Schnitt produziert, also echt fesch.“

Das ist das Ende des zweiten Aktes, Sandra lächelt zufrieden, die Welt ist in Ordnung und sie träumt immer noch von einer „feschen" Karriere mit Fastcast. Nun kommt dritte Akt. Eine kleine Besonderheit: Er beginnt mit einem Dangling Cause, die Peripetie wird also schon angedroht. Doch erst einmal kommt es zum Höhepunkt des Dramas:

Sandra im Auto, im Rückspiegel *Von außen, im Smart sitzend, Seitenstreifen flitzen vorbei*	Noch ahnt Sandra nicht, dass sie mit dem Fastcast keine Karriere machen wird.
Eingang Axel-Springer-Haus	Ein Termin beim Axel-Springer-Verlag. Das ist ihre große Chance.
Durch Glasscheibe: Blick in den Newsroom.	Denn auch Springer setzt seit langem auf Bewegtbild und online.
Sandra mit Fastcast, ihr Chef im Gespräch mit dem Video-Chef der Weltgruppe	Ideal erkundete Sandra. Eigentlich. Jetzt kommt es darauf an. Sandra muss sich als Fastcasterin beweisen.
Sandra dreht sich mit dem Fastcast um die eigene Achse *Hält Heller Mikro hin*	Sandra: „Wir sind in Berlin, hier mitten im Newsroom, und jetzt vor mir der Herr Heller. Sagen Sie mal, Sie haben jetzt Fastcast zum ersten Mal gesehen, mich mit diesem Rucksack am Rücken. Was sagen Sie denn?"
O-Ton Karsten Heller (Head of Video, WELT Gruppe) *Heller sieht sich auf Monitor*	Heller: „Ist interessant. Ich frage mich, wie praktikabel es ist. Weil ich muss ja erst mal das Ganze wirklich irgendwie aus dem Schrank holen, wenn ich einen eiligen Einsatz habe. Das Ganze dauert ein bisschen länger, als wenn ich nur mein Smartphone dabei habe, mit dem ich auch schon Videos machen kann."
Heller beugt sich zu einem Bildschirm vor, begutachtet Bild	Heller: „wenn ich mich das technisch anschaue, dann ist das zum Beispiel ein Schwenk, so einen 180° Schwenk hätte ich meinen Redakteuren nie im Leben abgenommen."
Musik, langsamer Zoom auf Sandras ernstes Gesicht	
Heller zeigt Aufnahmen der „Welt"	„Und jetzt sage ich Ihnen doch noch das Projekt kurz, was wir mit Handys gedreht haben. Da geht es um Subkulturen. Das habe ich zum Beispiel auch gerne

Verabschiedung	bei Welt dann gesendet, weil die Qualität für mich einfach völlig in Ordnung ist." Der Fastcast: schlechter als ein Handy. Ein Reinfall.

Tja, das ist dann der Wendepunkt des Dramas. Besser wird es nicht mehr werden, ganz im Gegenteil, der vierte Akt ist ja der Akt der fallenden Handlung, Sandra bekommt jetzt nur noch Schläge. Der fünfte Akt ist nicht so klar abgetrennt, ein Schönheitsfehler. Besteht praktisch nur aus der Bewertung, eben aus einer „katastrophalen" Bewertung:

Wieder Bilder, die Sandra vom Hauseinsturz gedreht hat.	Aber nicht nur technisch hapert es, sondern sogar journalistisch. Zurück zur Gasexplosion. Für Sandra fehlt
Feuerwehrleute, die mit Spaten die Trümmer wegschaufeln	nur das Tempo. Sandra: „Und Sie sehen jetzt hier sehr schön, wie die Feuerwehr und die Polizei versucht, aus den Trümmern nach Verletzten zu suchen." Falsch! Die Feuerwehrleute im Bild suchen gar nicht nach verschütteten, sondern räumen nur den Dreck weg.
Weitere Bilder der Arbeiten	Sandra: „Was der Grund für den Hauseinsturz ist, weiß man nicht. Vermutlich eine Gasexplosion und es soll angeblich auch nur fünf Verletzte geben." Auch falsch! Es gibt einen Toten, denn hinter der Explosion steckt ein Selbstmord doch als das herauskommt, ist
Sandra läuft nachts mit dem Rucksack herum	Sandra längst beim nächsten Video. Ein moderner Rucksack macht noch keine Journalistin.

Quelle: Bayerischer Rundfunk, unausgestrahlte Umarbeitung 2015

Ein zweites und letztes Beispiel einer Umbearbeitung zum Drama. Der Film wurde gemacht anlässlich der Eröffnung eines Porzellanmuseums. So ist er im BR gelaufen:

Porzellan auf Drehteller	Das weiße Gold. Die neue Ausstellung erzählt die wechselvolle Geschichte des Porzellans aus unserer Region.
Film: Arbeiterinnen in Fabrik am Tisch	Bilder aus Selb in den dreißiger Jahren. Die Arbeiter schufteten bis zu 10 Stunden am Tag. Der Massestrang aus Kaolin, Feldspat, Quarz und Wasser beim Entlüften.
Arbeiter an Maschine	Geschirr als Massenware. Hier entsteht ein Teller. 650 Stück schaffte ein Dreher pro Arbeitstag.
Am Ofen	Hitze rund um die Brennöfen mit Temperaturen um die 1400°.
Direktor und Kuratorin laufen an Kamera vorbei	Die Ausstellung im Porzellanikum mit Museumsdirektor Wilhelm Siemen zeigt das harte Leben der Porzelliner. Der Experte präsentiert den gemauerten Grundofen.
O-Ton Wilhelm Siemen, Direktor	Siemen: „Die Arbeiter mussten diese Kapseln entsprechend aus dem heißen Ofen bringen, der bis zu 70, 80° an Temperatur hatte. Und das ist natürlich kein Wunder, sie brauchten entsprechend Flüssigkeit, und die Porzellanfabriken haben ihren Mitarbeitern dann Freibier gegeben, bis zu 10 l am Tag."
Arbeiter schichtet Teller um *Kuratorin nimmt Planke*	Extreme Hitze in den Fabrikhallen und dazu schwere Traglasten.
O-Ton Anke Mölling, Kuratorin	Mölling: „Hier haben wir eine Planke, die mit Porzellan bestückt ist. Die musste früher von den Mitarbeitern getragen werden, Männern wie Frauen, und zwar musste das auf die Schulter genommen werden, ausbalanciert werden und dann ist man damit Treppauf, Treppab durch die ganze Fabrik gelaufen. Wir haben hier nur zehn Kilo ungefähr, damals war das wesentlich schwerer und das den ganzen Tag über."
Film von früher tragenden Arbeiterinnen	In der Blütezeit hausten die Porzelliner in winzigen Häusern oder in den
Mann vor Monitor setzt sich Kopfhörer auf	Ein- bis Zwei-Zimmer-Wohnungen der Wohnbaugesellschaften. Bis zu zehn

	Menschen kamen in den dreißiger Jahren in solch einer Behausung unter.
Dann Monitor groß	Einfachste Räume, einen Steinwurf entfernt von der Fabrik. Wie lange ein Porzelliner für seine Grundnahrungsmittel arbeiten musste, das können Besucher per Knopfdruck hier nachvollziehen.
O-Töne Besucher	„Oh, der Hilfsarbeiter hat 1929 41
Besucherinnen vor Touchscreen	Minuten arbeiten müssen, um 5 kg Kartoffeln kaufen zu können, Wahnsinn."
Räume innen	„Und die Trocknerin 68 Minuten."
Siemen läuft in einen Raum	Dem feinen Staub in der Fabrikhalle kam kein Arbeiter aus.
O-Ton Siemen	Siemen: „Die Berufskrankheit der Porzelliner war die Staublunge. Die Staublunge, die Menschen atmeten hier in den Fabriken den Quarzstaub ein und das war eine tödliche Krankheit, diese tödliche Krankheit führte dazu, dass das Durchschnittsalter der Porzelliner in den 1930er Jahren 42 Jahre betrug."
Film: Arbeiterinnen entstauben Teller	Nach 1950 halfen dann Absauganlagen
Foto: Gesellschaft	und Installationen.
Besucherinnen vor Schautafeln	Feierabendvergnügen boten die Vereine
Stickerei	wie der Porzellanmaler-Gesangsverein aus Selb. Und im Mandolinenclub spiel-
Mandoline, Foto	te 1930 der Porzellanmaler Max Seidel. Im Akkord die Teller putzen, herrich-
Pinsel	ten und bemalen, riesige Belegschaften
Formen, Pinsel	waren nötig, wie hier 1700 Mitarbeiter einer Porzellanfabrik in Rehau. Jene
Foto	Zeiten der Hochbeschäftigung sind lange vorbei. Im Traditionsstandort
Fabrik vor 2001	Artsberg ging die Porzellanproduktion im Jahr 2001 zu Ende.
O-Ton Siemen	Siemen: „1980 hatten wir in den bayerischen Porzellanfabriken noch etwa 18.000 Beschäftigte, heute sieht die Sache so aus, dass wir etwa 3000 Mitarbeiter noch haben, die allerdings die größte europäische Geschirrindustrie im

	Bereich des Porzellan darstellen.“ Wie anno dazumal. Botschafter für Tischkultur und Lebensqualität. Die Prunkstücke der Porzelliner werden
Drehendes Porzellangeschirr groß	die Zeiten überdauern.
Quelle: Bayerischer Rundfunk, Wir in Bayern 2013	

Hier erschließt sich mir die Reihenfolge noch weniger als oben bei diesem Videorucksack. Auch hier gilt wieder die einfache Regel: Einstieg ähnlich wie bei der Heldenreise, zentrale Frage (erregendes Moment), dann ein ansteigender zweiter Akt. Dort platziert man die schönen Seiten bis hin zum dritten Akt, der den Höhepunkt im Leben der Leute darstellt, dann gleich den Wendepunkt, die Peripetie, und dann geht es eben bergab:

Hand stellt Tasse quer	Porzellan aus Oberfranken. Seit Jahrhunderten steht das weiße Gold für
Drehende Porzellankanne	Reichtum und traditionsreiche Hand-
Mann im Museum	werkskunst. Eine neue Ausstellung zeigt
Setzt sich Kopfhörer auf	den Arbeitsalltag in der Porzellanindustrie.
Film: Arbeiterinnen in Fabrik am Tisch	Die Porzellanproduktion in Selb sorgte ein halbes Jahrhundert lang für einen wirtschaftlichen Boom. 650 Teller schaffte eine Dreherin pro Arbeitstag.
Besucherinnen vor Touchscreen	Präzisionsarbeit im Akkord. Und das konnten sich die Porzelliner von ihrem
Hand drückt Knopf	Lohn leisten: Für fünf Kilo Kartoffeln stand ein Hilfsarbeiter nur 41 Minuten an der Drehscheibe. Gar nicht einmal so schlecht in Zeiten von Arbeitslosigkeit
Fotos von Häusern	und Wirtschaftskrise. Wohnquartiere schossen aus dem Boden. Denn von überall her strömten Arbeitskräfte nach Oberfranken. Die Lebensverhältnisse
Foto: Zimmer	waren einfach, aber gesichert. Die Menschen waren stolz auf ihre Arbeit. Sie
Foto: Gesellschaft	hatten ein starkes Gemeinschaftsgefühl. In der Freizeit kamen sie in Gesangsver-
Stickerei	einen zusammen. Hier konnten sie

Mandoline	sich erholen und ablenken.
Museumsraum	Denn: Die Arbeit brachte die Menschen an ihre körperlichen Grenzen.
Foto: Arbeiterinnen und Arbeiter	Hitze rund um die Brennöfen mit
Besucherinnen laufen durchs Bild	Temperaturen um die 1400 Grad.
Mann vor Brennofen	Die Ausstellung zeigt auch das harte
Räume innen	Arbeitsleben der Porzelliner.
Siemen läuft in einen Raum	
O-Ton Siemen	Siemen: „Die Arbeiter mussten diese Kapseln entsprechend aus dem heißen Ofen bringen, der bis zu 70, 80° an Temperatur hatte. Und das ist natürlich kein Wunder, sie brauchten entsprechend Flüssigkeit, und die Porzellanfabriken haben ihren Mitarbeitern dann Freibier gegeben, bis zu 10 l am Tag."
Film von früher tragenden Arbeiterinnen	Dazu kamen die schweren Traglasten. Das alles aber konnte die Arbeiter noch bewältigen. Doch für ein Problem gab es keine Lösung. Der feine Staub in den Fabrikhallen.
O-Ton Siemen	Siemen: „Die Berufskrankheit der Porzelliner war die Staublunge. Die Staublunge, die Menschen atmeten hier in den Fabriken den Quarzstaub ein und das war eine tödliche Krankheit, diese tödliche Krankheit führte dazu, dass das Durchschnittsalter der Porzelliner in den 1930er Jahren 42 Jahre betrug."
Fabrik vor 2001	Die Arbeitsbedingungen haben sich zwar schrittweise verbessert, doch dafür bieten die Aufträge aus. Porzellan kommt heute aus Asien statt aus Oberfranken.
Drehende Porzellankanne	Das weiße Gold: der Aufstieg und Niedergang des Porzellanhandwerks in Bayern. Diese Geschichte erzählt die Ausstellung im Porzellanikum in Selb.

Quelle: Bayerischer Rundfunk, unausgestrahlte Umarbeitung 2014

Der vierte und fünfte Akt gefallen mir sogar noch besser als bei der Überarbeitung des Videorucksacks. Das Ende des vierten Aktes ist die Staublunge, der fünfte Akt macht dann Schluss mit der ganzen Industrie.

Der Traum von den Fliegen

Nach den beiden Bearbeitungen zum Drama möchte ich zum Schluss noch einige Beispiele die Heldenreise betreffend präsentieren. Lesen Sie das nur, wenn Sie Zeit und Muße haben – und vielleicht gar nicht auf einmal. Es ist sehr anstrengend, Drehbücher zu lesen (Jaja, System 2!).

Es geht los mit einem Drehbuch, das Sie zwar schon kennen, möchte ich hier nochmals vorstellen. Es soll den Beweis liefern, dass selbst ein 5-Minüter alle Punkte der Heldenreise einhalten kann. Wie gesagt, das muss man nicht, und es ist die Ausnahme. Aber dennoch dient es als Beweis, dass es mit den einfachsten Mitteln geht. Es ist der Film über die Haftung: Bionik bei Insekten. Hier alle 12 Punkte (mit einem Dreher: „Mentor" nach „Überschreiten der Schwelle", den Grund dafür hatte ich ja schon erwähnt).

Bild	**Text**
Gewohnte Welt	
Geschenk, Geschenkpapier, Junger Mann versucht, Geschenk einzupacken, das Klebeband pappt nur an der Hand	Manche Dinge pappen, vor allem da, wo sie es gar nicht sollen. Das ist ärgerlich.
Fahrendes Auto innen, außen, bremst mit Mühe, Reifen groß	Im Verkehr fehlt oft die Haftung, trotz neuer Winterreifen. Das ist gefährlich.
Ruf des Abenteuers	
Totale Balkon, fesches, barockes Mädchen lächelt zum Mann hinunter, lockt ihn mit dem Zeigefinger	
Mann versucht zu „fensterln", rutscht ab, steht unter dem Fenster mit seinem Geschenk und zuckt die Schultern	Manchmal bräuchte man beides: Gleichzeitig Halt finden und sich bewegen. Das ist unmöglich – zumindest für den Menschen.
Weigerung	
Mädchen verschwindet verärgert im Haus	

Überschreiten der Schwelle	
Fliegen groß	Denn sie können das. Für Insekten, etwa für Fliegen, wäre „fensterln“ kein Problem. Sie können haften und sich jederzeit wieder lösen, um weiter zu laufen oder zu fliegen.
Total: Fliegen, im Hintergrund Mentor	Wie machen die das?
Forscher	Und: Könnte man von den Tieren lernen?
Forscher, Gesicht groß	Diese Fragen wollen Max-Planck-Forscher aus Stuttgart beantworten.
Totale: *zwei Forscher vor einer Apparatur, Forscherin öffnet eine Schachtel mit Tieren*	Die Forschungsprojekte: Fliegen, Spinnen und Käfer.
1. Prüfung	
Drehscheibe, Käfer wird darauf gesetzt Scheibe dreht sich mit Käfer drauf, wird immer schneller, Käfer bleibt haften	Kleine Füße, große Haftung. Ein Ampferblattkäfer auf der Drehscheibe. Auch bei 3000 Umdrehungen pro Minute verliert er nicht den Halt. Obwohl er gegenüber einem Klebeband scheinbar im Nachteil ist.
2. Prüfung	
O-Ton Forscher	„Ein Klebeband besteht aus einer relativ steifen Schicht und auf der anderen Seite ist eine weiche Klebeschicht und durch diese Weichheit kann dieses Material mit jeder Unterlage eine sehr große Kontaktfläche bilden und dadurch kommen große Haftkräfte zustanden. Wenn wir jetzt die Insekten betrachten, die haben zur Verfügung ein relativ steifes Material, das Außenskelett. Und die sind trotzdem in der Lage große Haftkräfte zu entwickeln. Man fragt sich natürlich: Wie schaffen die das überhaupt?“

Forscher am Mikroskop *Petrischale groß* *Insektenbeine groß* *Rasterelektronenbilder von Insektenbeinen*	Die Vermutung der Forscher: Das Geheimnis liegt in der besonderen Bauweise der Füße. Auf den ersten Blick erkennt man: Die Insektenbeine sind behaart. Bei stärkerer Vergrößerung wird klar: Sie sind geradezu übersät mit winzigen Härchen, nur wenige Millionstel Millimeter dick. Sie vergrößern die Oberfläche der kleinen Füße enorm – und damit die Haftung.
Vordringen in die tiefste Höhle	
Forscher legen Band auf Glasplatte, nehmen die Platte hoch und hängen ein Gewicht an das Band. *Es fällt herunter!*	Die Forscher haben eine Folie entwickelt, mit winzigen haarähnlichen Strukturen. Der einzige Nachteil: Sie funktioniert nicht.
O-Ton Forscher	„Wir waren ganz davon überzeugt, dass, sobald wir ähnliche Strukturen in der Folie erzeugen, können wir solche natürlichen Systeme auch kopieren. Die ersten Versuche sind aber alle gescheitert, das heißt, wir haben überhaupt keine Haftkräfte gemessen und wir waren kurz vorm Aufgeben. Also, wir haben gedacht, die Welt stimmt nicht mehr."
Entscheidende Prüfung	
Forscher kippt den Kasten Vogelspinne groß, bleibt haften	Die Forscher haben noch einmal genau hingeschaut. Irgendwas mussten sie übersehen haben, das gewissen Etwas, das sogar der Vogelspinne halt gibt. Immerhin ist sie 1000 Mal schwerer als eine Fliege.
Blende: Elektronenmikroskopische Bilder, Härchen mit Verdickung an Unterseite	Und tatsächlich: Jedes Härchen verbreitert sich am Ende zu einer Art Schuh, der die Fläche ungemein vergrößert. Die Tiere haften also nur, weil sie Schuhe tragen. Diese Schuhe können sie mühelos vom Boden abziehen.

Animation: *Haar mit „Schuh" auf Oberfläche, wird abgezogen* *Haare werden von oben auf Oberfläche heruntergelassen, verspannen sich werden wieder abgezogen*	Insekten haften also, weil sie Schuhe tragen. Diese Schuhe können sie mühelos vom Boden abziehen… Auf einer Oberfläche knicken sie ab. Die Haftung wird noch verstärkt, weil sie sich leicht verspannen. Bei Zug entspannen sie sich wieder und lassen sich wie ein Klebeband abziehen.
Belohnung *Forscher legen Band auf Glasplatte, nehmen die Platte hoch und hängen ein Gewicht an das Band. Es hält.*	Das Haftmaterial der Forscher besitzt diese verbreiterten, schuhartigen Strukturen. Und funktioniert. Ein Klebeband ohne Klebstoff, nach Art der Natur.
O-Ton Forscher	„Das klingt vielleicht verrückt, aber ein Mensch an der Decke laufend ist eigentlich möglich. Dazu müssen wir im Vergleich zu Strukturen, die wir heute haben vielleicht um den Faktor 1000 kleiner werden. Dafür müssen die Materialforscher noch was tun, das heißt, die Strukturierungsmethoden müssen noch verbessert werden, aber möglich ist das alle Male."
Rückweg *Junger Mann packt mühelos Geschenk ein*	Die Anwendungen könnten höchst unterschiedlich sein. Geschenkpapier etwa, das klebt, aber wieder entfernt werden kann.
Auto (im Zeitraffer) fährt um die Kurve	Winterreifen, mit denen man wie auf Schienen fährt.
Auferstehung *Spiderman steigt aus, hält Geschenk mit der Hand hoch* *Spiderman fensterlt mühelos zum Balkon hoch, zieht die Maske ab.*	Und: super haftende Schuhe und Handschuhe, die Fensterln zum Kinderspiel machen.
Rückkehr mit dem Elixier *Der junge Mann küsst das Mädchen.*	Spidermann wird Realität.

Quelle: Bayerischer Rundfunk, Unkraut 2007

Jetzt noch mal Bearbeitungen, also vorher, nachher. 3 Beiträge. Bei der Medienakademie von ARD und ZDF, aber auch im Volontariat des Bayerischen Rundfunks bieten wir den Seminarteilnehmern auch einen Praxistag an. Ein Beitrag wird umgeschnitten (ohne neue Bilder), neu getextet und gemischt. Ich persönlich habe also das Glück, in diesen Seminaren regelrecht Forschung betreiben zu können. Eben durch Dritte, durch tolle, motivierte Journalisten. Es gibt kaum eine bessere Chance, zu sehen, wie gut man aus dem Ausgangsmaterial mit dem Wissen des Seminars doch noch etwas machen kann. Wie bei dem Beitrag über Wagner kann man die Verbesserung durch die 3-Akt-Struktur und Elemente der Heldenreise deutlich erkennen. Die Verbesserungen sind nicht optimal – wie im richtigen Leben: Es gibt nur die Bilder des Ausgangsbeitrages. Es geht nur darum, durch eine bessere Strukturierung von Bild und Text, den Beitrag sendefähig zu bekommen.

Beispiel Ratten

Bild	Text
Nacht, brennende Fackel, *Schwenk auf mittelalterliches Stadttor,* *Kirchturmspitze*	Es sind Bilder aus längst vergangenen Zeiten, als die Welt noch mystisch und unerklärbar war.
Krankes Ehepaar im Bett, fiebrig *Schwenk auf Frau*	Als eine Strafe Gottes galten Krankheiten, gesandt als Fluch des Herrn.
Hände mit Rosenkranz, groß	Heilung von Seuchen sollte nur der erhalten, der fromm und gottesfürchtig Abbitte leistet.
Schwarze vermummte Gestalt von hinten, dreht sich um: *Der Kopf ist ein Totenschädel.*	Doch da half kein Flehen, beim schwarzen Tod, der Pest. Im 14. Jahrhundert fiel ihr ein Drittel der europäischen Bevölkerung zum Opfer.
Heute: Blick aus dem Autofenster, *Fahrt über Brücke* *Groß: steinernes Kreuz mit schnuppernder Ratte*	An einer Brücke in München erinnert ein steinernes Kreuz an die Jahrtausendseuche, gebracht von Ratten. Millionen von ihnen lebten damals unter den Menschen.
Nachtaufnahmen: schnuppernde Ratten, *Ratte und Abfall*	Und tun es noch heute. Angezogen von den Abfällen sind sie die heimlichen Herrscher.

Tote Ratte	Schon im Mittelalter wussten die Menschen, wenn die erste tote Ratte gefunden wird, die Pest ist in der Stadt. Dabei kann die Ratte nur bedingt etwas für die große Pestepidemie.
O-Ton Wissenschaftler	„Bei Tieren als Überträger von Krankheiten darf man nicht von Schuld sprechen. Gerade bei den Ratten haben die fast gar nicht damit zu tun, sie sind halt lediglich Träger von Parasiten, Läuse, Flöhe, auch Milben. Und diese Läuse und Flöhe können die Pesterreger, die eigentlichen krank machenden Bakterien, auf den Menschen übertragen, wenn die Ratten sehr eng mit dem Menschen beieinander leben."
Zeitraffer: Blick von oben auf belebte Stadt, mit fahrenden Autos	Und Ratten lieben die Nähe zu den Menschen, denn die bieten ihnen paradiesische Lebensräume. Gerade in der Stadt. Hier ist man nie weiter als 7 Meter von einer Ratte entfernt, schätzen Wissenschaftler.
Von unten: Gully wird aufgemacht Kanalarbeiten	Der Untergrund des Kanalsystems ist ihre liebste Zufluchtsstätte. Feucht und dunkel ist es hier. Wie viele Ratten hier unten leben, weiß niemand.
Ratte im Untergrund Kanalarbeiter inspizieren Untergrund Ratte, groß Exkremente	Nur, dass sie den Menschen, die hier arbeiten, sehr gefährlich werden können, denn Ratten übertragen ein lebensgefährliches Fieber über ihre Exkremente, die Leptospirose.
Mikroskopaufnahme von Bakterien	Die Bakterien sind nur einen Millimeter groß und in den Kanälen so weit verbreitet, dass Leptospirose inzwischen eine anerkannte Berufskrankheit bei Kanalarbeitern ist.

O-Ton Wissenschaftler	„Leptospirose kann ganz harmlos verlaufen, kann ein bisschen einen Schnupfen machen, kann aber auch sehr stark mit hohem Fieber und Leberveränderungen, also dese Gelbsucht, einhergehen. Und Leute werden richtig schwer krank. Gott sei Danke kann man heute mit Antibiotika gut behandeln."
Ratten in der Nacht	Seit Jahrhunderten bekämpfen die Menschen die Ratten ohne wirklichen Erfolg. Und die Ratten schleppen immer neue Krankheiten zu uns.
Mann im Bett, kratzt sich Groß: kratzt sich am Oberarm *Setzt sich im Bett auf, macht Nachttischlampe an, sieht auf Arm* *Arm, groß: Ausschlag*	Für Aufsehen sorgte vor wenigen Jahren der Fall eines Münchener Medizinstudenten. Nächte lang kam er nicht zur Ruhe. Gepeinigt von schrecklichem Jucken fand er keinen Schlaf. Ein rätselhafter Hautausschlag.
Im Vordergrund Arzt im Anschnitt, untersucht Arm	Auch der Besuch beim Arzt brachte keine Erkenntnis.
Der Student mit weißem Laborkittel entdeckt einen dunklen Fleck, entfernt ihn mit Klebestreifen	Während eines Arbeitstages im Labor plötzlich eine Entdeckung. Auf dem weißen Kittel zuckt ein kleiner schwarzer Punkt. Mit einen Stück Klebefilm fängt er das winzige Insekt. Die Forscher im parasitologischen Institut
Mikroskopaufnahme: Rattenmilbe	staunen: eine tropische Rattenmilbe.
Subjektive Fahrt durch Kanalschacht	Nach einer Rattenbekämpfung in der Nähe seiner Wohnung hatten sich die Parasiten in einen Kanalschacht geflüchtet und Monate später den Studenten befallen.
O-Ton Wissenschaftler	„Also die tropische Rattenmilbe kann bis zu zweieinhalb Monate überleben, ohne dass sie an einem Wirt, also an einer Ratte oder am Mensch Nahrung aufnehmen muss, sie saugt ja Lymphe also Gewebsflüssigkeit, sie kann also relativ lange überleben, das ist auch wichtig für die Bekämpfung."

Ratte, nah Fell	Unzählige Parasiten fühlen sich im Fell der Ratte wohl. Mehr als drei Dutzend schwere Krankheiten können sie so übertragen.

Quelle: Bayerischer Rundfunk, Unkraut 2006

Da passt nicht viel zusammen. Schon der erste Satz würde mich davon abhalten, den Film anzuschauen: „Es sind Bilder aus längst vergangenen Zeiten". Das ist keine große Werbung für das, was noch kommt. Die gewohnte Welt des Mittelalters aber schon. Doch ein richtiger Gegensatz zu heute wird leider nicht aufgebaut. Ganz im Gegenteil: Statt den Ruf des Abenteuers von der Gewohnten Welt abzugrenzen, vermanscht der Beitrag beides, allein durch den Satz: „Millionen von ihnen lebten damals unter den Menschen. Und tun es noch heute." So what? Dann kommt ein völlig nichtiger O-Ton, apologetisch, nach dem Motto „Die arme Ratte kann doch nichts dafür". So baut man keinen Antagonisten auf, sondern ab. Warum ich den Beitrag eigentlich ansehen soll, erfahre ich bei 2:10 Minuten (bei einer Gesamtlänge von 4:30), also viel zu spät. Immer der gleiche Fehler! Aber es kommt auch textlich fast so nebenbei daher. Kein Aktwechsel, kein Absetzen, kein auslösendes Moment, keine zentrale Frage.

Nun werden die beiden Prüfungen (Leptospirose, tropische Rattenmilbe) abgehandelt und man merkt, dass sich der Autor hier am wohlsten fühlt. Hier muss sie nicht bauen, strukturieren, sondern nur abarbeiten. Der dritte Akt, wenn man ihn überhaupt wahrnehmen möchte, besteht aus zwei Sätzen: „Unzählige Parasiten fühlen sich im Fell der Ratte wohl. Mehr als drei Dutzend schwere Krankheiten können sie so übertragen." Das war es! Im Seminar reißt es die Leute immer und es kommt die Frage auf, ob das wirklich das Ende sei?

Keine Analyse zum Schluss, sondern Fakten, die hier nicht mehr hingehören.

Jetzt die Arbeit bayerischer Volontäre, die sich des Stückes angenommen haben:

Beispiel Ratten, die Zweite

Bild	**Text**
Nacht, brennende Fackel, Schwenk auf mittelalterliches Stadttor Ratten in der Nacht Krankes Ehepaar im Bett, fiebrig Schwenk auf Frau, *Schwarze vermummte Gestalt von hinten, dreht sich um:* *Der Kopf ist ein Totenkopf.*	Mittelalter. In unseren Städten leben viele Menschen auf engem Raum zusammen. Die hygienischen Verhältnisse sind katastrophal. Ein ideales Umfeld für Ratten. Und mit den Ratten kommen auch Krankheiten. Allein die Pest rafft ein Drittel der Bevölkerung dahin.
Zeitraffer: Blick von oben auf belebte Stadt, mit fahrenden Autos	Aber das ist längst vorbei. Unsere Städte scheinen sauber, fast schon steril, jedenfalls an der Oberfläche.
Von unten: Gully wird aufgemacht	Doch sieht man genauer hin, ist es eigentlich immer noch fast wie im Mittelalter. In den dunklen und feuchten Ecken der Stadt leben sie zuhauf.
Kanalarbeiten Ratte im Untergrund *Ratte, groß, Fell*	Selbst in unserer modernen Stadt ist man nie weiter als 7 Meter von einer Ratte entfernt, schätzen Wissenschaftler.
vermummte Gestalt von hinten, dreht sich um: Der Kopf ist ein Totenkopf.	Doch sind die Ratten noch genauso gefährlich für uns wie damals?
Kanalarbeiter im Untergrund	Besonders gefährdet: Kanalarbeiter. Denn sie arbeiten dort, wo sich die Ratten besonders wohl fühlen.
Ratte im Untergrund Exkremente *Mikroskopaufnahme von Bakterien*	Ratten übertragen ein lebensgefährliches Fieber über ihren Kot. Die Bakterien sind nur einen Millimeter groß und inzwischen so weit verbreitet, dass Leptospirose eine anerkannte Berufskrankheit bei Kanalarbeitern ist.

O-Ton Wissenschaftler	„Leptospirose kann ganz harmlos verlaufen, kann ein bisschen einen Schnupfen machen, kann aber auch sehr stark mit hohem Fieber und Leberveränderungen, also dese Gelbsucht, einhergehen. Und Leute werden richtig schwer krank. Gott sei Danke kann man heute mit Antibiotika gut behandeln.“
Kanalarbeiter inspizieren Untergrund *Ratte im Untergrund Kurz Zeitraffer: Blick von oben auf belebte Stadt, mit fahrenden Autos*	Doch Ratten sind nicht nur gefährlich für Kanalarbeiter. Denn nachts kommen die Nager aus ihren Schlupflöchern und tragen die Krankheitserreger in unsere Welt.
Mann im Bett, kratzt sich Groß: kratzt sich am Oberarm	Und geben Menschen wie dem Medizinstudenten Christian Rätsel auf.
Setzt sich im Bett auf, macht Nachttischlampe an, sieht auf Arm	Gepeinigt von schrecklichem Jucken, kann er Nächte lang nicht schlafen.
Arm, groß: Ausschlag	Ein rätselhafter Hautausschlag.
Im Vordergrund Arzt im Anschnitt, untersucht Arm	Ein Besuch beim Arzt brachte keine Erkenntnis.
Student in weißem Laborkittel entdeckt einen dunklen Fleck *entfernt ihn mit Klebestreifen*	Während eines Arbeitstages im Labor plötzlich eine Entdeckung. Auf dem weißen Kittel zuckt ein kleiner schwarzer Punkt. Mit einem Stück Klebefilm fängt er das winzige Tier.
Mikroskopaufnahme: Rattenmilbe *Subjektive Fahrt durch Kanalschacht*	Die Forscher im parasitologischen Institut staunen: eine tropische Rattenmilbe. Nach einer Rattenbekämpfung in der Nähe seiner Wohnung hatten sich die Parasiten in einen Kanalschacht geflüchtet und Monate später den Studenten befallen.
Steinernes Kreuz mit schnuppernder Ratte *Mikroskopaufnahmen: Floh, Bakterien, Milbe*	Fest steht: Auch in unserer modernen Welt werden wir die Ratten wohl nicht los. Aber wir haben einen entscheidenden Vorteil gegenüber früher: Wir kennen die Krankheitserreger und können sie gezielt bekämpfen, zum Beispiel mit Antibiotika und Insektiziden.

Zeitraffer: Blick von oben auf belebte Stadt, mit fahrenden Autos	Wir sind den Ratten also nicht mehr so ausgeliefert wie im Mittelalter, auch wenn die Stadt immer ein Paradies für Ratten bleiben wird.

Quelle: Bayerischer Rundfunk, unausgestrahlte Umarbeitung 2008

Viel besser! Eine klare 3-Akt-Struktur ist deutlich zu erkennen. Und nicht nur zwei Wendepunkt gibt es da. Nach der gewohnten Welt kommt erst mal die Entrüstung, dass das in der modernen Stadt ja wohl unmöglich sei – und man glaubt es: „Aber das ist längst vorbei. Unsere Städte scheinen sauber, fast schon steril, jedenfalls an der Oberfläche. Doch sieht man genauer hin…"

Das ist eine gelungene Wendung hin zum Ruf des Abenteuers. Solche Sätze wie „Doch sieht man genauer hin" können Gold wert sein. Nun wird die moderne Stadt plötzlich auf die gleiche Ebene gezogen wie die mittelalterliche. In der gewohnten Welt steht ja, dass die Ratten da zuhauf lebten, also nah am Menschen. Jetzt heißt es: „Selbst in unserer modernen Stadt ist man nie weiter als 7 Meter von einer Ratte entfernt, schätzen Wissenschaftler." Whow! Erstens kommt es viel früher als im Ausgangsbeitrag und zweitens sorgt das für Erstaunen. „Hat sich nichts geändert?", fragt man sich da willkürlich. Und sofort schieben die Autoren die zentrale Frage nach: „Doch sind die Ratten noch genauso gefährlich für uns wie damals?"

Der zweite Akt ist ähnlich strukturiert wie oben. Er stellt sich ja auch von allein auf. Zuerst die alte Leptospirose, dann die neue Krankheit durch die tropische Rattenmilbe. Auch diese Arbeitsgruppe kann schlecht eine tiefste Höhle kreieren, wenn die Bilder fehlen, sie hat ja nur die Ausgangsbilder zur Verfügung. Allerdings gelingt der Gruppe ein Kunstgriff: Dreimal benutzt sie die Zeitrafferbilder der modernen Stadt. Wo? Im ersten Akt, dann im zweiten Akt zwischen den beiden Prüfungen als Scharnier, eben als Midpoint, und im dritten Akt. Symmetrisch verteilt als ein roter Faden, das ist schon sehr gut.

Und es gibt einen dritten Akt: Eine Analyse. Dort steht die Antwort auf die zentrale Frage, was der Ausgangsbeitrag nicht leisten wollte. Ich hätte hier allerdings nicht mehr so konkrete Bilder wie Milben und Bakterien gebracht, das macht den dritten Akt wieder kleiner, so klebt er zumindest bildlich an den Fakten. Der dritte Akt sollte sich von der kleinen Welt der Zusatzinfos freimachen, eigentlich ein Akt der Themenbilder also.

Beispiel Igel

Hier ein Beitrag über Igel im Klimawandel. Gar nicht mal so gut!

Bild	Text
Mond	Igel sind nachtaktiv.
Fressende Igel, v.E.	Sie kommen erst in der Dämmerung heraus und beginnen ihre Futtersuche.
Morgenrot, im Vordergrund Stacheln	Wenn der Morgen kommt, gehen sie mit vollem Bauch zur Ruhe.
Einzelner fressender Igel	Im Spätsommer fressen sie sich eine
Laufender Igel	Speckschicht an – Energievorrat für die kalte Zeit. Schon im Herbst geht das Nahrungsangebot an vielen
Läuft in eine kleine Höhle	kleinen Bodentieren massiv zurück.
In der Höhle: sich einrollender Igel	Ab Ende Oktober gehen Igel nor-
Schlafender Igel	malerweise in den Winterschlaf; die Männchen zuerst, später die Weibchen und die Jungen zuletzt, oft erst Anfang November. Rund 5 Monate bleiben sie in Mitteleuropa im Winternest und überstehen so die Kälte.
Parkbank mit zwei Menschen	2006: der wärmste November seit 250 Jahren; bis zu 19 Grad.
Laub an Bäumen, groß	Der Dezember: warm und trocken; die Alpen bleiben grün.
Schwenk über Bergkette Austreibende Zweige	Im Januar hält der Frühling Einzug – die Büsche werden grün. Können die Igel von der Wärme profitieren?

O-Ton Forscherin *Käfer auf Stein Hundertfüßer*	„Das kommt ganz darauf an, wie warm es wird. Weil für die maßgeblich ist, ob ihre Futterquelle noch vorhanden ist oder nicht. Und solange die Temperaturen weiterhin zu hoch für sie sind, um in Winterschlaf zu gehen, sprich: Temperaturen über 10 Grad oder zumindest über 6 Grad, weil sie sonst nicht in Winterschlaf gehen und auf der anderen Seite aber die Futterquellen nicht mehr vorhanden sind – keine Würmer, keine Käfer, keine Schnecken, haben sie schlicht und ergreifend keine Möglichkeit, sich zu ernähren. Das heißt, die müssen zwangsläufig verhungern."
Zitternder Igel auf Schneeboden	Besonders gefährlich für wach gebliebene Igel: ein plötzlicher Wintereinbruch. Die Stacheln schützen sie nicht vor Kälte. Deshalb verbrauchen sie enorme Mengen ihrer gespeicherten Fettvorräte. Und ein Nestbau ist nicht mehr möglich.
O-Ton Wissenschaftlerin	„Ein Igel, der 8 oder 9 Tage gar nichts frisst, nimmt genau so viel ab wie ein Igel, der letztendlich 5 Monate im Winterschlaf ist. Das ist die Relation vom Gewichtsverlust. D. h., die können innerhalb von 2 Wochen ihre gesamte Winterreserve verbrauchen, wenn sie nicht in Winterschlaf gehen und kein Futter finden."

Animation	Wie schaffen Igel es überhaupt, im Winterschlaf 5 Monate ohne Nahrung zu überleben? – Das Geheimnis heißt: radikale Reduktion. Alle Körperfunktionen werden reduziert: das Herz schlägt nur noch 8 mal und sie atmen nur 3 mal pro Minute. Sie senken ihre Körpertemperatur von 35 auf 5 Grad. Das Wiedererwachen dauert mehrere Stunden und verschlingt viel Energie. Speziell dafür haben Igel das „braune Fett“ im Nacken; es liefert die entscheidende Energie um den Körper wiederaufzuwärmen. – Solche Kraftreserven hat ein Igel aber nur bei ungestörtem Winterschlaf.
Igel auf Tisch, laufend, groß *Forscherin, groß Schwenk auf Igel hinunter*	Diese Igelin wurde Ende Dezember noch draußen gefunden – klein, abgemagert und voller Ungeziefer.
Totale Station. Innen	In der Tierklinik konnte sie wieder aufgepäppelt werden. Nach der Abschlussuntersuchung kommt sie in eine Auffangstation. Denn auf sich gestellt könnte das Wildtier nicht überleben – trotz der Wärme gibt es nicht genug Futter.
Igel groß *Laufender Igel in Natur*	Auch in einem „normalen“ Winter kommen nicht alle Igel durch. Doch wie die liebenswerten Stacheltiere mit den warmen Wintern des Klimawandels zurechtkommen werden, weiß heute noch niemand genau.

Quelle: Bayerischer Rundfunk, W wie Wissen 2007

Schon der Anfang will nicht zum Thema passen. Man sollte wenige, aber eben richtige, also auch zum Konflikt passende Attribute setzen. Aber der erste Satz lautet: „Igel sind nachtaktiv.“ Führt auf die falsche Fährte. Das Attribut nachtaktiv hat mit dem Klimawandel überhaupt nichts zu tun. Oder hätte der Igel kein Problem, wenn er tagsüber aktiv wäre? Auch die Information, wer als Erster und wer als Letzter in den Winterschlaf geht, ist vollkommen ohne Belang. Dann kommt der Ruf des Abenteuers, der Konflikt. Aber es wird die falsche zentrale Frage gestellt: „Können die Igel von der Wärme profitieren?" Das ist das Ende des ersten Aktes. Und dann? Wie Kai aus der Kiste ein O-Ton. Wobei die Wissenschaftlerin hier klar aussagt, dass der Igel zwangsläufig verhungert. Damit ist der Film kaputt. Was soll noch kommen?

Nun plätschert der Film dahin, allerdings wird das stärkste Bild des Beitrages, der im Schnee zitternde Igel, verschossen. Dann, bei 2:35 Min., bei einer Gesamtlänge von 4:02, wird einem erklärt, wie er den Winterschlaf meistert. Das will ich jetzt nicht mehr wissen, es geht ja nicht mehr um den Winterschlaf, sondern um den fehlenden Winterschlaf. Ein Erklärstück sollte entweder in den Midpoint oder, wie hier, weil es Vorraussetzung für alle anderen Prüfungen ist, in die erste Prüfung. Bitte Erklärstücke vor allem in die erste Prüfung. Hier hat man noch Zeit, der Zuschauer noch Geduld. Das ist die Orientierungsphase! Erinnern Sie sich? Diese Phase habe ich bei „Und täglich grüßt das Murmeltier" erwähnt. Beim Igelfilm ist die Animation Voraussetzung, um die Prüfungen gut zu verstehen. Im ersten Akt haben solche Erklärstücke nichts verloren, da möchte man das noch nicht wissen, weil man ja die zentrale Frage noch gar nicht kennt. Weiter hinten wirkt es nachgeschoben.

Zum Schluss schließt der Beitrag mit einem entschiedenen „…weiß heute noch niemand genau." In dieser Form halte ich den Beitrag für nicht sendbar. Er ist aber so gelaufen, in der ARD.

Mit ein wenig Umschnitt und neuem Text kommt dabei folgendes heraus:

Beispiel Igel, die Zweite

Bild	Text
Igel in der Natur	Igel sind nicht nur putzige Artgenossen, sondern vor allem ein wichtiges Glied in der Nahrungskette. Sie vertilgen zum
Hundertfüßer *Igel frisst Wurm*	Beispiel Insekten und Würmer. Würden sie fehlen, wäre das Gleichgewicht der Natur gestört. Im Spätsommer müssen sie sich eine Speckschicht anfressen. Energievorrat für die kalte Zeit.

Einzelner fressender Igel *Laufender Igel* *Läuft in eine kleine Höhle* *In der Höhle: sich einrollender Igel, Schlafender Igel*	Das Problem: Schon im Herbst geht das Nahrungsangebot an kleinen Bodentieren schon massiv zurück. Deswegen gehen Igel Ende Oktober in den Winterschlaf. Rund fünf Monate bleiben sie in Mitteleuropa im Winternest und überstehen so die Kälte. Doch wie lange noch?
Parkbank mit zwei Menschen *Laub an Bäumen, groß,* *Austreibende Zweige, Schwenk über Bergkette*	2006, der wärmste Winter seit 250 Jahren, bis zu 19 Grad. In den zunehmend warmen Wintern findet der Igel nicht in den Winterschlaf – und das kann tödlich sein. Der Insektenfresser findet zu wenig Nahrung und muss verhungern.
Igelfamillie	Stirbt der Igel wegen des Klimawandels in Deutschland aus?
kriechender Igel	Nur mit Hilfe des Winterschlafes kann der Igel den langen Winter überstehen. Das Geheimnis heißt: radikale Reduktion. Alle Körperfunktionen werden reduziert: das Herz schlägt nur noch 8 Mal und sie atmen nur 3 Mal pro Minute. Sie senken ihre Körpertemperatur von 35 auf 5 Grad.
Animation *Igel auf Tisch, laufend, groß*	Das Wiedererwachen verschlingt viel Energie. Speziell dafür haben Igel das „braune Fett" im Nacken; es liefert die entscheidende Energie um den Körper wiederaufzuwärmen. Solche Kraftreserven hat ein Igel aber nur bei ungestörtem Winterschlaf. Fällt der Winterschlaf aus, verbraucht der Igel viel mehr Energie, findet aber keine Nahrung.

O-Ton Forscherin	„Ein Igel, der 8 oder 9 Tage gar nichts frisst, nimmt genau so viel ab wie ein Igel, der letztendlich 5 Monate im Winterschlaf ist. Das ist die Relation vom Gewichtsverlust. Das heißt, die können innerhalb von 2 Wochen ihre gesamte Winterreserve verbrauchen, wenn sie nicht in Winterschlaf gehen und kein Futter finden."
Igel groß	Diese Igelin wurde Ende Dezember gefunden. Klein, abgemagert und voller Ungeziefer.
Forscherin, groß Schwenk auf Igel hinunter *Totale Station. Innen*	Tierkliniken unterhalten inzwischen Auffangstationen für die kleinen Säuger. Denn der Igel befindet sich hierzulande in einem Dilemma. Der deutsche Winter ist ihm inzwischen zu warm und doch zu kalt.
O-Ton Wissenschaftlerin *Käfer auf Stein Hundertfüßer*	„Solange die Temperaturen weiterhin zu hoch für sie sind, um in Winterschlaf zu gehen, sprich: Temperaturen über 10 Grad oder zumindest über 6 Grad, weil sie sonst nicht in Winterschlaf gehen und auf der anderen Seite aber die Futterquellen nicht mehr vorhanden sind – keine Würmer, keine Käfer, keine Schnecken, haben sie schlicht und ergreifend keine Möglichkeit, sich zu ernähren. Das heißt, die müssen zwangsläufig verhungern."
Zitternder Igel auf Schneeboden	Immer wieder kommt es sogar zu Massensterben durch Kälteeinbrüche. Die Stacheln schützen sich nicht davor zu erfrieren. Deshalb verbrauchen sie enorme Mengen ihrer gespeicherten Fettvorräte. Der Hungertod ist programmiert.
Schwarzabblende *Mond* *Igel, fressend*	

Morgenrot, im Vordergrund Stacheln	Doch es gibt eine Hoffnung für den Igel. Wenn durch den Klimawandel die Winter so warm werden, dass er durchgängig Nahrung findet. Dann könnte wie auch in den Ländern Südeuropas auch ohne Winterschlaf überleben.
Quelle: Bayerischer Rundfunk, unausgestrahlte Umarbeitung 2008	

Die Autoren haben sich für zwei Attribute entschieden: Niedlich, deshalb sicher für den Menschen interessanter als etwa der Grottenolm, und wichtig für die Nahrungskette. So wird der Igel in der gewohnten Welt aufgewertet. Leute, wird da ausgerufen, wenn es dem Igel schlecht geht, wird es auch uns schlecht gehen. Die Herausforderung, sich eine Speckschicht anzulegen, könnte man als Ruf des Abenteuers, als einen ersten, aber kleinen Konflikt werten, den er aber bewältigt (Weigerung). Dann aber kommt das auslösende Moment: Der Winter 2006 als drohende Apokalypse und nur als Anfang vom Ende des Igels. Zu den Aktwechseln gibt es Abblenden, und zwar nur da, das kann man machen. Die Prüfungen: Zunächst das Erklärstück, um zu wissen, was passiert, wenn er nicht in den Winterschlaf kommt, dann die Station (das kann ja wohl kaum eine Dauerlösung sein). Die Forscherin lässt sich herrlich verwenden als Einleitung zu einer tiefsten Höhle (Massensterben). Da es keine entscheidende Prüfung gibt, weglassen. Wie oben am Ende des 2. Aktes bereits erwähnt, hört hier der 2. Akt mit der tiefsten Höhle auf. Das ist der zweite Wendepunkt: Von der Katastrophe zur Hoffnung.

Ein Beitrag, den ich schon sehr oft habe umarbeiten lassen. Kaum zu glauben, da steckt fast alles drin, doch der Ausgangsbeitrag hat alles irgendwie statistisch verteilt. Aber sehen Sie selbst:

Beispiel Lhasa

Bild	Text
Total: fahrender Zug vor Bergen	Unterwegs mit der höchsten Bahn der Welt. Der Lhasa-Express fährt größtenteils auf Höhen von mehr als viertausend Metern.

Berge, v.E.	In der Bergregion Tibets ist die Luft dünn. Sie enthält nur etwa 1/3 weniger Sauerstoff als auf Meereshöhe.
Zug mit drei Loks, fahrend	Das mindert die Leistung der Dieselloks. Drei sind deshalb nötig, um den Zug auf Tempo 120 zu bringen.
Bauarbeiten	Fünf Jahre lang bauten 100.000 Arbeiter an dem Schienenweg, Kosten rund drei Milliarden Euro.
Pumpe, groß *Gruppe Ingenieure an Tisch mit Bauplänen* *Fahrender Zug*	Pläne für das Großprojekt gibt es schon seit 1950, als Tibet von China besetzt wurde. Mit der Eroberung des Wilden Westens – per Bahn – hat die kommunistische Führung endlich ihr Ziel erreicht.
Weidende Yaks	Im Lande der Yaks, galt der Bau einer Bahnstrecke lange als unmöglich. Denn wenn im Sommer die tief gefrorenen Böden tauen, versinkt alles im Morast. Doch die Ingenieure fanden
Arbeiterinnen an Gleisstrang Schütten Kies auf	eine Lösung, die verhindern soll, dass die Gleise auf dem aufgeweichten Boden absinken: Ein Schotterbett aus lose aufgeschichteten Steinen. Der beständige Hochlandwind bläst durch die Hohlräume und hält den Untergrund auch im Sommer kühl. So soll die Bahntrasse das ganze Jahr über stabil bleiben.
Fahrender Zug, außen Im Zug: Abteil mit Passagieren	Die Konstrukteure der Tibetbahn haben sogar die Folgen der zu erwartenden Klimaerwärmung berücksichtigt.
O-Ton Ingenieur (Overvoice)	„Wir setzen auf eine neuartige Kühltechnik, im Kampf gegen die globale Erwärmung. Wenn wir die Bodentemperatur in den nächsten 50 Jahren um drei Grad absenken können, macht uns ein genereller Temperaturanstieg von zwei Grad keine Probleme."

Kühlstäbe groß Fahrender Zug, Neben dem Gleis Kühlstäbe Ingenieure neben Kühlstäben	Deshalb wurden an gefährdeten Passagen Kühlstäbe in den Boden getrieben. In den Röhren zirkuliert Ammoniak, das dem Erdreich Wärme entzieht und nach oben abtransportiert. So verhindert der künstliche Frost in der Tiefe die Verwerfung der Gleise.
Gleis, im Hintergrund Berge Berge	Der Tangulapass – eine Hochebene mit glatt geschliffenen Hügeln, kein Flecken Grün. Die Bahnstation hier oben liegt auf einer Rekordhöhe von 5036 Metern.
Im Zug, Totale Passagiere	Damit die Passagiere nicht höhenkrank werden, verfügen die Wagen über einen Druckausgleich wie im Flugzeug.
Blutdruck von Passagier wird geprüft	Für Notfälle ist sogar medizinisches Personal an Bord.
Mann gibt Frau Beatmungsgerät	Sollte die Luft zu dünn werden, kann man sich in jedem Abteil zusätzlich mit Sauerstoff versorgen.
Blick aus dem Zugfenster nach vorn: Fahrender Zug Weidende Antilopen Groß: eine Antilope	Teile der Strecke führen über Betonpfeiler, um das empfindliche Grasland zu schonen und die Wanderwege heimischer Tierarten – wie der tibetischen Antilope – nicht zu behindern. Ob das wirklich funktioniert, muss sich noch zeigen.
Blick aus Zugfenster	Die ersten Erfahrungen, zumindest mit der Bahntrasse, sind offenbar positiv.
O-Ton Ingenieur (Overvoice)	„Für Eisenbahnen in Dauerfrostregionen ist das erste Betriebsjahr besonders kritisch. Gefahren lauern vor allem im Sommer. Bis jetzt ist alles glatt gegangen."
Von außen: Fahrender Zug Blick aus Fenster, Fahrt vorbei an Brückenpfeilern	Die rund 1.100 Kilometer lange Trasse zwischen Golmud und Lhasa wurde am 1. Juli 2006 eröffnet. Seither gibt es eine durchgehende Bahnverbindung von Peking in die Hauptstadt Tibets.
Totale: Zug fährt über Brücke	Die Fahrt durch das traumhafte Hochland, über kühne Brückenkonstruktionen, zieht Bahnenthusiasten magisch an.

Zug innen *Zug außen, rast vorbei*	15 Stunden braucht der Lhasa-Express, bis er auf abenteuerlichem Kurs seine Endstation erreicht.
Bahnhof innen	Der hypermoderne Bahnhof von Lhasa. In seinem Inneren auf 21.000 qm Einkaufszentren, Wartehallen, Business Center.
Bahnhof außen Blende: Palast	Bei der Gestaltung der Außenfassade haben die Architekten bewusst Stilelemente des berühmten Potala Palastes kopiert. Angesichts des Originals, ein eher hilfloser Versuch, Tibeter zu Eisenbahnfans zu machen.
Straßenszenen, Rikschas, Fahrräder *Mönche* *Gebetsmühlen* *Betende Tibeter*	Längst sind die Einheimischen in der Minderheit. Die Segnungen des Schienenzeitalters stoßen bei ihnen auf ein geteiltes Echo. Einerseits verspricht der wachsende Tourismus mehr Wohlstand. Andererseits fürchten die Tibeter, dass mit der neuen Eisenbahn noch mehr Chinesen in ihr Land kommen und damit ihre Jahrtausende alte Kultur endgültig zerstört wird.
Palast *Fahrender Zug*	Symbol der Besatzungsmacht und Prestigeprojekt – die neue Bahn verkörpert mehr als nur technischen Forschritt.

Quelle: Südwestdeutscher Rundfunk, Eins in Drei 2006

Der erste Akt ist kein Akt der Prüfungen. Doch gleich wird erzählt, dass der Zug drei Loks braucht. Keine Fallhöhe, Attribute bis auf die Höhe Fehlanzeige. Dann wird die Ausgangssituation nachgeschoben, dass die Chinesen jetzt nach so langer Zeit endlich am Ziel sind. Auch die Reihenfolge der Prüfungen mutet seltsam an. Zunächst kommt das Schotterbett, dann die Kühlstäbe, also die technische Meisterleistung der Strecke, dann der Druckausgleich im Zug. Dabei ist letzteres bei Flugzeugen schon Jahrzehnte lang Stand der Technik. Die letzte Prüfung ist die einfachste: Der Artenschutz. Der dritte Akt wirkt wie angehängt, wie eine neue Geschichte. Jetzt lässt sich der Text aus: Gefahr der Überfremdung, Gefahr der Zerstörung der alten Kultur. Das funktioniert nicht ohne das Säen der Attribute im ersten Akt. Und selbst dann, muss man sehr aufpassen. Das macht den Beitrag so schwierig: Wenn man die Art der Prüfungen ansieht, merkt man, dass sie allesamt technischer Natur sind. Eine zu starke Überfrachtung des Anfangs und des Schlusses mit politischen Fragen spaltet den Beitrag. Politik Technik Politik, das wären dann die Akte. Daher muss man sich entscheiden, wie die zentrale Frage lautet, welche beherrschende Idee die Geschichte haben soll und welche Mythen vorkommen. Eine Gruppe Seminarteilnehmer an der ARD.ZDF medienakademie hat das gemacht und kam zu folgendem Ergebnis:

Beispiel Lhasa, die Zweite

Bild	Text
Parallelschnitt: Ältere Frau mit Gebetsmühle – vorbei rasender Zug – Gebetsmühlen – vorbei rasender Zug – betende Leute – vorbei rasender Zug Potala-Palast – vorbeirasender Zug	
Totale: Zug in Bergregion Berge Gruppe Ingenieure an Tisch mit Bauplänen	Kein Zug wollte weltweit so hoch hinaus wie der Lhasa-Express. Seit der Eroberung Tibets ist er der Traum der Chinesen. Eine durchgehende Eisenbahnstrecke von Peking nach Lhasa. In Fachkreisen wurde der Bau dieses Zuges als unrealisierbar diagnostiziert. Vor diesen Siebentausendern kapitulierten sogar Schweizer Bauunternehmer. Sie lehnten das Projekt ab. Doch Jahrzehnte lang tüftelten die chinesischen Ingenieure, ob es nicht doch einen Weg für den Hochgebirgsexpress gibt.
Arbeiter mit Pumpe, Pumpe groß	Aber nicht die Höhe war das Hauptproblem auf der viertausend Meter hohen Strecke.

O-Ton Ingenieur (Overvoice)	„Für Eisenbahnen in Dauerfrostregionen ist das erste Betriebsjahr besonders kritisch. Gefahren lauern vor allem im Sommer. Bis jetzt ist alles glatt gegangen."
Weidende Yaks, kleine Wasserstelle	Die Oberfläche taut auf, doch das Wasser kann im darunter noch gefrorenen Boden nicht versickern.
Arbeiterinnen am Gleis, total Arbeiterinnen am Gleis, nah Arbeiterinnen leeren Korb mit Steinen aus	Nach Jahren fanden die Konstrukteure einen Ausweg. Bahndämme wurden mit losen Steinen aufgeschüttet. Der Hochlandwind sollte durch die Hohlräume blasen, um den Untergrund auszutrocknen.
Fahrender Zug Berggipfel *Zug mit drei Zugmaschinen* *Aus Zugfenster:* *Vorbei ziehender Bahnhof*	Doch nicht nur der Boden war das Problem. Bei der dünnen Luft in 5000 Metern Höhe kommt sogar die stärkste Diesellok in Atemnot. Drei gekoppelte Zugmaschinen aus den USA ziehen den Giganten zum höchsten Bahnhof der Welt, Talunga, auf 5072 Metern.
Im Zug, Totale Passagiere	Mit diesen Höhepunkten zieht der Lhasa-Express Reiselustige aus der ganzen Welt in seinen Bann.
Blutdruck von Passagier wird geprüft *Mann gibt Frau Beatmungsgerät*	Doch der Sauerstoff mangel wird auch für die Passagiere zum Problem. Nur medizinisches Personal an Bord und Druckausgleich verhindern den Kollaps der Passagiere. Jedes Abteil verfügt über eine Sauerstoffzufuhr.
Von außen: Fahrender Zug auf Brücke *Blick aus dem Zugfenster: Brückenpfeiler rasen vorbei*	Kaum schienen alle Hürden für den Zug genommen, da taucht eine noch viel größere Bedrohung auf. Klimaforscher hatten einen Anstieg der Erderwärmung um 2 Grad prognostiziert. Was das für die Bahntrasse bedeutet, war klar. Der Zug würde im Morast versinken.

O-Ton Ingenieur	„Wir setzen auf eine neuartige Kühltechnik, im Kampf gegen die globale Erwärmung. Wenn wir die Bodentemperatur in den nächsten 50 Jahren um drei Grad absenken können, macht uns ein genereller Temperaturanstieg von zwei Grad keine Probleme."
Ingenieure neben Kühlstäben Gleis, im Hintergrund Berge Berge	Deshalb haben chinesische Ingenieure an den gefährdeten Passagen Kühlstäbe in die Erde getrieben.
Fahrender Zug, *Neben dem Gleis Kühlstäbe*	In den Kühlstäben zirkuliert Ammoniak, das dem Boden Wärme entzieht und nach oben abtransportiert. Grünes Licht für den Lhasa-Express. Allen Widerständen zum Trotz wurde dem Zug der Weg von Peking zum Dach der Welt geebnet.
Im Zugabteil: Passagiere	15 Stunden dauert die 1100 Kilometer lange Fahrt auf dem spektakulärsten Stück der Strecke.
Bahnhof außen Bahnhof innen	Der hypermoderne Bahnhof ist architektonisch dem Heiligtum Lhasas nachempfunden. 21.000 Quadratmeter Wartehallen, Einkaufshallen, Business-Centers erwarten den Fahrgast.
Schaffner kontrolliert Tickets *Potala-Palast nachts, Blende Potala-Palast am Tag*	Auch wenn die Tibeter Furcht haben, das neue Verkehrsmittel würde das Land mit Chinesen überschwemmen, sehen wieder andere in der neuen Verbindung auch ein technisches Meisterwerk mit großem wirtschaftlichem Potenzial.
Straßenszene, Rikschas, Fahrräder, Mönche, Gebäude *Fahrender Zug im Gebirge*	Bleibt die Hoffnung, dass die Verbindung von Peking nach Lhasa auch die beiden Völker näher bringt.

Quelle: Bayerischer Rundfunk, unausgestrahlte Umarbeitung 2010

Der Beitrag setzt auf die Technik. Mythen: Das Unbekannte, Hybris, ein bisschen Gerechtigkeit, eben nur ein bisschen. Beherrschende Idee: Mit Technik kann der Mensch auch die letzten Regionen der Erde beherrschen. Zentrale Frage: Wie haben die Chinesen die schwierigste Bahnstrecke der Welt gebaut? Sie wird nicht explizit im Text gestellt, generiert sich aber beim Zuschauer im Kopf nach dem Satz: Doch Jahrzehnte lang tüftelten die chinesischen Ingenieure, ob es nicht doch einen Weg für den Hochgebirgsexpress gibt.

Aktwechsel, Prüfungen. Die Reihenfolge ist richtig. Es gibt Spannung erzeugende Textstellen. Immer steht alles auf der Kippe. Es gibt sogar eine tiefste Höhle: Der Zug würde im Morast versinken. Es gibt eine entscheidende Prüfung, die Kühlstäbe und eine Belohnung (Die atemberaubende Fahrt im wörtlichen Sinne und die Ankunft). Im dritten Akt wird der Tibetkonflikt zwar angesprochen, aber es gelingt mit einem Kunstgriff: Völkerverständigung durch Technik, bessere Anbindung. Die Technik verbindet im Wortsinne. Der Mythos des Unbekannten kommt nochmals anders zur Geltung. Das ist schon raffiniert!

Und diese umgeschnittenen Geschichten sollen ja auch Mut machen: Es geht! Nicht nur in Hollywood, sondern auch bei uns, im journalistischen Alltag.

Literatur

Frey J.N. (1987) Wie man einen verdammt guten Roman schreibt. Emons

Vogler C. (1997) Die Odyssee des Drehbuchschreibers. Zweitausendeins, Frankfurt a. M.

Kein Schlusswort

Es geht um das Elixier. Das ist das, was ich für das Wichtigste halte. Wenn jemand nicht viel Zeit hat, dann würde ich ihm raten, nur diese Seiten zu lesen.

Geben wir zu: Wir haben einen tollen Beruf! Viele schreiben schon für die Schülerzeitung und träumen in jungen Jahren vom Journalismus. Welcher andere Beruf kann das schon von sich behaupten? Kein Kind oder Jugendlicher würde je sagen: „Ich möchte mein Geld mit dem Verkauf von Hörgeräten verdienen.“ Oder: „Ich möchte Fleischgroßhändler werden.“ Damit kann man vielleicht reicher werden als im Journalismus – und sich sogar das Präsidentenamt eines Fußballclubs erkaufen. Aber es ist keine Berufung. Geschichtenerzählen schon. Gerade wenn sie, wie in unserem Falle wahr sind und daher eine hohe gesellschaftliche Relevanz haben.

Ich möchte werben für zwei Wiederentdeckungen beim Geschichtenerzählen: Erstens Zeit und zweitens Einfachheit. Die beiden herausragenden Eigenschaften der 3-Akt-Struktur, denn der Aufbau der drei Akte braucht einfach Zeit, zum Beispiel, weil er nicht mit dem Konflikt beginnt, was ja Zeit sparen würde. Zum anderen ist sie trotzdem die meines Erachtens einfachste Weise des Geschichtenerzählens.

Zu Erstens: Man glaubt man ja immer, es müsse alles schneller werden, rasanter, kürzer. Die, die mit dem Internet aufgewachsen sind, laden sich die kleinen You-Tube-Filmchen herunter, oft Ein-Minüter. So kann man sich zum Beispiel die spektakulärsten Stürze von Skirennfahrern anschauen. Mache ich ja auch, mein Favorit ist da Hermann Meier, Nagano, 1998. Da genügt der Höhepunkt, also der Sturz, bereits das Rennen selbst ist Zeitverschwendung. Verstehe ich, einerseits. Aber das kann doch nicht alles gewesen sein?

Schon Loriot hatte sich über diese Hetze lustig gemacht und gedanklich eine „Überschallplatte" erfunden, mit der man das Werk Richard Wagners in weniger als einer Minute abhören kann…eben weil die Menschen keine Zeit mehr für wirkliche Muße haben, ob für Musik oder – wie in unserem Fall – für gute Geschichten.

Aber es stimmt ja nicht einmal! Gerade Kinder und Jugendliche lechzen förmlich nach richtigen Geschichten, nach Abenteuern, eben nach Heldenreisen. Eine ganze Generation entdeckte das Lesen von dicken Schmökern, als Jane K. Rowling die Harry-Potter-Reihe schrieb. Ich kann mich noch an die Fernsehbilder erinnern: Fans standen in Schlangen vor den Bücherläden. So mancher Leser hat das Buch dann an einem Tag durchgelesen, bis zu 1000 Seiten! Harry Potter ist das beste Beispiel, dass die gute alte Geschichte noch lange nicht ausgedient hat – und dass die Menschen sich sehr wohl auf Geschichten einlassen, wenn sie denn gut erzählt sind. Es hat seitdem zahlreiche Nachahmer gegeben, die auch verfilmt worden sind, Eragon zum Beispiel.

Das Fernsehen, zumindest in den USA, hat sich neu erfunden. Die Arc Series zeigen Helden, die sich verändern. Das ist neu. Früher mussten Hauptfiguren wie etwa J.R. in Dallas stets gleich agieren, weil der Zuschauer ja mitkommen musste, wenn man ein paar Folgen verpasst hatte. Das ist heute nicht mehr der Fall: Die junge Generation verpasst eben keine Folgen mehr. Sie sieht sich „Game of Thrownes", „Breaking Bad" oder „House of Cards" auf DVD an; oder – noch besser und preiswerter – auf den Streaming-Diensten wie Netflix oder Amazon Prime. Wenn man keine Folge verpassen kann, dann darf der Held sich auch verändern. Soll heißen: Durch die neuen Plattformen steigt die Qualität des Storytelling enorm. Das wissen auch die Darsteller. Noch vor Jahren wäre es unmöglich gewesen, Hollywoodstars wie etwa Kevin Spacey für das Fernsehen zu gewinnen.

Auch im Journalismus sehe ich ein Ende der ewigen Verkürzungen. Im Printbereich sieht nicht jede Zeitung aus wie die mit den vielen Bildern. Es gibt genug Beispiele, wie sich mit längeren, gut aufgebauten Artikeln sehr wohl Erfolg erzielen lässt. Mehrere davon finden Sie in diesem Buch. Im Fernsehen wird umgedacht, zumindest im Öffentlich-Rechtlichen. Beim Bayerischen Rundfunk haben in den letzten Jahren Unternehmensagenturen auch das Programm untersucht. Demnach sei die Dokumentation der „Markenkern" des Senders – und eben nicht der Magazinfilm, oder gar die NIF, der kurze Einspieler, die Nachricht im Film (da bewegen wir uns im

Minutenbereich). Das schafft hoffentlich ein Gegengewicht zum Viral Spot des Internets, der im Minutenbereich liegt und meist als 2-Akter daherkommt – wie ein Witz eben, mit Setup und Pointe.

Wir sollten Mut zum Zeithaben haben

Daher: Ein Hoch auf den 3-Akter! Daher glaube ich, dass auch die klassischen Hollywood-Beispiele in diesem Buch in Zukunft nichts von ihrem Glanz einbüßen werden. Denn das Hollywood-Kino hat diesen scheinbaren Trend zur Verkürzung schlicht verweigert. Hollywood hat nach wie vor Mut zur Entwicklung, zum Höhepunkt, zum Ausklang. Es gibt keine Abkehr von der 3-Akt-Struktur. Die Filme sind auch nicht kürzer geworden. Ich kenne Niemanden, der behauptet, er gehe nicht mehr ins Kino, weil es zu lange dauert. 120 Minuten sind nun einmal Standard.

Natürlich gibt es auch in Hollywood Neuerungen. Aber sie sind zum einen keine revolutionären Schritte und zum anderen für den Journalismus irrelevant. Das möchte ich kurz belegen: Michaela Krützen beschreibt diese tastenden Schritte der letzten 20 Jahre hin zu neuen Erzählstrukturen packend – und zeigt gleichzeitig, dass sie wunderbar in die aristotelische 3-Akt-Struktur passen (Krützen 2010). Kleine Veränderungen ja, aber es muss in das bewährte Erzählmuster passen. Evolution, keine Revolution, so könnte man diese Veränderungen beschreiben.

Da wäre zum Beispiel die Figur des „Unrelieable Narrator“ zu nennen. In diesem Fall ist der Hauptfigur nicht zu trauen, sie erzählt nicht die Wahrheit. Ein Beispiel: In dem Film „Forrest Gump“ spricht der Hauptdarsteller auf einer Bank sitzend Passanten an, über die Welt aus seiner Sicht. Seine Sicht ist aber nicht richtig, er peilt ja nichts. Ein anderes Beispiel sind die überraschenden Spielchen mit der Zeit. So mancher neuer Hollywoodfilm erzählt nicht chronologisch, sondern in Rückblenden, verschachtelt oder schildert gar in ganz verrückten Erzählmustern. „Memento“ etwa schildert jeweils in Sequenzen die Geschichte genau anders herum, also vom Ende her. Der Schluss ist dann der Anfang. Ein nettes Experiment. Aber alle diese Filme besitzen die klassische 3-Akt-Struktur! Daran rüttelt Hollywood nicht. Das heißt, dass trotz aller Neuerungen Aristoteles immer noch Geltung in Hollywood hat.

Und was heißt das für uns? Diese Spielarten – denn um mehr geht es nicht – sind für den Journalismus völlig irrelevant. Sie sind nämlich kaum übertragbar. Stellen Sie sich vor, Sie lesen einen Bericht in einer Zeitung und müssen in einem „Last-Act-Twist", also ziemlich am Ende, feststellen, dass Sie der Autor als „Unrelieable Narrator" am Nasenring durch die Manege gezogen hat. So wie bei „Fight Club", wo sich zum Schluss des Films erst herausstellt, dass die beiden Hauptdarsteller ein und dieselbe Person sind. Ällabätsch, stimmt alles nicht! Ob „Forrest Gump" oder „Fight Club", „Unrelieable Narrators" können wir uns im Journalismus meines Erachtens sehr selten (in einer Glosse?) leisten; genauso wenig wie Zeitsprünge, die beim ersten Lesen, Hören, Sehen kaum zu verstehen sind. Was ich damit sagen möchte: Journalisten sollten sich lieber an den Klassikern orientieren. In diesem Buch werden meines Erachtens zu Recht „Casablanca", „Der unsichtbare Dritte" und auch „Ben Hur" genannt. Also Filme, die über 50 Jahre alt sind. Bei Auftritten in Schulen oder auch an der Uni Eichstätt hole ich mir regelmäßig mein Frustrationserlebnis ab, weil junge Leute diese Filme kaum kennen. Bin ich deswegen ein erzählerisches Fossil? Kaum, denn wenn, dann ist „Casablanca" ein Begriff, also der Älteste der Genannten. Damit wäre das Argument des Verfallsdatums der „uralten Schinken" schon widerlegt – wenn denn schon der älteste Schinken am bekanntesten ist, übrigens vor allem beim weiblichen Publikum. Irgendwann werden aber die Schüler älter und solche Filme in ihr cineastisches Allgemeinwissen aufnehmen, kennen und lieben lernen. (Der Autor war zum Zeitpunkt der Produktion aller drei auch noch nicht auf der Welt). Ob „Memento" so ein Klassiker werden wird, möchte ich anzweifeln.

Man mag bei Hitchcock über die damals sehr modernen „Blue-Box-Szenen" lächeln, die wirklich antiquiert erscheinen. Schadet das der Geschichte? Überhaupt nicht. Die Technik entwickelt sich immer weiter, Aristoteles nicht. Storytelling auch nicht. Die griechischen Sagen sind alt, aber nicht überholt. Es bleibt dabei: Das Einfache, das den Mythos bedient, ist das Beste. Und daher plädiere ich nicht nur für den Mut, sich Zeit zu lassen, sondern wie oben angedeutet auch für den Mut zur Einfachheit.

Und daher zu Zweitens: Alfred Hitchcock zum Beispiel hat keinen einzigen „vertrackten" Film gemacht. Alle seine Werke sind einfach zu verstehen. Gerade Hitchcocks Arbeit wird meines Erachtens falsch bewertet. Es wird immer nur über die Regie geredet, da gibt es zum Beispiel dieses Buch von

Francois Truffot („Wie haben Sie das gemacht, Mr. Hitchcock"), wo zwar über die farblichen Veränderungen von Grace Kellys Kleidung in dem Film „Bei Anruf Mord" geschrieben wird (je dunkler desto stärker droht die Hinrichtung), aber nicht darüber, dass dieses Bühnenstück ein wahres Drehbuch-Juwel ist. Dabei sind meiner Meinung nach auch, ja sogar gerade die Drehbücher der Grundstein für den Erfolg Hitchcocks, nicht nur die Regie. Über „Das Fenster zum Hof" hat Woody Allen einmal sinngemäß gesagt, ein jeder Depp könne bei diesem Stoff Regie führen. Er wollte nicht Hitchcocks Regie klein reden oder gar verspotten, sondern das genial einfache und damit einfach geniale Drehbuch loben. Er wollte ausdrücken, was eben auch für den Journalismus gilt: Das Drehbuch ist das Wichtigste, nicht die Regie.

Das Drehbuch ist das Kondensat aller Vorbereitungen, die Regie nur der Vollzug.

Ein einfaches Drehbuch ist Voraussetzung für einen gelungenen Dreh. Das gilt vielleicht noch mehr für den Journalismus als für die Traumfabrik. Denn wir müssen ja oft beides machen, Drehbuch und Regie. Zugegeben, mein Herz schlägt mehr für das Drehbuchschreiben als für die Regie. Aber im Drehbuch steckt unsere Hauptarbeit, neben der dramaturgischen eben auch die journalistische! Die Arbeit des Fokussierens, ohne das Ganze aus dem Blick zu verlieren. Die Arbeit des Vereinfachens, ohne falsch zu werden. Die in diesem Buch vorgestellte 3-Akt-Struktur möchte diese Arbeit erleichtern. Denn einer muss sich eben anstrengen: Der Autor – oder der Zuschauer...

Literaturverzeichnis

Frey J.N. (1987) Wie man einen verdammt guten Roman schreibt. Emons

Vogler C. (1997) Die Odyssee des Drehbuchschreibers. Zweitausendeins, Frankfurt a. M.

Krützen M. (2010) Dramaturgien des Films. Das etwas andere Hollywood. S. Fischer, Frankfurt a. M.

Lightning Source UK Ltd.
Milton Keynes UK
UKOW06f0809121217
314290UK00006BA/357/P

9 783658 166731